土地资源评价数据挖掘方法与应用

胡月明　张俊平　薛月菊　编著

科学出版社
北京

内 容 简 介

数据挖掘技术已被广泛应用于资源环境和社会经济调查与数据分析之中。相对于传统的土地资源评价方法，数据挖掘技术的应用具有速度快、准确度高、费用低等特点。本书介绍了数据挖掘的概念和一般程序，结合具体的土地资源评价案例，系统地研究了数据挖掘技术在数据预处理、评价指标权值确定、样本容量计算、土地质量等级评定等环节中的应用。

本书是一部比较全面系统阐述数据挖掘技术在土地资源评价领域中应用的专著，可供土地、GIS、环境、生态等领域的本科生及研究生、相关教学科研人员及技术人员使用，对数据挖掘应用研究的有关学者、高校师生亦有一定的参考价值。

图书在版编目(CIP)数据

土地资源评价数据挖掘方法与应用/胡月明，张俊平，薛月菊编著. —北京：科学出版社，2012

ISBN 978-7-03-035566-9

Ⅰ.土… Ⅱ.①胡…②张…③薛… Ⅲ.①土地资源—资源评价—数据采集 Ⅳ.①F301-39

中国版本图书馆 CIP 数据核字(2012)第 219096 号

责任编辑：余 丁 张海丽 / 责任校对：宋玲玲
责任印制：徐晓晨 / 封面设计：耕者设计工作室

科学出版社 出版
北京东黄城根北街16号
邮政编码：100717
http://www.sciencep.com

北京厚诚则铭印刷科技有限公司 印刷
科学出版社发行 各地新华书店经销
*
2012年10月第 一 版 开本：B5(720×1000)
2021年 8 月第二次印刷 印张：13 3/4
字数：239 000

定价：98.00 元

(如有印装质量问题，我社负责调换)

作者简介

胡月明，男，1964年生，湖南安化人，教授，理学博士，博士生导师。主要从事地理信息系统应用领域的教学与研究工作，现任华南农业大学信息学院学术委员会主任、地理信息工程研究所所长、建设用地再开发国土资源部重点实验室主任、土地利用与整治广东省重点实验室主任、广东测绘地理信息产业技术创新联盟理事长。已主持科研项目100多项，发表学术论文150多篇，出版专著和统编教材16部，获省部级科技成果奖励10项、教学成果奖励1项。

张俊平，男，1976年生，江西南昌人，助理研究员，工学博士。主要从事土地资源评价、土地资源管理与数学建模研究，曾参与国家自然科学基金、国家"十一五"科技支撑计划项目、国土资源部项目共5项，广东省自然科学基金2项，公开发表学术论文43篇。2011年起就职于深圳市房地产评估发展中心，具体从事深圳市土地整备、城市征收地拆迁评估的相关理论、政策与实践方面的研究工作。

薛月菊，女，1969年生，新疆乌苏人，教授，工学博士，博士生导师。主要从事数据挖掘研究及其在农业中的应用、无线传感器网络和RFID射频识别的应用和研究。主持国家级和省部级项目10余项，在国际国内重要学术期刊上发表论文30余篇，其中第一作者论文被SCI检索6篇、被EI检索14篇。荣获军队科技进步一等奖1项，广东省科学技术一等奖1项、二等奖1项，国防科技进步三等奖1项。

前　　言

数据挖掘技术是在统计学、人工智能(特别是机器学习)、数据库技术等多种技术的基础上发展起来的多学科交叉新兴技术，它是随着数据的大量积累和人们对信息和知识的迫切需求而产生和发展起来的，并逐渐成为人们关注的热点。数据挖掘强调的是大数据量和算法的可伸缩性，是一门实用性很强的学科，一出现就引起许多领域和部门的重视及应用。根据调研，目前市场上尚没有系统介绍数据挖掘应用于土地科学方面的书籍，仅有一些期刊文章上的零星研究。随着土地科学，特别是土地资源评价工作的逐渐深入开展，各种复杂计算和模型建立问题越来越多，这对土地科研工作者提出了更高的要求。本书可以帮助土地科研工作者快速适应这一形势变化，有利于提高土地资源评价科研工作水平和促进我国土地资源评价的技术水平。

本书以广东省龙川县耕地分等定级数据库为基础数据来源，探讨数据挖掘技术在土地资源评价中的应用。全书主要内容为：简明阐述数据挖掘的概念和一般程序；设计并建立 Geodatabase 地理数据库模型；介绍因子分析、层次分析、模糊层次分析、灰色关联综合分析和 BP 神经网络方法在指标权值制定中的应用；引进抽样技术确定样本容量；应用 *K*-均值聚类分析、两步聚类分析、模糊综合评判、模糊聚类分析等方法，实现土地质量的无监督学习分类；采用 Fisher 判别分析、Logistic 多元回归分析、决策树、BP 神经网络、径向基概率神经网络、支持向量机等方法，对土地质量进行有监督学习分类；应用关联规则对评价指标间的关联特性进行挖掘，综合描述指标间存在的联系和相互作用。另外，还针对径向基概率神经网络和支持向量机方法编写了相关的计算程序，旨在提高本书的使用价值。

在本书编撰过程中，力图内容全面、层次清晰、文字简洁、通俗易懂，注重基本概念与方法应用，简化操作步骤，并应用 Clementine8.1、MatlabR2007a、SPSS13.0、DPS8.0、ArcGIS9.0 等软件及自编程序实现土地资源的数据挖掘和评价结果的可视化，使读者易于理解、易于操作、易于接受；内容选取和叙述形式不追求“理论的高深和数学推导的严谨”，在学术性和实用性发生冲突时，学术性服从实用性。

本书引用和参照了许多相关资料或已有的研究成果，已在书中标明，如有遗漏之处，恳请谅解！由于作者水平所限，书中不足之处在所难免，欢迎广大读者批评指正。

作　者

2012 年 8 月于广州

目　　录

第1章　绪　　论

1.1　引　　言

我国土地面积辽阔，但却是世界上人均土地资源最少的国家之一。土地资源的稀缺性，要求我们必须"十分珍惜和合理利用每一寸土地，切实保护耕地"，充分挖掘土地资源的生产潜力。随着数据库技术的发展和土地资源评价数据来源的多样化，数据库中隐藏的丰富知识远没有得到充分的挖掘和利用。运用数据挖掘技术进行土地资源评价，对土地的质量与数量进行科学分析，对于土地资源评价方法研究、数据挖掘技术应用领域的拓展以及我国在2020年内守住18亿亩耕地这条红线，具有一定的理论与实践意义。

1.1.1　问题的提出

继第一次土壤普查(1958～1960年)与第二次土壤普查(1979～1990年)之后，中国农业部于"十五"期间组织开展了全国耕地地力调查与质量评价工作(2002～　)。国土资源部在1999年开始了新一轮国土资源大调查(1999～2010年)，其中土地资源调查专题包括土地利用动态遥感监测、耕地后备资源调查与评价、农用地分等与定级估价等项目；并开展了新一轮土地利用总体规划修编(2006～2020年)和全国第二次土地调查(2007～2009年)等工作。开展这些工作的一个根本目的就是摸清我国的土地资源现状和未来发展状况，并对土地质量进行综合评价，实现土地质量的科学量化和空间分布的可视化，促进耕地保护和土地节约集约利用。然而，这需要解决好下面两个方面的问题：

(1) 土地资源评价基础数据的预处理。随着数据库技术的发展和人们获取数据手段的多样化，土地资源评价基础数据源可能来自多个数据库，这些数据源的结构和规则可能不同。同时，原始数据中存在大量的不完整的、含噪声的、不一致的、模糊的、随机的数据信息。这些都会影响土地资源评价的效率和结果的准确性，甚至产生一些无效归纳。将这些分散在各部门及地方基层单位的与土地资源有关的调查更新数据与珍贵的历史数据集成和融合，尚没有得到人们足够的重视。

(2) 土地资源评价的复杂性。构建一个土地资源评价模型来描述和刻画"既要保护土地，又要增加农民收入、实现农民的土地财产权益，同时还要满足经济建设用地对土地需求，并保障土地生态环境的可持续发展”这样一个复杂过程，亟需土地资源评价体系的完善。

土地资源评价是一个多因素的综合评价，在选取评价指标和确定权值方面还存在不少问题。传统的评价方法主要从土地自然生产潜力的角度出发，在土地的自然属性中选取若干个指标因素构建指标体系，并对土地进行适应性评价及分区（Raúl et al.，2007；Buia et al.，2006；郑宇等，2005；张海涛等，2003；张友焱等，2003；邱炳文等，2002；王建国，2001；胡月明等，2001a）。近年来，社会条件、经济发展水平、土地利用对生态环境影响等因素在土地资源评价中受到越来越多的关注，指标选择已由过去偏重于自然属性向较为全面考虑自然与环境、生态、社会、经济等方面逐渐完善。评价方法已从简单的定性描述发展为定量分析为主、定性描述为辅，同时随着3S技术、计算机技术和数学模型的应用和研究的深入，评价方法和手段逐渐丰富起来，采用的方法有层次分析、灰色关联度分析、回归分析、聚类分析、判别分析、模糊综合评判、人工神经网络等。然而，无论采用哪种方法，评价指标的确定、指标等级的划分或指标权值的计算都是影响评价结果的重要因素。同时，如何确定合理的样本容量、如何选择适合的土地资源评价方法、如何比较不同评价方法的评价结果等棘手的问题都亟待解决。目前，应用专家经验来决定评价指标体系及指标的数量级别和权值不失为一种较为有效的方法（张凤荣等，2002），然而过多的人为因素难免会影响评价的可信度和准确性。为了降低评价过程中人为因素的影响成分，需要探索一些更加符合实际、准确高效的定量化评价方法，使评价结果更加科学、严谨。因此，挖掘有效的评价方法已成为当今土地资源评价工作的一个重要内容。

随着数据库技术、人工智能、机器学习、数理统计、知识工程、高性能计算、数据可视化、专家系统等技术的发展，数据挖掘技术在20世纪90年代有了突飞猛进的发展（Han et al.，2006），它以一种全新的概念改变着人们利用数据的方式（毛国君等，2006）。将数据挖掘技术应用于土地资源评价，能够较好地克服评价过程中人为因素过多的缺点，提高评价的效率、可信度和准确性，为开发新的评价方法提供了一个丰富的知识库。

1.1.2 研究意义

土地资源数据库的迅速膨胀，迫切需要新的方法和技术挖掘隐藏其中的丰富的知识，以指导人们更好地利用和保护土地资源。汲取数据挖掘的思想，引进数据挖掘方法对土地资源评价工作具有重要的理论和现实意义，具体表现在以下几个方面：

（1）提高土地资源信息表达的准确性。土地资源评价数据源的多样化，导致数据杂乱，难以直接使用，即使是同一个数据源的数据，也可能存在重复和不完整的数据信息。因此必须对这些数据进行一定的预处理，保证数据的质量，提高数据挖掘的效率和结果的准确性。通常大量的原始数据记录了土地资源较为全面的属性信息，可能只需要其中一部分的属性就可以获取希望知道的知识，而其他的冗余属性信息的增加会导致无效的数据归纳，可能把数据挖掘结果引向错误的方向。

（2）促进地理信息系统（geographic information system，GIS）可视化与数据挖掘技术的融合。目前，ArcGIS、MapInfo、MapGIS 等国内外 GIS 软件偏重于空间数据的存储、管理、制图，其分析方法基本上是以空间位置为核心的（韦玉春等，2005），这为土地资源评价结果的空间位置可视化提供了平台。同时，当前的 GIS 技术对地理的信息表达基本上是静止的（刘湘南等，2005），而土地信息往往具有一定的空间特征，即存在一定的模糊性、不准确性、不完整性等特征。应用数据挖掘技术，将地块的空间位置作为土地数据的属性来考虑，分析各个要素之间的关系以及这种关系的表现形式，可以弥补 GIS 在空间分析，特别是在属性数据分析方面存在的不足。因此，采用 GIS 和数据挖掘技术相结合的方法对土地资源评价无疑是一种很好的选择。

GIS 本身就是一个优秀的数据挖掘工具，同时也为数据挖掘提供了良好的平台。随着数据挖掘技术的发展，将一些新的数据挖掘技术应用于 GIS，可促使 GIS 在以下几个方面得到较大的发展或突破（蒋良孝等，2003）：

① 使有限数据的 GIS 成为具有无限知识的 GIS。尽管 GIS 中存储了大量的数据，但其容量总是有限的，它是对客观世界的不完全描述。而数据挖掘技术能从这些有限的数据库中发现新的知识，并将这些知识反作用于已有的数据，如此循环的知识发现，使 GIS 不仅是一个信息系统，还成为不断更新的数据源和知识源，将 GIS 静态数据变成了动态的数据和知识。

② 促进 GIS 的数据精练。GIS 数据库中存储了大量的数据，其中有些数据是必需的，也有些数据是冗余的。利用数据挖掘技术，可以寻找出数据间的相互依赖性，得到数据间的层次和层次间的相互关系。因而，数据库中就可只存储那些必需的数据和关系，而不必存储其他的数据。这样不仅节省了存储空间，而且可以提高数据库的管理效率和整个系统的运行速度。

③ 可用于 GIS 的数据更新。现有的 GIS 数据库中存储了描述客观世界的大量数据，而客观世界在人类活动的影响下是时刻变化的，如何将这些变化在 GIS 中进行快速地更新，也是一个十分棘手的问题。应用数据挖掘技术中的空间分析方法可以解决此问题，它通过对不同时域的数据进行比较，得到事物随时间变化的规律，并找到影响此变化的主要因子。这样，在以后的分析中，检查这些主要的因子是否变化，若有变化，则进行数据更新，否则就不予考虑。

④ 使 GIS 成为真正的“智能”空间信息系统。在 GIS 中引入专家系统技术

后，GIS具有了一定的自动性和智能性，但它远不能称为一个真正的“智能”系统，因为它不具备自动学习的能力。应用数据挖掘技术，使得GIS能自动地获取知识而可能成为真正的“智能”系统。

（3）较好地推进数据挖掘技术在土地资源评价中的应用。目前，市场上还很难找到一本较为系统地研究GIS支持下的基于数据挖掘的土地资源评价方面的专著，本书通过对土地资源评价中基础数据的预处理、数据库的建立、指标权值的制定、样本容量的计算、评价方法的应用和模型的建立等问题的研究，较好地实现GIS、数据挖掘、土地科学等学科在土地资源评价中的融合。

（4）丰富土地资源评价的方法，为今后土地资源评价工作提供一些新的思想和技术手段。本书介绍了抽样技术、两步聚类、模糊层次分析、关联规则、决策树、神经网络模型、支持向量机等数据挖掘方法，并实现了它们在土地资源评价中的应用。同时，分析了传统评价方法中可能存在的不足，并对其进行了一定的改进。

1.1.3 研究内容及技术路线

1. 研究内容

采用不同的数据挖掘方法，土地资源评价结果往往有所不同，这需要充分考虑数据挖掘方法的理论基础、评价模型和适宜范围。因此，本书的研究内容主要有以下几个方面：

（1）土地资源评价基础数据预处理。土地资源评价基础数据来源于多个数据库或数据仓库，这些数据源的结构和规则不尽相同，同时，基础数据普遍存在不完整、含噪声、不一致、重复、维度高等问题，如何对数据进行清洗、集成、变换、归约化等处理？

（2）土地资源评价指标权值的制定。指标权值表达了指标对土地质量的影响程度，如何有效地克服常规定量方法（如因子分析和灰色关联度分析）制定的指标权值存在离散性不强、过多人为主观因素判断、权值线性化等问题？

（3）土地资源评价样本容量的确定与样本的自动化抽取。传统评价中样本容量大小无所适从，如何有效地确定样本容量，以及如何从土地资源评价数据库中自动化抽取有代表性的样本记录？

（4）土地资源评价方法的研究。传统的土地质量分类采用无监督学习分类的模式，然而，如何通过对数据库中提取出的样本容量数据（学习样本）进行学习、建模，实现土地资源评价单元（简称土地评价单元，视为测试样本）的有监督学习分类？

2. 技术路线

土地资源评价数据挖掘工作主要包括：资料准备阶段、外业补充调查、数据预处理、创建数据库、数据挖掘、结果分析与展望 6 个部分。其中，资料准备阶段的内容是收集并整理与土地资源评价有关的自然条件、社会经济、图件等信息；外业补充调查主要包括野外调查线路设计，调查点设置，调查和核实评价单元的定性描述和定量记录；数据预处理阶段的工作包括坐标变换、数据转换、图形叠加、缓冲区分析、专题地图转绘、统计图表整理等，以消除原始数据中不完整的、含噪声的、不一致的、模糊的、随机的数据信息；创建数据库包括表格、文本文件等属性数据的录入以及图形数据入库，构建属性数据库和空间数据库；数据挖掘阶段应用抽样技术和因子分析、判别分析、两步聚类、多分类 Logistic 回归模型、层次分析、模糊层次分析、模糊聚类、模糊综合评价、灰关联综合评价模型、关联规则、决策树、BP 神经网络(back propagation net-work，BP)、径向基概率神经网络与支持向量机等方法，解决土地资源评价中样本容量的确定问题、土地质量的无监督和有监督学习分类的问题，具体流程如图 1.1 所示；结果分析与展望部分主要从评价方法的数学理论及其在土地资源评价应用中的优缺点方面出发，对指标权值和评价结果进行归纳和分析，然后对数据挖掘技术在土地资源评价中的应用前景进行展望。

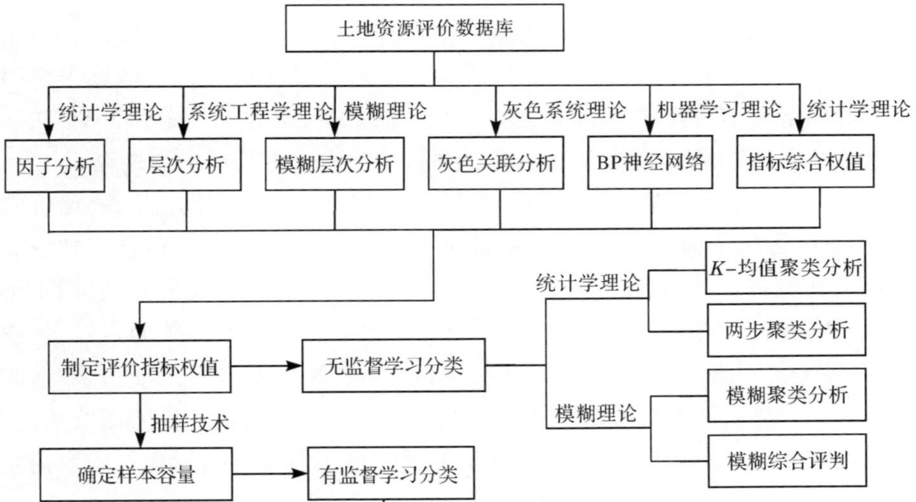

图 1.1 土地资源评价数据挖掘流程图

1.2 土地资源评价数据挖掘概述

1.2.1 基本概念

1. 土地资源评价的概念

通常情况下，土地与土地资源、土地（质量）评价与土地资源评价这两组名词是等同起来使用。国内外关于土地（资源）评价的定义主要有：①联合国粮农组织（Food and Agriculture Organization of the United Nations，FAO）对土地资源评价的定义是“当土地用于特定的用途时，对土地特性进行估计的过程”（刘黎明，2007）；②林增杰（1986）认为，土地资源评价是在特定目的之下，对土地生产力高低的鉴定、评定或估价；③傅伯杰（1989）认为，土地资源评价是估价土地生产力和适宜性的过程；④戴旭（1995）认为，土地资源评价是估价土地生产潜力和土地适宜性的过程；⑤倪绍祥（2005）认为，土地资源评价主要是根据土地的自然生产能力或其他方面利用潜力的高低对土地的质量作出评估；⑥刘鑫（2005）认为，土地资源评价是一门揭示土地在各种用途条件下土地质量高低及其在区域内空间分布规律的科学；⑦刘黎明（2007）认为，土地资源评价是指为了一定的目的，在一定的用途条件下，对土地质量的高低或土地生产力的大小进行评定的过程。

综合上述专家的阐述，土地资源评价应具有特定的土地用途条件、评价的时效性、参评指标的全面性、研究结果的指导性等特点。因此，我们结合土地资源评价的定义和特点，对农业用途的土地质量与土地资源评价的理解是：农用土地质量是指在一定的社会历史发展条件下，充分考虑与土地生产有关的自然、生态环境、社会经济等因素，综合评判土地在特定种植条件下的粮食生产能力、农业收益能力和未来用途条件下的潜在收益能力以及土地生产对生态环境的影响程度；在农用土地质量定义的基础上，农用土地资源评价可以简单地概括为根据农用土地的质量状况评定土地等级或价格的过程。过去人们所开展的土壤肥力评价、土壤质量评价、耕地地力调查与质量评价、土壤适宜性评价、土地潜力评价、农用地分等定级与估价等工作均属于农用土地资源评价的范畴。

2. 数据挖掘的概念

数据挖掘（data mining，DM）是一门融合了统计学理论、数据库技术、人工智能、机器学习、模式识别、可视化技术、专家系统等领域技术成果的交叉学科。它借助统计学理论、人工智能等领域的研究成果构建起自己的理论体系；利用数据库技术对数据进行前端处理；应用机器学习的方法从处理后的数据中提取有用的知识，并对数据背后隐藏的特征和趋势进行分析，挖掘数据的总体特征和发展趋势；运用可视化技术将人的观察力和智能融入系统，以图形形式将信息模式、数据的关联或趋势呈现给用户，用户能够交互地分析数据。

关于数据挖掘的定义，不同学科领域的专家对其理解和定义不完全相同，其中一个比较公认的定义是："数据挖掘是基于数据库平台，对数据进行一定的处理，从大量的、不完全的、有噪声的、模糊的、随机的数据中提取隐含在其中的、人们事先未知的、但又是潜在有用的信息和知识的过程，为科学的分析提供决策支持"(Han et al.，2006)。

1.2.2 数据挖掘的产生

随着信息技术特别是网络技术的飞速发展，人类活动中每一个领域都充斥着大量的统计观测数据。数据出现了爆炸性增长，信息的增长呈现超指数上升。据估计，全世界的信息量不到20个月就增加一倍(贺昌政，2005)，与此形成鲜明对比的是，对决策有价值的知识却非常匮乏。例如，在土地资源评价过程中，需要收集大量的土地资源调查数据和散落在各个部门的与土地质量有关的信息，同时遥感(remote sensing，RS)和全球定位系统(global positioning system，GPS)能够便捷地提供大量的对地观测数据，促使土地资源评价数据库的迅速膨胀。如果仅仅依靠传统的数据检索机制、统计分析方法和GIS技术，难以满足评价工作的需要，尽管现代计算机与数据库技术可以支持存储并快速检索如此巨大规模的数据集，但无论在时间意义上还是空间意义上，人们都困于如何更好地理解和利用这些数据。由此导致越来越严重的"数据灾难"，数据增长与数据分析之间出现了越来越大的距离，传统方法的失效和"数据灾难"是数据挖掘产生的原因，数据和信息之间的鸿沟在迫切地推动着数据挖掘技术的发展和应用。

1.2.3 数据挖掘过程

数据挖掘是一个知识发现的过程，从实际应用的角度讲，数据挖掘过程包括：确定应用目标，了解应用领域相关的先验知识，选择目标数据集，进行数据清理、转换、归约，确定数据挖掘任务并选择挖掘算法，挖掘与搜索有价值的模式，解释、分析、可视化挖掘结果，应用所发现知识等活动。这些活动大致主要包括：目标的确定、数据的准备(如数据的选择、数据的预处理、数据的转换)、数据挖掘、结果分析和知识的同化，具体过程如图1.2所示。

1.2.4 数据挖掘分析模型

数据挖掘利用复杂的分析与建模技术发现隐藏在数据库中的模式和关系，其本质是对数据建立模型，以获得更为简洁的表达，即模式。数据挖掘模型按其功

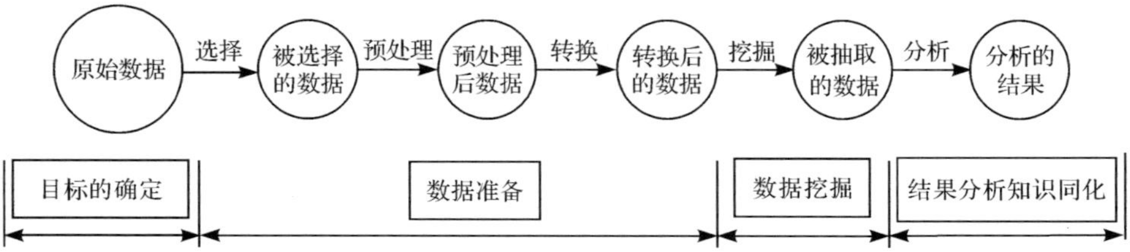

图 1.2　数据挖掘过程示意图

能可分为描述模型(descriptive)和预测模型(predictive)两大类(Margaret,2005)。描述模型是对数据中的模式或关系进行辨识,即对当前数据中存在的事实做规范描述,探索被分析数据的一般特性,常用的数据描述方法有统计学方法(如计算数据项的总和、均值、方差等基本描述统计量,或绘制直方图、折线图等统计图形),以及聚类、汇总、关联规则和序列分析。预测模型是对当前数据进行推断,以进行预测,主要用于完成分类、回归、时间序列分析和预测等任务。然而,有的学者认为预测模型仅仅是以时间为关键参数,根据数据项的值精确预测某种结果,我们认为这种认识是有失偏颇的。根据数据挖掘模型在实际应用中的特征,将模型具体分为 6 种:分类模型、聚类模型、回归模型、关联模型、序列模型、偏差模型,具体含义如下:

(1) 分类模型(classification)。数据分类是数据挖掘中的一个重要问题,它是将具有共同特征的数据映射到预先定义好的群组或类的过程。分类模型通常表现为一棵分类树,根据数据的值从树根开始搜索,沿着数据满足的分支往上走,走到树叶就能确定类别。这一过程包括模型创建和模型使用两个部分。模型创建是通过对训练数据集的学习建立分类模型(或称分类器),其中训练数据集是带有类标号的,即要划分的类别是已经确定的;模型使用是应用创建分类模型对测试数据或新的数据进行分类。分类模型常以分类规则、决策树、贝叶斯分类、神经网络、遗传算法、粗糙集、模糊集等形式表达,其中最为典型的分类方法是基于决策树的分类方法。

(2) 聚类模型(clustering)。聚类模型是按照某种相近程度的度量方法将数据分成互不相同的一些分组,遵循“最大化类内的相似性、最小化类间的相似性”原则。与分类模型不同的是,聚类模型中要划分的类别是未知的,它是一种不依赖于预先定义的类和带有类标号的训练数据集的非监督学习(unsupervised learning),其中类的数量由系统按照某种性能指标自动确定,系统可以根据部分数据发现规律,得到全体数据的描述。

(3) 回归模型(regression)。回归模型是利用已存在的数值序列及其属性来预测连续数值。回归模型的函数定义与分类模型相似,主要差别在于分类模型采用离散预测值(如类标号),而回归模型采用连续的预测值。在这种观点下,分类和回归都是预测问题,但在数据挖掘领域,大家普遍认为:用预测法预测类标号为分类,预测连续值(如使用回归方法)为回归。许多问题可以用线性回归的方法解决,有些非线性问题可以通过一定的变换,转换为线性问题来解决。

(4) 关联模型(association)。关联模型描述了一组数据项的密切度和关系。关系和规则总是用一些最小可信度级别来描述的,可信度级别度量了关联规则的强度。在数据挖掘的研究领域,对并联规则挖掘的研究开展得比较深入,目前已提出了多种算法,其中最著名的算法是由 Agrawal 等(1996;1994)在 1994 年提出的 Apriori 算法及其改进算法。Apriori 算法的核心是用前一次扫描数据库的结果产生本次扫描的候选项目集,从而提高搜索的效率。其后,人们又提出了诸多关联规则挖掘算法,主要集中在如何提高项集的生成效率、降低计算代价等方面。

(5) 序列模型(sequence)。序列模式是描述基于时间或与时间有关的其他序列的经常发生的规律或趋势,有人将它们分别称为时间序列模型(time-series forecasting)和顺序模型(sequence)。时间序列模式与回归模型类似,区别在于前者对时间有依赖性,而后者没有;顺序模型用于分析数据库中某类同时间相关的数据,并发现某一时间段内数据的相关处理模型,因此顺序模型可以看作特定的关联模型,其在关联模型中增加了时间属性。

(6) 偏差模型(deviation)。偏差模型是探测数据现状、历史记录或标准之间的显著变化和偏离。偏差包括很大一类潜在的有趣知识,如观测结果与期望的偏离、分类中的反常实例、模式的例外等。

1.2.5　数据挖掘方法

常用的数据挖掘技术有统计分析、神经网络、决策树、遗传算法、K 最近邻法、规则推理、粗糙集、云理论等方法。

(1) 统计分析(statistical analysis)。统计分析的本质是以数据为对象,从中获取规律信息,并为事件的发展进行预测、决策、控制等提供依据。统计分析是数据挖掘研究中应用最多、理论成果最为成熟的方法(马超群等,2007)。常用方法有描述统计、方差分析、相关分析、回归分析、聚类分析、时间序列分析等,能产生各种有用的统计量和诊断信息。

(2) (人工)神经网络(artificial neural network,ANN)。神经网络是模拟人脑神经网络结构及其功能的信息处理系统,它是一种通过训练来学习并具有联想记忆功能的模式识别,主要用于建立分类模型和聚类分析,其中最常用的模型是多层 BP 神经网络模型。迄今为止,有 40 多种常用的神经网络模型,从信息传递的规律来看,可以将这些神经网络模型分为以下 3 大类:

前馈式神经网络(recurrent neural network)。它是神经网络中一种典型的分层结构,信息从输入层进入网络后逐层向前传递至输出层。根据前馈式神经网络中神经元转移函数、隐层数以及权值调整规则的不同,其中以单层感知机模型、(多层)反向传播模型(back propagation,BP)和(多层)径向基函数网络模型(radial-basis function,RBF)为代表,主要用于预测、模式识别等方面。

反馈式神经网络(recurrent neural network)。它是一个反馈动力学系统,具有很强的计算能力,即网络中的某一层或某几层之间存在反馈,当前层的输出作为当前层或前面层的输入,这一网络过程也包含了前馈结构。该网络模型包括 Hopfield 网络、Elman 网络、双向联想记忆网络(BAM)等模型,主要用于联想记忆和优化计算。

自组织神经网络(self-organizing neural network)。一般是以无监督学习(unsupervised learning)或自组织学习(self-organizing learning)的方式进行,它的基本思想是让竞争层各神经元来竞争对输入模式响应的机会,最后仅有一个神经元成为竞争的胜者,并将与获胜神经元有关的各连接权值向着更有利于其竞争的方向调整,所以该网络也称为竞争型神经网络(neural network based on competition)。具体模型有 Hamming 网络、自组织映射网络(self-organizing feature map,SOFM)、学习矢量量化网络(learning vector quantization,LVQ)、自适应共振理论网络(adaptive resonance theory,ART)、主分量分析网络(principle components analysis,PCA)、协同神经网络(synergetic neural network,SNN)等,主要用于模式分类。

(3) 决策树(decision tree,DT)。用树形结构表示决策集合,典型的决策树有 ID3、ID4、ID5、C4. 5、C5. 0、SPRINT 等算法,主要用于分类规则的挖掘。在树的生成,即学习算法的生成过程中,它的基本思想是:在构造树的每层时,选择一个具有最高信息增益的属性,依据该属性的值,将对象集剖分成几个不相交的子集,其中每个子集表示树的一个子节点,并以该属性的相应值标识到这些子节点的弧,每个子树依次递归下去。

(4) 遗传算法(genetic algorithms,GA)。遗传算法是模仿自然界生物进化机制发展起来的随机全局搜索和优化方法,其本质是一种高效、并行、全局搜索的方法,它能在搜索过程中自动获取和积累有关搜索空间的知识,并自适应地控制搜索过程以求得最优解。遗传算法操作使用适者生存的原则,在潜在的解决方案种群中逐次产生一种近似最优的方案(雷英杰等,2006),主要应用于人工生命、函数优化、图像处理、机器学习等领域。它的独特思想是:系统自动生成有关目标变量对其他多种变量依赖关系的各种假设,并形成以内部编程语言表示的程序,当系统找到较好地描述依赖关系的一个假设时,就对这程序进行各种不同的微小修正,生成子程序组,然后再在其中选择能更好地改进预测精度的子程序进行尝试,如此循环,直到得到所需精度的最佳程序为止。

(5) K 最近邻算法(K nearest neighbor algorithm)是一种常用的基于距离度量的分类的方法,可用作聚类、偏差分析等。

(6) 规则推理(rule-based reasoning)。从统计意义上是对数据进行寻找和推理,它最简单的形式为条件规则"if-then"和关联规则"when-also"。

能够实现上述方法的某些专门的分析工具,已经发展了十几年的时间,不过这些工具所面对的数据量通常较小。而现在这些方法或技术已经集成到许多大型的工业标准的数据仓库和联机分析系统中。

(7) 模糊数学方法。模糊集合和模糊推理是模糊方法的数学基础,模糊集理论(fuzzy sets theory)以不确定性的事物为研究对象,是经典集合理论的扩展。利用模糊集理论可以对事件进行模糊评判、模糊决策、模糊模式识别和模糊聚类分析。其中隶属度函数是模糊集合的特征函数,是模糊概念的核心,它的取值范围从普通集合{0,1}的两个值扩充到[0,1]闭区间内连续值,该函数更确切地称为模糊函数;模糊推理就是由前提、依规则(if-then)推理、得到结论,规则是一种蕴涵关系,推理中将前提和规则结合是一种合成关系。

(8) 粗糙集理论(rough sets theory)。粗糙集理论是研究模糊、不精确、不确定性知识的新型数学工具。粗糙集对不精确概念的描述是通过下近似(lower approximation)和上近似(upper approximation)概念来表示的。该方法主要思想是在保持分类能力不变的前提下,通过数据的约简,导出问题的决策或分类规则,其主要优点是不需要有关数据的额外信息(不像统计中的概率分布、模糊集理论中的隶属度等),但该方法难以直接处理连续属性的局限。目前,粗糙集理论已被成功地应用于机器学习、决策分析、模式识别等数据挖掘领域。

模糊集理论与粗糙集理论在处理不确定性和不精确性问题方面都推广了经典集合论,它们都可以用来描述知识的不确定性和不完全性。然而,它们的侧重点不同,从知识的"粒度"上来看,模糊集主要着眼于知识的模糊性,而粗糙集关注于知识的粗糙性;从知识描述的方法上来看,模糊集是通过对象关于集合的隶属程度来近似描述的,而粗糙集是通过一个集合关于某个已知的可利用的信息库的一对上、下近似来描述的;从研究的对象来看,模糊集研究的是属于同一类的不同的对象的隶属关系,重在隶属程度,而粗糙集研究的是不同类中的对象组成的集合之间的关系,重在分类(张文修等,2006)。

(9) 支持向量机(support vector machine,SVM)。支持向量机是统计学习理论的 VC 维理论和结构风险最小原理的具体实现。它的一个突出优点是可以处理线性不可分的情况,目前该技术方法已经成为数据挖掘领域中的一个热点,可广泛应用于分类、估计、预测等挖掘问题中。

(10) 可视化技术(data visualization technology)。可视化是用图形或图像来

表征信息模式、数据的关联或趋势，呈现给决策者，使决策交互的分析数据关系，将人的观察力和智能融入挖掘系统。

(11) 云理论(cloud theory)。云理论是中国科学院院士李德仁等(2006)提出的用于处理不确定性的一种新理论，主要由云模型、虚拟云、不确定性推理、云变换等部分构成。云理论将模糊性和随机性结合，解决了模糊集理论隶属函数的缺陷，可以处理GIS中融模糊性和随机性为一体的属性的不确定性，该技术已经用于空间关联规则的挖掘、空间数据库的不确定性查询。

1.2.6 数据挖掘与统计学的关系

统计学在数据挖掘中起着基础性和理论性的作用，其理论可以作为数据挖掘理论框架之一(焦李成等，2006)。数据挖掘与统计学之间的关系引用马超群等(2007)在《金融数据挖掘》一书中的叙述。

数据挖掘中的很多思想和方法来源于统计学。很多人认为数据挖掘是统计学的一个分支。这不仅因为数据挖掘大量借用了统计学的方法(如抽样技术、因子分析、聚类分析、回归分析、判别分析、时间序列分析等)，而且因为数据挖掘与统计学有着共同的处理对象——数据；更为重要的是，它们有着类似的目的——处理和分析数据以获得数据中的信息。《不列颠百科全书》(*Encyclopedia Britannica*)对统计的定义是：一切研究如何收集、分析、表述和解释数据的方法论科学都是统计学。因此，有人(特别是统计学家)认为数据挖掘是统计学的分支，甚至认为这只是统计学在信息技术高度发达的今天，在其他学科领域用了一个新的名词表达。

由于数据挖掘和统计分析有着根深蒂固的联系，通常数据挖掘工具提供了一定的统计分析功能。这些功能对于数据挖掘的前期数据探索和数据挖掘之后对数据进行总结和分析都是十分必要的。统计分析所提供的诸如方差分析、假设检验、相关性分析、线性预测、时间序列分析等功能都有助于数据挖掘前期对数据进行探索，发现数据挖掘的题目、找出数据挖掘的目标、确定数据挖掘所需涉及的变量、对数据源进行抽样等。所有这些前期工作对数据挖掘的效果产生重大影响。而数据挖掘的结果也需要统计分析的描述功能(最大值、最小值、平均值、方差、标准误差、残差等)进行具体描述，使数据挖掘的结果能够被用户了解。

当然也有人认为，因为数据挖掘除了应用了统计学方法之外，还应用了其他领域的思想、工具和方法，尤其是计算机学科，如数据库技术和机器学习，而且它所关注的某些领域和统计学家所关注的有很大不同。数据挖掘不是为了替代传统的统计分析技术，相反，数据挖掘是统计分析方法的扩展和延伸。大多数的统计分析技术都基于完善的数学理论和高超的技巧，其预测的准确程度是令人满意的，但对于使用者的知识、数据的质量要求比较高。而随着数据挖掘软件的开发和推广，数据挖掘可以利用相对简单的固定程序完成同样的功能。新的计算方法的产生，如神经网络、决策树，使人们不需要了解到其内部复杂的原理，也可以通过这些方法获得良好的分析和预测效果。既然统计的目的是收集、分析、表达和解释数据，而数据挖掘也是如此，统计学在方法上受局限，敞开胸怀，海纳百川，将一切收集、分析、表述和解释数据的科学方法和技术都吸收过来。因此，有人认为统计方法是一种历史比较久的挖掘方法，是数据挖掘的分支。

不管谁是谁的分支，总之两者相辅相成，合理配合是数据挖掘成功的重要条件，硬要区分统计学与数据挖掘其实没有太大意义（林震岩，2007）。当然，适当地了解它们之间的区别，有益于人们对数据挖掘概念的理解。统计学在采用方法之前先要证明，而不是像计算机科学和机器学习那样注重经验。有时候同一问题的其他领域的研究者提出一个很明显有用的方法，但却不能被统计学家证明（或者现在还没有证明）。统计学领域的刊物倾向于发表经过数学证明的方法而不是一些特殊方法。数据挖掘是多学科的综合，它从机器学习中继承了实验的态度。这并不意味着数据挖掘不注重精确，而只是说明如果方法不能产生结果的话就会被放弃。另外，传统统计学常常出于技术的统计分析来推断总体特征。然而，数据挖掘的一个特定属性就是要处理大数据集，因而它往往直接以可得到的所有数据作为总体，直接获取规律特征。

数据挖掘与传统的数据分析的本质区别是数据挖掘是在没有明确假设的前提下去挖掘信息、发现知识。数据挖掘所得到的信息应具有先前未知、有效和可实用三个特征。先前未知的信息是指该信息是预先未曾预料到的，即数据挖掘是要发现那些不能靠直觉发现的信息或知识，甚至是违背直觉的信息或知识，挖掘出的信息越是出乎意料，就可能越有价值。由此可见，数据挖掘与统计分析尽管其目的和出发点相似，但由于解决问题的思路存在本质上的区别，两类方法对数据特征规律的提取形式和效果都有所不同，因此它们是两类不同、可相互弥补不足的分析方法。对两者开展深入研究，都具有非常重要的意义。

1.3 土地资源评价数据挖掘研究综述

土地资源评价研究一直受到国际的关注（Eswaran et al.，2003），特别是在从20世纪80年代以来，在经济建设和社会发展的强烈驱动下，土地资源评价研究在理论、方法和应用的广度和深度上都取得了前所未有的发展（倪绍祥，2003）。本节就农用土地资源评价的研究进展进行描述。

1.3.1 评价指标体系的研究

土地资源评价指标体系的研究是20世纪90年代以来土地科学研究众多领域

的一个热点(冷疏影等,1999a)。在土地资源评价中,需要充分考虑影响土地质量的自然、社会经济、生态环境等方面的多种因素,但在实际评价工作中,根据不同的评价目的以及评价人员的认识水平、知识及专业背景的不同,评价指标的选择及其权值往往不同,评价结果难免出现差异。如何基于不同的评价目的,因地制宜地确定评价指标体系,是土地质量评价首先要解决的问题。

在国外,美国农业部土壤保持局于 1961 年颁布了世界上第一个比较完整的土地资源评价系统,即土地潜力分类系统,主要从土壤的特征出发进行土地潜力评价,衡量为农业利用的土地潜力与受到的限制因素,该土地潜力分类系统采用潜力级(8 个)、潜力亚级(4 个)和潜力单位三级分类制。之后,世界上许多国家采用美国的土地潜力分级体系,结合本国国情,建立自己的评价系统。FAO 在总结各国土地资源评价经验的基础上,于 1976 年颁布了《土地评价纲要》,这是一个国际通用的土地适宜性评价体系,该体系采用纲、类、亚类、单元四级分类制,主要反映土地的适宜性程度及土地的限制因素和改良管理措施。同年,苏联农业部也正式颁布了应用于地籍工作的全苏土地资源评价方法,随后的土地资源评价的体系皆以《土地评价纲要》为基础。

在国内,1979 年开展的全国第二次土壤普查土地生产力分级体系仿照了美国农业部土地利用潜力分类规则。中科院自然资源综合考察委员于 1983 年制定的 1∶100 万土地资源图分类系统,采用土地潜力区(9 个)、土地适宜类、土地质量等(3 个)、土地限制型(10 个)和土地资源单位五级分类制,比较宏观地对土地资源的综合质量状况和生产潜力进行了分类,这是一个较为系统的土地资源适宜性分类体系方案。国土资源部于 2000 年开展的全国农用地分等工作中,首先采用层次分析法和特尔斐法相结合的方法,选择了地形、田面坡度、地下水位、有效土层厚度、表层土壤质地、剖面构型、土壤有机质含量、pH、灌溉保证率、排水条件等 10 个评价指标,并对每一个评价指标分级打分;然后用加权求和的方法得到农用地评价单元的自然质量分,依次乘以光温潜力指数和作物的产量比系数,计算出自然等指数,并用等间距法(200 分)划分自然质量等;最后,自然等指数乘以土地利用系数、自然等指数乘以土地利用系数及土地经济系数分别得到农用地利用等和等指数,然后用等间距法(200 分)划分农用地利用等和农用地等别。

虽然上述评价体系在土地资源评价领域具有重要的历史地位和应用价值,但是要解决我国目前国情条件下多种用途竞争的耕地保护与合理利用问题,基本农田保护和种植业结构调整中的耕地质量评价指标问题,很难照搬照抄现有的土地资源评价体系,急需对土地质量评价体系进行创新。近年来,基于"压力-状态-响应"(pressure-state-response,PSR)模型的土地质量指标体系是国际土地科学研究的又一热点问题(郭旭东等,2003),其基本思想是:人类活动给环境和自然资源施加压力,结果改变了环境质量与自然资源质量;社会通过环境、经济、土地等政策、决策或管理措施对这些变化发生响应,减缓由于人类活动对环境的压力,维持环境健康。由于PSR模型主要针对环境问题而建立的,因此联合国可持续发展委员会(Commission on Sustainable Development,CSD)提出了“驱动力-状态-响应”(driving force-state-response,DSR)模型,它能够比较明确反映出土地质量变化的因果关系,从而有助于决策者采取合适的土地政策和管理措施。随着生态学研究的发展,将景观生态学理论应用到土地资源评价中,构建相应的模型又成为土地资源评价研究的新方向。聂艳(2005)较为系统地研究了DSR模型和景观生态学方法(生态位适宜度方法)在耕地质量评价中的应用,建立了生态风险评价指标体系,构建了耕地污染和质量退化风险评价模型。但总的来说,目前的土地资源评价指标体系研究中普遍存在以下问题:理论与实践脱节,有些指标看似合理,但由于数据不易获得,实际操作起来就很困难;有些指标的选择上存在概念模糊和交叉现象;指标数据太多,不便操作;忽略了空间因素(周勇等,2003)。

在某种程度上,土地质量评价就是土壤质量评价。土壤属性指标是衡量土壤环境质量、土壤肥力、耕地地力和农用地质量高低,以及土壤生产潜力、土壤适宜性程度的重要评价因素。在传统的土壤适宜性评价中,多数学者通常从土壤属性的影响因素中选取评价指标构建指标体系并进行作物适应性评价及分区(赵玉国等,2005)。人们最初是根据土壤的定性指标(如土壤的颜色、气味和手感)来描述土壤的质量状况,我国早在2000多年前就有根据土壤色泽、质地、水分状况来识别土壤肥力和分类的记载,定性描述的方法简单但结果粗略,难以满足现代农业生产对土壤质量评价的需要,土壤属性定量化分析的实现大大促进了土壤学的发展。土壤定量分析指标根据土壤属性分为物理指标、化学指标和生物指标。土壤物理指标有土壤质地、土层厚度、土壤容重、土壤田间持水量、饱和导水率、土壤强度、土壤孔隙度、团聚体稳定性、土壤耕性等;土壤化学指标包括土壤有机质、氮、磷、钾、pH、电导率(electrical conductivity,EC)、阳离子交换量(cation exchang capacity,CEC)、盐基饱和度(base saturation percentage,BSP)等,Reganold(1995)在对新西兰农场不同耕作措施对土壤质量影响的研究中,采用了全氮、全磷、pH、阳离子交换量与可溶性磷、硫、钙、镁、钾等化学指标;土壤生物指标主要由土壤微生物指标(微生物组成和多样性、微生物生物量、微生物活性)、土壤酶活性、土壤动物等部分组成,其中土壤微生物指标是目前应用得最多的生物学指标(Franchiniet et al.,2007;Bending et al.,2004)。张华等(2003)选择总有机碳、土壤pH、容重、黏粒含量、土层深度、有效磷、速效钾、CEC、水稳性团聚体、土壤微生物量生物量等10项指标因素对农场尺度下的海南土壤质量现状进行了评价。骆东奇等(2002)统计了不同研究者在进行土壤肥力评价时选取的土壤肥力指标,并且提出了包括25个评价因素的土壤肥力指标体系,该体系包括:土壤物理性状指标中的质地、容重、土层厚度、土壤含水量、黏粒含量、地下水深度、孔隙度、坡度、土壤耕层温度变幅、水稳性团聚体；土壤化学指标中的有机质、全氮、全磷、全钾、碱解氮、有效磷、有效钾、土壤 pH、CEC、C/N 比；土壤生物学指标中的腐殖质、微生物态碳、微生物态氮、土壤酶活性等。张凤荣等(2002)认为，农用地分等土壤指标的选择应遵循主导性、生产性、变异性、稳定性原则，确定了土壤质地、土层厚度、土体构型、有机质含量、土壤水溶性盐分含量、地形坡度、地表岩石裸露度(多少)、障碍层次等土壤评价指标。秦建成(2007)选取海拔、坡度、土壤质地、有机质、碱解氮、速效磷、有效钾、土壤 pH、CEC、水溶性氯等 10 个指标建立了烤烟型土壤适宜性评价体系。

耕地资源是一种十分珍贵的土地资源，通常情况下，农用土地资源评价的研究对象为耕地资源。黄贤金等(1998)从耕地潜在生产力、耕地的社会经济条件和耕地资源持续利用的环境条件 3 个方面构建了耕地质量体系。其中，耕地潜在生产力主要取决于土壤环境条件(包括灌溉、排水等农田基本设施，以及气候、地形等)、土壤肥力因素(主要包括土壤有机质含量、土壤质量、地下水和土体构型，以及土壤的供肥保肥性、通气渗水性能等)和农作物产量；耕地的社会经济条件主要表现为耕地的基础设施建设水平及社会对耕地的投资开发利用能力，其评价指标有灌溉保证率、排水条件、人口密度、农业人口人均耕地、中心城镇影响度、农贸市场影响度、道路通达度等；耕地资源持续利用的环境条件直接决定着耕地开发利用的持续性，包括工业废水废渣、水土流失、土壤重金属污染等因素。实际上，在评价指标体系中某些指标因素之间可能存在一定的交互作用，以及人们对耕地质量意识的不断提高，有时要准确地划分某个指标因素具体属于耕地潜在生产力、耕地社会经济条件或耕地资源持续利用的环境条件是比较困难的。王洪波(2004)采用耕地等、耕地现实级、耕地潜在级、耕地经粮系数和耕地建粮系数 5 个指标建构了一个系统化耕地质量评价体系。

1.3.2 传统方法的土地资源评价研究

1) 指数法

指数可以用指数加和法、指数积开方法、内梅罗指数法等来计算。指数法在土壤适宜性、耕地地力评价与农地分等中得到了广泛的应用(郑宇等，2005；Andrews et al.，2003；白淑英等，2003；张凤荣等，2002；胡月明等，1999)，其中使用最多的是指数加和法(徐梦洁等，2007)。胡月明等(1999)在对浙江省红壤资源质量评价时，分别采用指数加和法、指数积开方法和模糊综合评判法，并对评价结果进行了比较，以指数积开方法的评价结果最为理想。

指数加和法(或称之为加权求和法)将影响土壤质量的各个因子按其影响强度进行统计分级，求得各个评价单元的各个评价因素的质量等级分值，并将各评价因素的质量等级分值与其权值相乘，得到各个评价因素的指标指数，再计算各个评价单元内各参评因素的指标指数和，根据指数和的大小确定土壤质量等级，其中评价指标的等级划分和指标权值的确定，都是影响评价结果的关键步骤。在确定指标等级和权值时，特尔斐法仍被广泛应用（张凤荣等，2002），为了减少人为因素的影响，层次分析法（孙霞等，2004；胡月明等，2001a）、主成分分析法（黄方等，2002）、多元回归法（刘建军等，2001；Dumanski et al.，1989）、灰色关联法（倪绍祥，2003）等方法逐渐被采用。王晓红等（2006）在建设用地分级中提出了一种新的权值计算方法——权值拟合算法，结果显示，该方法能够减少对专家经验的依赖性。近年来，指数加和法在耕地质量评价中得到了进一步的改进（鲁明星，2006）。针对指数加和法易受主观因素影响的缺点，秦明周等（2000）在对开封市土壤质量进行评价时，采用修正的内梅罗指数评价模型，突出了土壤属性因子中最差因子对土壤质量的影响；张凤荣等（2002）针对指数和法在出现比较明显的限制因子时，评价结果会出现偏差的缺陷，对指数和方法进行"最大限制因子控制修正"，即当某评价单元存在着明显限制因子，该评价单元的分值不以指数和法来计算，而直接为最大限制因子的分值，这样即考虑了指标的整体效应，又考虑了限制性因子对土地质量等级的影响。

2）主成分分析法

在土地资源评价中，通常为了较全面系统地反映土地质量状况，往往收集的评价指标很多，但这样难免出现指标间存在较强相关关系的情况（如土壤有机质与全氮之间普遍存在较强的相关性），造成信息的重叠，直接用它们评价土地质量，不但模型复杂，还会因为评价因素间的存在的多重共线性而引起极大的误差。采用主成分分析和因子分析（在某种程度上可以看成是主成分分析的推广和扩展）可以充分有效地利用数据，将原始多个指标转化为少数几个相互独立的包含原始指标绝大部分信息的综合指标，同时也解决了数据冗余的问题（顾绍红等，2007；Wang et al.，2003；Andrews et al.，2002；张晓林等，2001）。因子分析与主成分分析最大的区别在于因子分析假定数据阵有特定的模型，且满足特定的条件（张文彤等，2006）。

李秀萍等（2002）结合新疆实际，采用主成分分析与聚类分析对新疆 87 个市县进行了生态经济类型划分，利用主成分分析法对原始数据进行特征提取，然后使用聚类分析的方法将 87 个市县划分为十大类型，最后对各类型生态经济现状进行了分析、评价和概述。李月芬等（2004）基于吉林西部草原生态环境调查资料，选择有机质、全氮、全磷、全钾、水解性氮、速效磷、速效钾、碱化度、pH 等因素作为评价指标，应用主成分分析对吉林西部 17 种草地进行特征提取，并与灰色关联度分析的结果进行了对比，结果表明两种评价方法得出的结论基本一致。李世华等（2007）采用主成分分析和经验回归模型结合的方法研究了大面积区域土壤有效含水量的估算问题，结果表明研究区域红壤有效含水量可以通过土壤物理参数估算，借助主成分分析等多元统计方法研究大面积估算土壤有效含水量是可行的。然而，也有研究者认为，直接应用主成分分析进行评价存在不少问题（白雪梅等，1995；赵希男，1995），同时，减少评价因素数量意味着这些因素所包含的土地资源信息在一定程度上的丢失。目前基于主成分分析的评价很少既能最大限度地减少数据冗余，又尽可能少地丢失评价因素所包含的土地质量信息（李桂林等，2007）。

3）层次分析法

层次分析法是在定性方法基础上发展起来的定量确定参评指标权值的一种系统工程分析方法。该方法将复杂系统分成若干有序层次，根据人们对每一层次的指标之间相对重要性的判断，做出定量表示，构成成对对比矩阵；根据矩阵最大特征根对应的特征向量，计算该层次指标的权值；然后将计算的权值分配到下级层次的权值，最终得到各指标的权值总排序。采用层次分析法在获取权值时简单易行，并且可以综合异质性的数据，是土地资源评价应用较多的方法之一，但也有人对其理论上的功能提出质疑（Barzilai，1998）。

张海涛等（2003）利用层次分析法确定耕地地力评价参评因子的权值，并通过与 GIS 和 RS 结合，对江汉平原后湖地区的耕地自然地力进行了综合评价。周红艺等（2005）以 SORER 数据库为基础，建立了基于层次分析法的耕地地力评价系统。然而，层次分析法虽然简单实用，但成对比较必须以绝对数值来表示，不符合人为主观判断不精确性和模糊性的特性，因此引进模糊理论发展的一种评价方法——模糊层次分析法。王瑞燕等（2004）以山东省青州县为试区，采用层次分析法确定耕地地力等级评价指标权值，然后结合系统聚类、模糊评价等方法和数学模型实现了耕地地力的自动化、定量化评价。李新东（2007）采用层次分析法和模糊层次分析法相结合的方法研究了广东河源市水稻土地适宜性评价，并将研究结果适宜等别区和农用地分等成果的标准样地、地类和自然质量等别的空间分布关系进行了对比，分析了评价结果的合理性。

4）灰色关联度分析法

灰色关联度分析是基于灰色系统理论的一种因素分析方法，主要根据序列曲线几何形状的相似程度来判断因素间的关联程度，确定参数数列和比较数列之间的关系，这种关系即为关联度，关联度深刻地揭示了两数列之间的内在联系。由于该方法最终也是将评价指标的权值与其等级的分数相乘然后相加，因而也称为关联度分析权值指数和法（倪绍祥，2005）。目前，主要有邓氏关联度、绝对关联度、T 型关联度和改进关联度 4 种关联度模型，把关联分析方法用于土地资源评价指标权值的确定，可方便地找出影响土壤质量的主导因素和次要因素，具有较强的实用性。

肖新平（1997）讨论了灰色关联度的规范性以及初值化、标准化对关联度序集的影响等问题，发现常用的关联度量化模型均存在一些缺陷，但仍能解决一些实际问题。其中，邓氏关联度由于其算法较为成熟、有效、计算量小，最容易与其他决策和优化方法联合应用，且还便于对决策结果进行灵敏度分析，其弱点是关联度值的离散性不强，结果趋于均化。目前，人们已建立了一些新的关联度模型，如灰色聚类关联分析法（邱学军，1995）、灰关联综合评价模型（胡月明，2001a；Zha，1995）、灰色关联判别分析模型（白雪梅等，2001），这些模型既能利用邓氏关联度的优点，又能增强离散性。其中，白雪梅等（2001）提出了一种将灰色关联度转化为灰色贴近度的灰色关联判别分析模型，该模型是对灰色关联度判别分析模型的修正，也是关联分析法和判别法的综合运用，因此在确定多指标、多等级条件下，该方法是判别被评对象所属等级的一种新方法；胡月明等（2001a）以东莞赤红壤现代化农业试验区，采用层次分析法确定评价因素的权值，构造灰关联综合评价模型，计算各评价单元的灰关联综合评价值，得出各单元按质量从劣到优排列的序列。

5）模糊数学评价法

在土地资源评价中，土地质量等级是由影响土地质量的各种因素综合决定的，每一种因素对土地质量的影响是复杂的，且评价中存在着许多不确定性、模糊性的概念，如土地适宜性与不适宜性、土地质量好与较好的界限确定并不明显，这类界限具有模糊性或渐变性，应用模糊数学方法为解决土地质量评价中的这一难题提供了一种途径。模糊综合评价法是目前应用较广泛的一种方法（王建国，2001；陈健飞等，1999）。例如，单胜道等（1999）探讨了模糊综合评价法在耕地定级中的基本原理、特点和数学模型以及技术路线，并运用此法对浙江省安吉县耕地级别进行评价，结果表明该方法具有速度快、不易出差错，且可减少许多中间繁杂环节的优点，是一种较好的耕地定级方法；Hu 等（1999）、胡月明等（2001b）分别基于浙江红壤资源和广东东莞赤红壤农业现代化实验区，提出了 GIS 支持下的采用模糊综合变权的方法，较好地解决了土壤质量评价中 GIS 与定量数学模型的结合、评价模型的变权问题；杨洪泉等（2003）在对全国 1∶25 万地形数据库中属性因子进行量化的基础上，采用模糊聚类分析的方法，论述了基于属性因子的基本地表自然条件方面对不同制图单元进行分类的意义和方法；林春泉（2005）运用模糊综合评判原理评定更新调查质量的方法，进行模糊计算识别，根据模糊数学最大隶属度原则，确定质量等级。

模糊数学方法面临的最大难题是隶属函数的确定问题（韦玉春等，2005；邱炳文等，2004），同时，模糊综合评价法存在明显缺点，如取小取大的运算法使许多有用信息丢失，评价因素越多，丢失信息越多，使误判的可能性增大（杜红悦等，2001）。王余沛（2006）在基于模糊综合评判方法对西部城镇土地定级方法的研究中，较为详细地阐述了隶属函数选择的原则和模糊综合评判失效的消除方法，其中失效的消除方法主要用权值变换法，如权值伸缩法和权值调整法。

6）回归分析法

应用回归分析法可以近似地确定土地质量与各评价指标因素的相关关系，以及评价指标之间的主次关系，从而达到筛选评价指标及确定它们的权值的目的，其中逐步回归分析模型是一种较为方便、实用的评价因素选取及权值确定方法（倪绍祥，2005；赵庚星等，1999）。赵庚星等（1999）采用逐步回归分析模型实现了山东垦利县农用地评价参评指标的选取及权值的确定。侯文广等（2003）利用顾及因子变化系数的线性回归分析法对南方土壤进行了评价，使得确定的因子不但相关性小、显著性强，而且评价因子稳定性强，使得评价结果更加客观和科学。倪绍祥（2005）应用回归分析法对江苏省宜兴市川埠水稻土壤适宜性进行了评价。

但是，回归分析法对评价数据的要求很高，同时，土地生产力与影响土地资源质量因素间并不是简单的线性关系，因此在现实的耕地质量评价中可操作性不强。

7）地统计学方法

地统计学在土壤科学研究中得到了广泛的应用，它是以区域化变量、变异函数、内蕴假设、平稳性假设等概念为基础，以半方差函数为核心，以克立格插值法为手段，研究分析自然现象的空间变异问题（史舟等，2006）。美国农业部和华盛顿州立大学的研究者总结了一套土壤质量评价的多变量指标克立格法（MVIK），可以将无数量限制的单个土壤质量指标综合成一个整体的土壤质量指数，这是目前国际上比较常用的一种土壤质量评价方法。近年来，也有应用神经网络空间插值（如径向基 RBF 网络插值）的研究，应用神经网络描述耕地土壤属性信息的空间分布，实质是运用了网络对函数的逼近能力，其优越性在数据本身所决定的模式特征不明确、数据模糊或含较多噪声以及非线性等情况下体现。已有的研究表明，神经网络能较好地描述土壤属性信息的时空分布情况，与克里格插值法比较，当学习样本数较大时，两者的预测精度接近；而随着样点数的减少，神经网络的插值精度超过了克里格法的插值精度，表现出一定的优势（何勇等，2004；沈掌泉等，2004；Zhu，2000）。

8）景观生态学理论与方法

景观生态学的核心组成是地理学与生态学之间的交叉。从生态学角度看，景观生态学是以整个景观为研究对象，通过物质流、能量流、信息流和价值流在地球表层的传输和交换，通过生物和非生物以及人类之间的相互作用和转化，运用生态系统原理和系统方法研究景观结构和功能、景观动态变化及其相互作用机理、景观的合理利用和保护（傅伯杰等，2001）；从地理学角度来定义，景观生态学是以异质性景观为研究对象，探讨不同尺度上景观的空间格局、系统功能和动态变化及其相互作用的综合性交叉学科，同时也是一门以景观多样性保护、人与自然和谐和可持续发展为目的开展景观评价、规划与管理的应用性学科（杨国清，2006）。

景观生态学强调的是空间异质性、尺度、景观格局、生态过程等宏观特性，为信息技术在土地质量评价提供了新的视角。随着景观生态学的迅速发展，土地生态评价又成为土地质量评价研究的方向之一，土地生态评价是以土地生态类型为基础，通过景观综合、景观诊断、景观功能划分，分析景观内部的自然、经济和社会结构，评价景观生态价值及其功能，评价结果直接服务于景观生态设计及其规划。聂艳(2005)应用GIS技术和景观生态学方法，以湖北宜都市为例，对该区域土地利用的空间格局和数量结构进行了研究，并运用拓广的灰色动态预测模型预测未来土地利用结构的变化趋势；同时以江汉平原后湖地区耕地为研究对象，采用生态位适宜度方法，结合加权平均、限制因子等模型，定量研究了水稻、小麦、棉花和油菜4种作物对该区域各评价单元的生态适宜性，并针对地块提出最佳的利用方式。杨国清(2006)以广州市为研究区，在区域尺度上对土地利用景观的时空变化规律及其驱动机制、土地利用景观动态变化预测等方面进行了系统的研究。

9）可持续发展理论及应用

可持续发展的基本思想是“既满足当代人的需要，又不对后代人满足其需要的能力构成危害的发展”。目前，国内外衡量可持续发展有代表性的综合性指标有：净财富流量指标，以绿色国内生产总值(gross domestic product，GDP)指标为代表；财富存量指标，以真实储蓄率指标为代表；生态可持续性指标，以生态足迹指标为代表(刘西田，2006)。

在土地(壤)科学领域，FAO于1993年正式颁布了《持续土地利用评价纲要》，确定了土地生产性、土地的安全性或稳定性、水土资源保护性、经济可行性、社会接受性这5项土地可持续利用的评价标准(彭建等，2003)，并初步建立了土地可持续利用评价在自然、社会经济、生态方面的指标体系(冷疏影等，1999b；傅伯杰等，1997)。蔡运龙等(2003)提出了包括生产力、稳定性、恢复力、公平性、协调性的针对土地利用变化过程的指标体系。Simon(1997)借助土地可持续利用思想，建立了土壤质量评价指标体系，并提出了土壤质量指数和土壤健康指数的概念。陈百明等(2001)认为，土地的可持续利用指标与评价的研究应该是从3个方面开展：①土地利用分区及制定区域土地可持续利用指标体系；②制定主要土地利用系统可持续利用指标体系及阈值；③制定典型区土地可持续利用指标体系及阈值。

土地资源评价是一个以土地为核心的社会-经济-自然复合评价系统，实质就是协调人与自然生态环境和社会经济活动中的土地资源的合理配置，使之达到土地的合理利用、环境得到保护、社会经济稳步增长的可持续发展。因此，基于可持续发展思想的土地质量评价更具前瞻性，对社会、经济和生态的协调发展具有很好的指导意义。

10）物元分析法

物元分析是最近20年发展起来的一门介于数学与实验科学之间的新兴学

科，物元模型是将可拓工程和物元理论相结合，将复杂问题抽象为形象化模型，并利用这些模型建立事物多指标性能参数的质量评定模型，以定量的数值表示评定结果，从而较完整地反映事物质量的综合水平。构建土地资源评价物元模型可以较好地克服评价过程中人为因素的影响，也可对参评因素进行量化，提高评价结果的精度。与模糊综合评判方法相比，物元模型有以下优点：一方面，物元模型计算简便，计算结果比较客观，能正确反映土地质量状况；另一方面，由于模糊数学模型中的隶属函数在一定程度上限制了该方法的使用范围，而物元模型适用性强，物理意义明确，可广泛应用于各种领域的综合评价问题中。但是，应用物元分析在解决具体问题时，标准物元、节域物元特征的量值范围如何确定，关联函数的选取以及关联度函数的最佳点位置的确定等问题，都有待于进一步探索研究(Zhao et al.，2002)。聂艳等(2004)采用模糊数学与物元分析相结合的方法，对江汉平原后湖地区农用地进行了定级评价，定级结果显示利用模糊物元分析法能快速准确地获取评价数据，农用地评价结果的准确性和可信度得到了提高。

11) 最小数据集思想及应用

最小数据集(minimum data set，MDS)是从大量土壤理化、生物学性状指标中严格选取对土壤质量敏感、能最大限度地代表所有的候选因素的最小数据集(Bram et al.，2006)。李桂林等(2007)认为，在过去几十年内提出的各种定量确定土壤质量MDS的方法中，数理统计方法尤其是主成分分析应用最广泛，并针对直接应用主成分分析确定MDS的方法可能造成信息的冗余或损失的不足，提出了一种基于数理统计的确定方法：通过主成分分析计算各土壤参数在所有特征值大于等于1的主成分上的综合荷载，应用多变量方差分析定量土地利用变化对各土壤参数的贡献，借助均值多重比较确定土壤利用年限对土壤性质的定量影响，最后经过线性变换、分组、相关分析检验等过程，得到一个能最大限度地代表所有候选土壤参数而又尽可能少地损失这些候选参数所包含的土壤质量信息的最小数据集。该土壤质量评价MDS因子选取方法能很好地整合土地利用变化的综合定量影响，同时具有很好的灵活性、可扩展性并能外推到其他地区。

将最小数据集思想及其在土壤评价中的研究方法应用到土地资源评价中，可以尽可能避免土地质量评价信息的冗余或缺失，提高评价工作的效率和评价结果的准确性。

12) 能值理论及应用

能值理论被认为是连接生态学和经济学的桥梁，为复合生态经济系统的定量研究提供了一种新的途径。曹顺爱(2007)探讨了能值理论在土地利用规划中的应用，构建了基于能值的土地利用规划生态经济预警系统。能值理论源于美国著名生态学家Odum从20世纪50年代始对生态系统的能量流动的研究，先后提出了能量系统、能量质量、能量等级、体现能、能量转换率等一系列开拓性的概念，并于 80 年代末创立了能值理论和方法。Odum(2000;1998)对能值的解释为:能值是一种流动或储存的能量中所包含的另一种类别能量的数量,是产品或劳务形成过程中直接和间接投入应用的一种有效能量。

Edward 等(2003)对澳大利亚西南部的 3 种种植系统作了能值评价比较。李加林等(2003)运用能值理论构建了浙江环境-经济系统能值分析框架体系,并对 1978~2000 年衡量浙江环境-经济系统发展水平的主要能值指标及其发展态势进行了系统研究。陆宏芳等(2003a)对广东省珠江三角洲三水市的三种基塘农业生态工程模式进行了能值比较研究,筛选出系统最佳的可持续发展模式。沈善瑞等(2004)将能值这一全新的生态经济度量尺度引入经济学投入产出分析表,对广东省珠江三角洲三水市农业生态系统经济能值的直接消耗系统和完全消耗系统进行分析,为复合系统能值分析中各系统间相互作用量化评价探索了新的途径。陆宏芳等(2003b;2002)对国际能值分析理论现行能值评价指标体系作了归并简化,提出了评价系统可持续发展能力的新的能值指标(EISD),EISD 同时兼顾环境影响和经济效益,能更好地评价同等环境压力下不同的产品生产结构对社会经济发展贡献的不同,即系统可持续发展能力的不同及其成因;并针对国际现行能值可持续指标(ESI)中存在的不足之处,拓展构建了新的综合指标(SDI)评价系统可持续发展。

目前,关于能值理论在土地资源评价中的研究还少见报道。土地作为生态经济系统的主要载体,也是能流的载体,可将能值理论应用在土地生态经济系统的评价中,如人们对土地的物质能源的投入(如化肥、农药、耕种机械等)、作物对自然资源的利用与反馈(如太阳能、土壤养分以及作物腐化后以有机质和气体的形式反馈于自然)、土地的不合理利用对生态环境造成的影响(如水土流失、土壤沙漠化、土壤重金属污染、地表水富营养化等)。因此,基于能值理论的土地质量评价是未来土地质量评价方法的一个创新方向。

1.3.3 数据挖掘在土地资源评价中的应用研究

1989 年,在第 11 届人工智能联合会议的专题讨论会上,首次提出知识发现(knowledge discovery,KDD)这个术语。1995 年,在加拿大蒙特利尔市召开了第一届 KDD 国际学术会议,同年在美国计算机年会上,提出了数据挖掘的概念。此后,KDD &Data Mining 国际学术会议每年召开一次,规模由原来的专题讨论会发展到国际学术大会,研究重点也逐渐从发现方法转向系统应用,注重多种发现策略和技术的集成,以及多种学科之间的相互渗透。最近,Gartner Group 的一次高级技术调查结果显示:“未来 3~5 年内将对工业产生深远影响的 5 大关键技术”之首的是数据挖掘和人工智能;“未来 5 年内投资焦点的 10 大新兴技术”前两位是并行处理体系和数据挖掘(毛国君等,2006)。2001 年,麻省理工学院的 *The Tech-*

nology Review 杂志预测改变未来的10项新兴科技中，数据挖掘居第三位（贺昌政，2005）。经过十多年的研究和实践，数据挖掘已经吸收了众多学科的最新研究成果而形成独具特色的一门技术。从目前的研究现状看，数据挖掘仍然处于广泛研究和探索阶段，但在现实世界中已经拥有广阔的应用前景，在金融业、保险业、电子商务与互联网应用、零售业与市场营销、人工智能、通信等领域得到了较为广泛的应用，也引起了生物与基因工程、医学、水文、气象、土壤、遥感等自然科学领域专家的关注（胡月明，2007；马超群等，2007；李德仁等，2006；王宏，2006；陈亚新等，2005；贺昌政，2005；庞素琳，2005；金龙，2004）。

近年来，数据挖掘技术在土地（壤）科学领域得到了一定的应用研究，华南农业大学胡月明、薛月菊等教授领导的课题小组在这一领域进行了较为深入的研究。上面综述中，土地资源评价指标体系和评价方法均包含了数据挖掘的思想，都应属于数据挖掘的范畴。人们普遍认为数据挖掘技术主要包括决策树、关联规则、神经网络、模糊理论、粗糙集、支持向量机、遗传算法等人工智能技术，因此我们通常所提及的数据挖掘技术是狭义的。从数据挖掘的角度来看，土地资源评价实质上属于分类和预测问题，应用数据挖掘技术可以自动地对土地资源等级进行类别的划分，同时，也可以通过已有的分类来预测未知的或新的评价单元的土地质量等级，较好地克服了传统评价方法中人为因素过多的缺点，提高评价的效率、准确性。目前，这方面的相关研究逐渐成为国内外的一个热点。孙微微等（2005）采用决策树对广东省土壤质量等级进行预测研究，并以定量规则方式表达所获取的知识，结果表明其知识表达易于理解。同时以模糊变权评价方法得到的评价结果为基准，对多种方法的评价结果进行了比较，其中，基于决策树分类准确率为96.61%，常权指数和法、指数积开方法（胡月明等，1999）得到的评价结果准确率分别为96.73%、73.78%，灰关联综合评价法（胡月明等，2001a）的准确率为84.29%。

应用神经网络技术能够自动建立和表达土地质量评价中复杂、模糊的特征间关系，它已成为近年来土地质量评价方法研究中的一个重要的研究领域。目前，BP神经网络的应用比较广泛。赵霈生等（1998）利用BP神经网络模型构建的土地适宜性评价专家系统，具有自组织性和自适宜性，克服了传统评价专家系统中的许多缺陷，如难以从复杂的土地各要素之间抽取清晰、明确的评价规则。杨国栋等（2005）采用建立的土壤养分肥力等级BP神经网络评价棋型，对山西省大同地区的土壤养分肥力等级进行了评价。唐南奇等（2004a；2004b）建立了农用地分等BP神经网络模型并设计了评价结果的精度检测方法，该模型通过少量典型样本的训练和学习后，可简便、快捷地计算出大规模待定样本的分等综合指数，其泛化功效和精度检测也符合要求，并对农用地分等中出现的原始数据标准化和训练样本的类型典型性问题，提出用数据分类标准化和模糊系统聚类分析建立训练样本集的方法来解决。赵玉杰等(2006)将BP人工神经网络应用到土壤环境质量评价中，并将评价的结果与内梅罗指数法、模糊评价法、污染损失率法等评价方法的评价结果进行了比较，表明BP人工神经网络应用到土壤环境质量评价中是切实可行的。其他类型的神经网络也逐渐被应用，沈掌泉等(2004)应用广义回归神经网络(generalized regression neural network，CRNN)研究了土壤养分的空间变异和插值精度，并与地统计学方法的Kriging插值法进行比较，结果显示广义回归神经网络可以得到更相近或更好的结果。薛月菊等(2006)分别采用了概率神经网络(probabilistic neural network，PNN)和BP网络对广东土壤资源进行评价并对结果进行了比较，结果表明概率神经网络的评价结果比BP网络的评价结果更加准确，更加切合实际情况，在一定程度上避免了人为因素的干扰，提高了土地资源评价的准确性。

近年来，模糊技术和神经网络相结合，产生了一个新的研究领域——模糊神经网络，它是将常规的神经网络赋予模糊输入信号和模糊权值，较好地融合了模糊技术和神经网络的优点，具有模糊推理、自学习和处理定量数据的能力，增加网络的泛化能力、容错能力等。胡明星等(1998)提出了一种基于模糊联想记忆神经网络的土地质量评价方法，并以实例证实了该方法的简便、快速、客观和实用性。胡月明等(2005)提出从神经网络中抽取土地资源评价模糊规则的方法，并对广东省土壤资源质量进行了评价，该方法适合包含连续的(高程、地面坡度、土壤酸碱度、土壤有机质含量)、离散的(土壤质地)和标称的(土地利用类型)土地资源评价因子，得到的评价结果比BP网络的评价结果更准确，提高了土地资源评价的准确性。刘耀林等(2005)依据模糊综合评判的思想，建立了一种用于土地适宜性评价的模糊神经网络模型，该模型推理过程透明，解决了规则爆炸的问题，通过改进的遗传算法训练对现有的知识和规则进行修正，并能提取修正后的规则，收敛速度快，不会落入局部极小。严会超等(2006)将模糊理论、自组织特征映射(self-organizing feature map，SOFM)网络与GIS相结合，构造了一种新型农用地分等模型——模糊SOFM-GIS空间聚类模型，并利用此模型对广东高要农用地进行农用地分等评价，结果表明采用模糊SOFM-GIS空间聚类模型进行农用地分等评价具有稳定、结果可靠等特点。黄海等(2006)采用模糊神经网络与灰色系统理论相结合的方法对重庆市2005～2010年的建设用地量进行了预测，计算分析结果表明，该模型具有良好的可行性和合理性，可以为确定土地合理储备量提供依据。Xue等(2007)采用模糊BP神经网络和模糊RBF神经网络作为成员分类器，分别了建立模糊BP神经网络集成和模糊RBF神经网络集成对广东省土壤资源进行了评价，研究结果表明，神经网络模糊化后的评价结果比BP、RBF网络的评价结果更准确。但是，模糊神经网络的本质还是神经网络，网络结构问题仍然没有解决。为此，伍世虔等(2008)提出了动态模糊神经网络的方法，该方法的网络结构不是预先设定的,而是动态变化的,即在学习开始之前,没有一条模糊规则,其模糊规则是在学习过程中逐渐增长而形成的。

黎夏等(2005)提出了基于神经网络的元胞自动机(cellular automata)模拟复杂的土地利用系统及其演变的方法。骆成凤等(2006)提出了一种基于遗传算法优化的BP神经网络遥感土地覆盖分类方法,该方法兼顾了遗传算法和梯度下降优化算法分别在全局和局部搜索极小点的优势,避免了在BP网络训练过程中过早收敛于局部极小点的风险。Yang等(2005)应用人工免疫模型对东莞赤红壤现代农业试验区土壤质量进行了评价,并与加权指数和法、模糊综合评价的结果进行了比较,结果表明人工免疫模型的评价结果能更好地反映土壤质量状况。杨海东等(2005)针对人工免疫模型中二进制编码所存在的问题,采用DNA编码改进的人工免疫模型对东莞赤红壤现代农业试验区土壤质量评价,并与模糊综合评价方法的结果进行了比较,结果表明采用基于DNA编码的人工免疫模型进行土壤质量评价时与实际相符,并具有稳定、结果可靠等特点,较好地解决了土壤质量评价中具有空间特性、模糊性、不确定性、多指标对象难以评价等问题。

在土地资源评价GIS数据库中,不仅存储了大量的属性数据,同时还包括了丰富的空间数据。空间数据挖掘是在大量空间数据中进行知识发现的技术,是一个非常有发展前景的研究领域(吴金华等,2004)。空间数据挖掘的关键是要实现区域内土地资源的空间数据-空间信息-空间知识三个层次上的空间信息处理与分析过程。李德仁院士(2006)、毕硕本教授(2008)在地学空间数据挖掘方面做了大量的工作,并出版了相关著作。王树良等(2003)总结了量化属性作用的规则,把张力样条插值函数引入空间数据挖掘,从已有的空间数据库中挖掘出表示趋势的一般函数规律。贾泽露等(2005)采用决策树,采用训练与学习相结合的方法实现土地定级估价,阐述了基于决策树空间数据挖掘土地定级估价的系统模型,系统总体框架、主要模块、系统界面及系统实现定级估价的工作流程。目前,在地学领域中,对遥感影像的空间数据挖掘研究相对较多,Marcal等(2005)应用Logistic回归分析对土地覆盖进行了分类,结果显示ASTER影像数据有较高的精度。该方法可以发现等级与影响因素之间的联系(Smith et al.,2003),并且在不确定影像数据影响因素的条件下,提供了一种客观、有效的影像分类方法(Giri et al.,2005)。如果在土地资源评价中引入时间维信息,土地质量随时间连续变化的动态仿真将成为现实。通过对GIS中储存的横向的现时和纵向的时间数据进行时空数据挖掘,一方面可以对当前的土地质量状况实施自动、客观的"静态"土地资源评价;另一方面通过时间序列分析可以挖掘土地质量历史演变的过程,并对土地质量的未来发展进行科学的预测预报。

第 2 章　土地资源评价数据库的建设

数据库建设是数据有效管理和数据挖掘实施的前提。本书在数据库建设过程中，首先对影响龙川县土地质量的自然条件、社会经济发展和土地利用现状做一定的介绍；然后，遵循土地资源评价指标体系构建的原则，完成评价指标的选择和评价指标体系的构建；其次，针对土地资源评价基础数据中普遍存在的数据杂乱、重复、缺失、维度高等问题，对数据进行一定的预处理，如数据清洗、数据集成、数据变换、归约化等；最后，对几种主要的数据库模型作一定的介绍，并采用 Geodatabase 地理数据模型建立土地资源评价数据库。

2.1　研究区概况

1. 自然条件

(1) 地形状况。龙川县境内有山地、丘陵、河谷、平原等地貌类型，地势南北高，中间低，由西南向东倾斜，山岭属南岭余脉。全县南北长 103.2km，东西宽 54km，境内海拔在 800m 以上的山峰有 16 座，其中海拔在 1000m 以上的山峰有 6 座；北部是中、低山地，中部和南部是丘陵，谷地平原零星分布在县内各地（主要分布在江河冲积地）。

(2) 土壤状况。根据全国第二次土壤普查资料，龙川县共有水稻土、菜园土、赤红壤、红壤、黄壤、南方山地草甸土、红色石灰土、酸性紫色土和潮砂泥土 9 个土类、14 个亚类、43 个土属、70 个土种。县域土壤成土母质复杂，海拔在 700m 以下的低山丘陵土壤主要是由花岗岩、砂页岩、变质岩等母质发育而成的赤红壤，石灰岩发育而成的土壤主要分布在深层。

(3) 水文条件。龙川县水资源丰富，全年平均径流量为 $2.33\times10^9 m^3$，水力资源蕴藏量为 $4.14\times10^5 kW$。辖区内水域面积为 $9066.62hm^2$，其中江河面积为 $2866.39hm^2$，山塘水库面积为 $5866.43hm^2$，境内主要河流有东江水系的东江，韩江水系的铁场河和鹤市河。其中，东江是全县的主要航道，由西北偏西向南流经 15 个镇，县境内长年不缺水，每年 4～9 月为洪水期，12～2 月为枯水期。铁场河发源于回龙镇东北，由北向南，流经回龙、田心、龙母、铁场等镇后流入五华河。

2. 社会经济条件

(1) 经济发展状况。龙川县是国家重点扶贫县之一,位于广东省经济欠发达的粤北山区。凭借其良好的地理区位和相关政策扶持,近年来,全县社会经济快速发展,城镇、农村面貌发生了很大的变化。2004 年全县实现国内生产总值 44 亿元,在 2003 年的基础上增长了 17.5%,三大产业结构比重为 25.4∶33.2∶41.4,产业结构趋于合理化。全年农业总产值为 14.5 亿元,增长了 6.6%,基本农田得到了保护,易地开发有序开展,农田水利设施得到改善,农业产业结构进一步优化,其中优质稻面积占水稻面积的 93.4%。

(2) 基础设施因素。龙川县通过山、水、田、林、路综合治理,稳步推进农田水利设施建设,2004 年底全县保证灌溉面积占耕地面积的 85%以上,基本实现耕地的有效灌溉。2006～2010 年全县正在规划和改造中的水利设施工程可增加保灌面积为 4546.67hm^2,充分保障了全县耕地的灌溉用水。

(3) 区位状况。龙川县地理区位重要(东经 115°03′～115°35′,北纬 23°50′～24°47′,如图 2.1 所示),东连梅州、汕头,西邻韶关,北接江西,南近珠江三角洲。全县交通区位独特,铁路、水路、公路相连成网,是岭南重要的交通枢纽,京九铁路与广梅汕铁路于县城交汇。国道 205 线从东到西、省道 227 线从南到北贯穿全县,另一条省道和洋公路也是县内重要的交通枢纽;河梅高速公路的贯通使龙川县纳入了珠三角三小时经济圈内的地区;2006 年开始建设的昆汕高速也经过县城老隆。

3. 土地利用现状

(1) 耕地利用方式。龙川县农业标准耕作制度为早稻-晚稻、春花生-秋甘薯。全县土地利用特点是山地丘陵多、平原少、耕地少和后备土地资源少。全县耕地面积为 38969.69hm^2,占全县总面积的 12.7%,耕地的数量在空间分布上极不平衡(图 2.2)。其中,灌溉水田面积为 31170.23hm^2,占耕地面积的 80.0%;旱地面积为 7492.91hm^2,占耕地面积的 19.2%;菜地面积为 232.45 hm^2,占耕地面积的 0.60%;望天田面积为 74.10hm^2,占耕地面积的 0.19%。

(2) 人地矛盾日趋尖锐。随着龙川县社会经济的快速发展,非农建设用地不断增加,城乡居民点、工矿、交通等建设大量占用耕地,加上盲目的农业结构调整和灾害损毁,耕地保护受到威胁。与此同时,人口不断增加,人均耕地急剧下降。2004 年全县人均耕地面积仅为 0.043hm^2,低于全国人均耕地面积(0.107hm^2)和全省的人均耕地面积(0.047hm^2)水平。

(3) 土地浪费现象严重。低产耕地生产潜力大,需要进一步提高产量、产值。城镇规划和工业布局不够完善,占用优质耕地较多,老城区建筑层数低、容积率

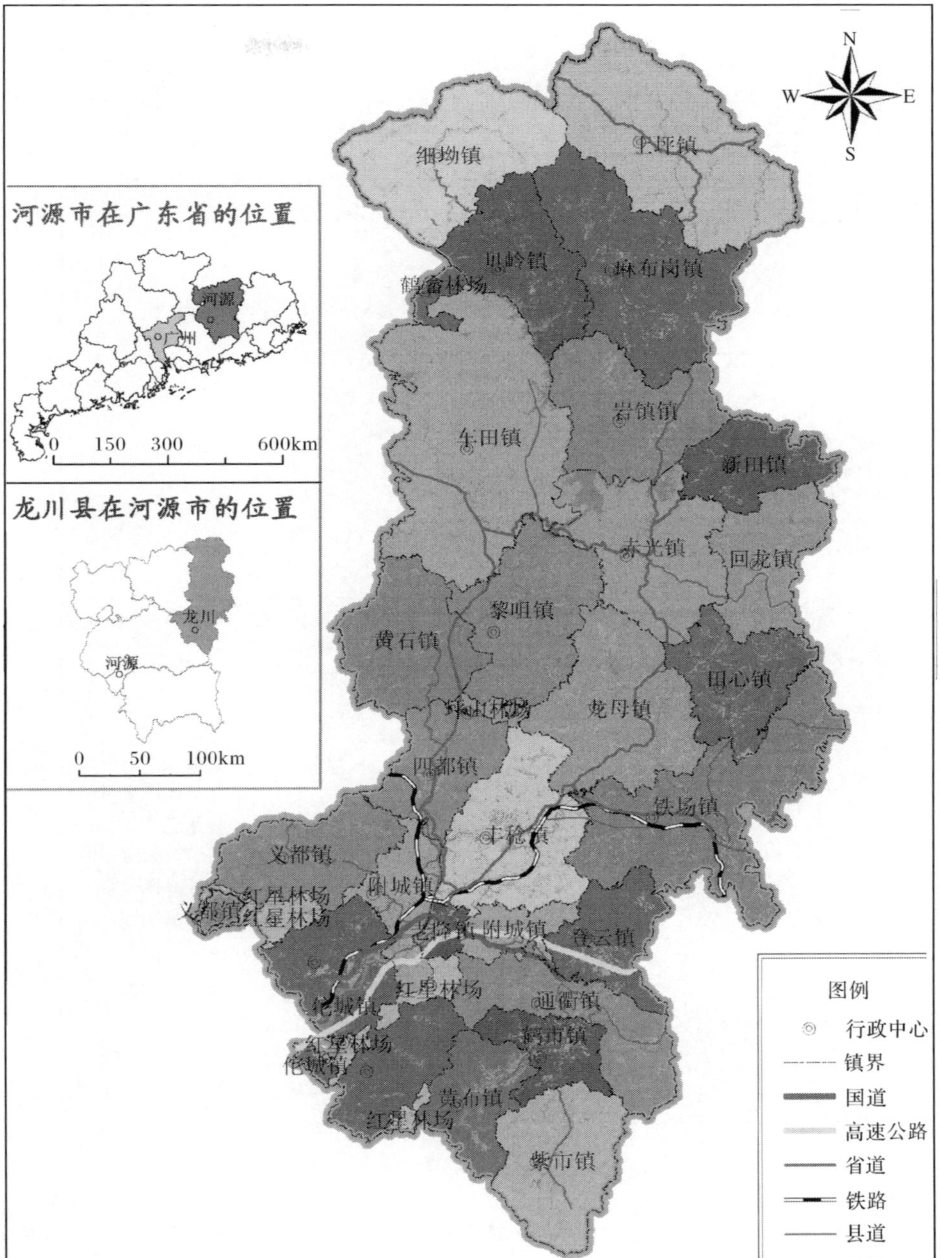

图 2.1　龙川县地理位置示意图

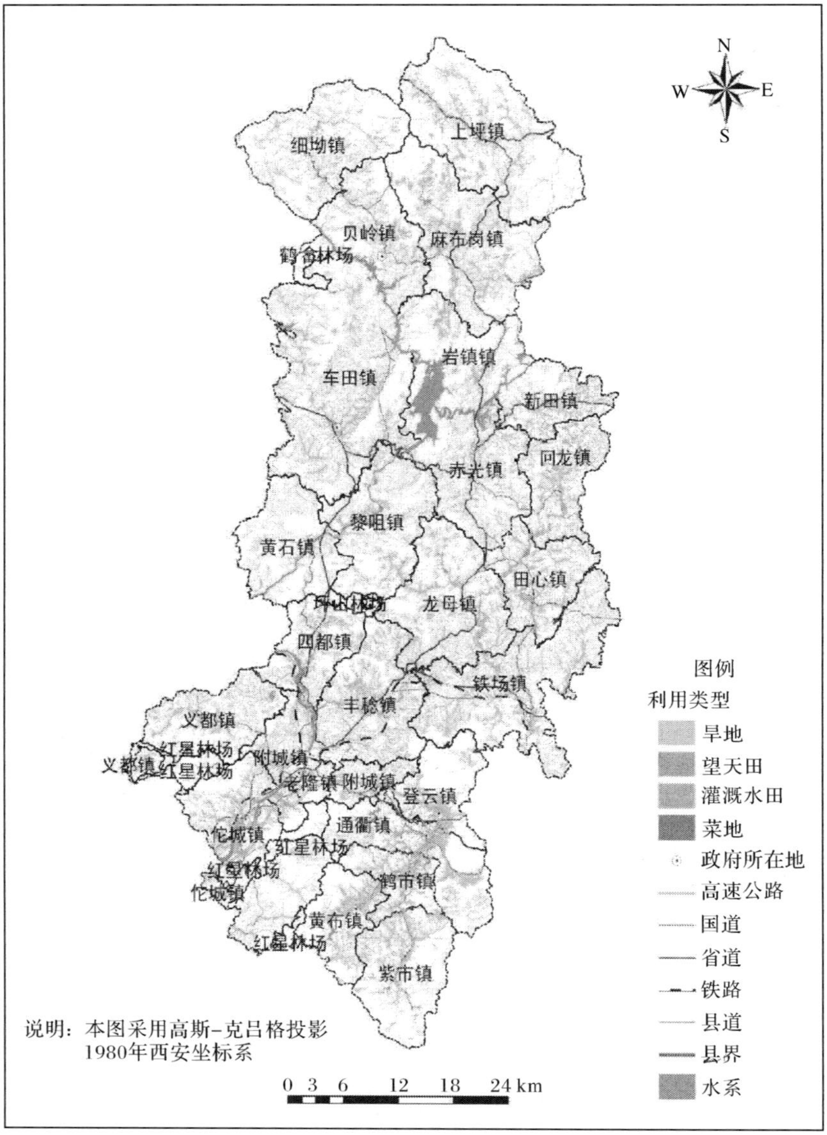

图 2.2　龙川县土地类型及分布

小，土地利用率不高，有待改造，有些地方还存在土地闲置浪费的现象；农村居民点分散、占地面积较大、空闲地多，造成了土地资源的浪费。

（4）水土流失较突出。近年来，各地挖矿采石、修建公路以及开发丘陵山地种茶、种果，由于没有及时完善配套工程，造成局部地方水土流失加剧；部分地区山林责、权、义没有很好落实，出现失管现象和乱砍滥伐现象。

2.2　土地资源评价数据准备

2.2.1　评价单元的提取

评价单元的提取一般采用详查图斑法、叠置法、地块法、动态网格法等来划分，项目实施中考虑到龙川县已经在 MapGIS 地理信息系统环境下完成了 2004 年 1∶10000 土地利用现状更新调查和土地利用数据库建设工作，因此直接采用土地利用现状图中耕地图斑，然后通过以下几个步骤获取土地资源评价数据挖掘所需的属性数据和空间数据。

(1) 提取评价单元。应用 MapGIS 软件提取 2004 年土地利用现状图耕地图斑，并以其作为评价对象，形成单元底图。考虑到原始图形、数据库的完整性、耕地资源评价成果的应用和今后相关工作的可延续性，保留面积≥$4mm^2$ 的耕地图斑（实地面积≥0.04 hm^2），共计 30281 个，即 30281 个评价单元。

(2) 单元编码。行政编码的编制方法以国家颁布的县级行政区划代码为基础，按镇（街办）分行政村编制行政编码，并统一赋值给该村范围内的所有单元。每个单元唯一标识，格式为 441622xxx-xxx-xxx，前一部分为广东省（44）河源市（16）龙川县（22）各乡镇（xxx）的行政编码，中间一部分为行政村一级（xxx）内的单元编号，最后一部分为行政村内耕地图斑（xxx）的单元编号，单元标识编码采用 15 位数。

(3) 创建属性数据库。利用 MapGIS 属性库管理子模块创建了龙川县土地资源评价属性数据库，包括行政编码、所属镇（街办）村、单元编号等单元的基本情况。将单元属性数据导出并转换成 Excel 格式，形成龙川县土地资源评价的初始数据表。

(4) 图形整饰。提取土地利用现状图中的镇名、村名、高程点、水系名、零星地物等点状注释，等高线、道路、河流、沟渠、行政界线等线状地物，将其添加到单元底图上，并制作图例，修饰完善单元工作底图，绘制土地评价单元图。

2.2.2　评价指标体系的构建

为了比较准确地反映土地质量状况，在具体实施时需要从收集的数据中筛选出灵敏度较高、便于度量且内涵丰富的因素作为评价指标。评价指标选择需遵循的基本原则有：

(1) 主导性原则。选取的评价指标必须对土地质量有较大的影响，评价指标并非越多越好，资料的收集费时费力，一味地追求指标完全是不正确的。

(2) 变异性原则。土地质量的影响因素众多，应选取评价区域内变异性较大的指标因素，以利于区域间土地质量的比较，即空间变异性。

(3) 稳定性原则。评价因素对土地质量的影响在时间序列上应具有相对的稳定性，如地形地貌、气候、土壤基本性质等。

(4) 相对独立性原则。描述土地质量的因素指标很多，指标间可能存在较强的相关关系(如土壤有机质与全氮之间普遍存在较强的相关性)，这样不仅造成了信息的重叠与浪费，如果直接用它们评价土地质量，不但模型复杂，还可能将评价结果引向错误。

(5) 可操作性原则。评价指标的选择和评价方法的确定应符合实际情况，便于操作，且具有普及和推广的价值。

(6) 定量与定性相结合的原则(周勇等，2003；曲福田，1997)。

1. 评价指标的选择

评价指标选择主要以《广东省农用地分等定级与估价技术方案》(2004)* 和《农用地分等、定级、估价规程》(2003)为指导，并结合龙川县的具体情况确定了与土地质量有关的自然因素、社会经济因素和生态影响因素相关的 21 个评价指标，具体层状结构如表 2.1 所示，评价指标基础数据以百分制分值记录。在本书中，如没有作特别说明，A、B1、B2、B3、C1、C2、…、C6、D1、D2、D3、…、D21 表示的含义如表2.1所示。

表 2.1 土地资源评价指标层次结构表

目标层 A	功能层 B	准则层 C	因素层 D
土地质量 A	自然因素 B1	地形地貌水文地质 C1	海拔 D1
			地形坡度 D2
			田面坡度 D3
			地下水位 D4
		土壤条件 C2	耕层质地 D5
			耕层厚度 D6
			剖面构型 D7
			pH D8
			有机质 D9

* 《广东省农用地分等定级与估价技术方案》是 2004 年广东省国土资源厅和广东省土地勘测规划院为开展全省农用地分等定级与估价工作联合制定的规程。

续表

目标层 A	功能层 B	准则层 C	因素层 D
土地质量 A	社会经济因素 B2	区位条件 C3	道路通达度 D10 城镇影响度 D11 农贸市场影响度 D12
		农田基本条件 C4	灌溉保证率 D13 排水条件 D14 田块形状 D15
		社会经济发展条件 C5	人均耕地 D16 土地利用类型 D17 (土地)利用系数 D18 (土地)经济系数 D19 亩均社会保障价格 D20
	生态影响因素 B3	限制性因素 C6	水土流失 D21

2. 基础数据的获取

主要根据全县第二次土壤普查资料、2004 年土地利用数据库、2006 年耕地地力调查与质量评价数据库和各部门收集来的数据资料及野外调查数据，采用定性描述与定量表达的方式记录各评价指标信息。各评价指标信息的获取方法如下：

(1) 海拔高度和地形坡度。首先在 MapGIS 中提取土地利用现状图中等高线，并将等高线和耕地质量评价底图的 MapGIS 格式文件转换成 Shapefile 格式的文件；然后利用 ArcGIS 的扩展模块 3D Analyst 生成数字高程模型 TIN；再将 TIN 模型转换成栅格类型的高程专题地图，并与单元底图进行叠加，获得各单元内海拔的最大值和最小值，取其算术平均值作为评价单元的海拔指标值。同理，获取各单元的坡度指标值。

(2) 剖面构型、耕层厚度、地下水位、耕层质地、pH、有机质、灌溉保证率、排水条件和土地利用类型。根据评价指标属性表达类型的不同，对连续型数值(耕层厚度、地下水位、pH、有机质)和离散型数值(包括描述型指标的离散型表达，主要指标有剖面构型、耕层质地、灌溉保证率和排水条件)采用不用的方法获取。

连续型指标数值的获取方式为：首先在 ArcGIS 软件环境下，基于耕地地力调查与质量评价数据库(在 ArcGIS 地理信息系统环境下完成)生成耕地地力调查采样点图层和相关评价指标属性数据库；然后利用软件中 Arcmap 模块提供的地统计学方法，采用普通克里格法进行最优内插，绘制相关指标专题地图，并与单元底图进行叠加，获得各评价单元内的指标内插值，取其极值的算术平均值作为单元的指标属性数据。

离散型指标数值的获取方式为：首先从耕地地力调查与质量评价数据库中提取并生成剖面构型、耕层质地、灌溉保证率、排水条件、土地利用类型等指标的专题地图；然后与单元底图叠加，获得各单元内相应指标属性数据。

(3) 田面坡度和水土流失。主要采取外业调查的方式获得，调查时以镇(街办)为单位，对其辖区的各行政村内有代表性的单元进行重点踏勘和调查，并根据当地农技术人员的耕作经验初步确定耕地田面坡度和水土流失的区域和程度；然后通过室内判读和计算机辅助(R2V 软件)较为准确地生成数字化田面坡度和水土流失专题地图，将其与单元底图叠加，获得各单元的田面坡度和水土流失数据。

(4) 道路通达度、城镇影响度和农贸市场影响度。采用《广东省农用地分等定级与估价技术方案》(2004)和《农用地分等、定级、估价规程》(2003)中的方法分级计算道路通达度、城镇影响度、农贸市场影响度的影响半径并赋以分值；然后以道路、城镇、农贸市场为中心，建立不同影响半径下的缓冲区域，并与单元底图进行叠加，提取各单元的相应指标属性指标值。

(5) 田块形状。以田块形状系数 K 衡量各单元的田块形状，从耕地质量评价数据库中提取各评价单元的面积和周长，根据公式 $K=4\sqrt{S}/L$(S 为田块的面积，L 为田块的周长)计算田块形状系数。

(6) 人均耕地、利用系数、经济系数和亩均社会保障价格。人均耕地和亩均社会保障价格的计算分别以行政村和镇为单位，计算辖区内农业人口人均耕地和亩均社会保障价格；利用系数和经济系数的计算以行政村为单位，按指定作物(早稻-晚稻，春花生-秋甘薯)分别计算，水田(包括灌溉水田、水浇地、望天田、菜地)和旱地的利用系数和经济系数值为种植作物早稻和晚稻、春花生和秋甘薯的利用系数和经济系数之平均值。最后，按村、镇行政单位将各指标计算值赋予评价单元。

2.2.3 数据预处理

土地资源评价基础数据的质量直接影响到评价结果的科学性和准确性，然而，如何解决普遍存在的数据杂乱、重复、缺失、维度高等问题？同时，人们在土地资源评价之前，总是希望获取的数据资料越多越好，但在数据处理和分析时，却希望应用较少的数据。需要多大的样本容量数据才能够反映一定精度的全体样本数据的信息，以及样本如何抽取(具体见第 4 章)？这些问题都是数据预处理阶段需要解决的，图 2.3 是一个关于评价指标海拔的数据预处理的基本过程(改自 Han et al.，2006)。

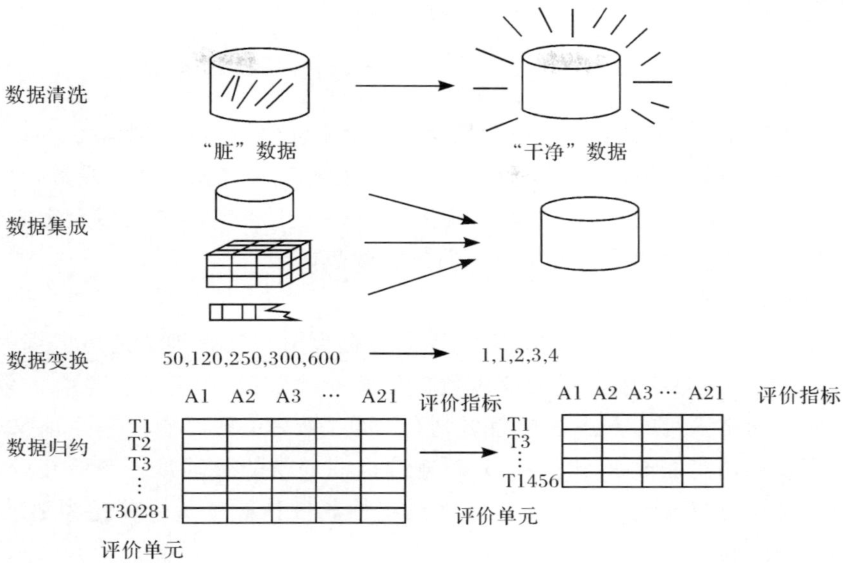

图 2.3　数据预处理基本流程

1. 数据类型结构的建设

应用不同的数学模型、算法和分析软件对基础数据的要求都不尽相同。基于此，根据基础数据的类型分别建立混合数据结构和离散数据结构两套土地质量评价数据结构体系，这一过程包括数据清洗、数据集成和数据变换 3 方面的工作。

1）混合型数据结构

人们对事物描述通常采用定量或定性的形式表达，其中定量表达的数据包括连续数据和离散数据两种形式，在统计学教材中通常将指标变量的定性描述作为离散数据的形式处理(张文彤等，2006)。建立一种融合多种数据类型的混合数据结构无疑适合于人们日常习惯，其中海拔、地形坡度、耕层厚度、地下水位、pH、有机质、田块形状(系数)、道路通达度、城镇影响度、农贸市场影响度、田面坡度、利用系数、经济系数、人均耕地、亩均社会保障价格等指标的描述采用连续数据类型；耕层质地、剖面构型、排水条件、灌溉保证率、土地利用类型和水土流失采用定性描述性语言表达，并以离散数据的形式处理。

由于连续数据类型的多个评价指标的数值属于不同的数量级，没有统一的度量标准，所以需要对指标进行标准化。常用的标准化方法有：极差变换、标准差标准化变换、均匀化变换、反正弦和反余弦变换、平方根变换、对数变换、博克斯-考克斯变换等(韦玉春等，2005)。在混合数据结构评价体系中，连续型指标变量的标

准化采用标准差标准化变换的方法，其计算公式为

$$x_{ij}^{*} = \frac{x_{ij} - \bar{x}_j}{s_j}, \quad i = 1,2,\cdots,n; j = 1,2,\cdots,m \tag{2.1}$$

式中，x_{ij} 为指标的原始数据；$\bar{x}_j$、s_j 分别是第 j 个指标变量的算术平均值和标准差。变换后指标变量的均值为 0，方差为 1，无量纲，指标变量之间的相关系数在变换前后不变。从几何意义上讲，标准差标准化变换相当于将坐标原点移至重心位置，这种变换适合于量纲和数量大小不一的连续性数据。

2）离散型数据结构

理论上连续数据取值有无穷多个，连续数据离散化就是为了适应数据挖掘算法和存储的需要，用有限数量的离散数据代替连续数据，提高数据挖掘的效率和准确程度。通常采用的方法是把数据划分区间，每一个区间中用一个值来代替，在这里直接采用离散值 1，2，3，…，n 对连续指标变量的数据进行等级化处理，这样获得的知识更容易理解和记忆。定性描述性离散指标变量也转化为离散值 1，2，3，…，n 来记录。

同时，为了实现与龙川县农地分等和定级结果，甚至与全省或全国地区间的农地等、级进行比较，对离散化数值采用百分制(0，100]进行记分，可以以分值的形式计算每个评价单元的综合质量指数、利用等指数和经济等指数，然后采用数据挖掘方法对农地分等并进行比较。

其中，地形坡度、田面坡度、耕层厚度、地下水位、pH、有机质、耕层质地、剖面构型、排水条件、灌溉保证率这 10 个耕地分等指标数值的等级制和分数制离散化采用《广东省农用地分等定级与估价技术方案》(2004)和《农用地分等、定级、估价规程》(2003)的分级和记分规则；海拔高度指标的分级改自浙江省红壤质量评价因素指标体系(胡月明等，2001c)，然后应用特尔斐法根据级别进行打分；田块形状(系数)、利用系数、经济系数、人均耕地和亩均社会保障价格指标先采用 *K*-均值聚类分析的方法对各指标进行分类，然后应用特尔斐法对类别打分；道路通达度、城镇影响度和农贸市场影响度这 3 个指标的数值本身就是通过百分数计算而得的，然后以每 20 分为一级进行级别的划分；土地利用类型和水土流失指标均采用特尔斐法分级并赋予分值。具体各评价指标按照不同地类(水田以灌溉水田为准；旱地以花生为例，甘薯在耕层质地、pH、灌溉保证率、排水条件等指标略有不同，具体参照《广东省农用地分等定级与估价技术方案》)进行分级和分值赋值，具体分级和分值如表 2.2 与表 2.3 所示。

表 2.2　水田质量评价指标等级和分值表

评价指标	特性描述	级别	分值
海拔/m	<200	1	100
	200～500	2	80
	500～800	3	60
	≥800	4	40
地形坡度/(°)	<2	1	100
	2～5	2	90
	5～8	3	80
	8～15	4	60
	15～25	5	30
田面坡度/(°)	<2	1	100
	2～5	2	90
	5～8	3	70
	8～15	4	50
耕层质地	轻壤、中壤、重壤	1	100
	砂壤土	2	80
	黏土	3	70
	砂土	4	50
	砾质土	5	30
耕层厚度/cm	≥100	1	100
	60～100	2	90
	30～60	3	60
	<30	4	30
剖面构型	通体壤、壤砂壤	1	100
	壤黏壤	2	90
	砂黏黏、壤黏黏	3	80
	砂黏黏、通体黏	4	70
	砂黏砂、壤砂砂	5	60
	黏砂砂	6	50
	通体砾、通体砂	7	40
pH	6.0～7.9	1	100
	5.5～6.0	2	90
	5.0～5.5;7.9～8.5	3	60
	4.5～5.0	4	50
	<4.5;≥8.5	5	30
城镇影响度	≥80	1	*
	60～80	2	*
	40～60	3	*
	20～40	4	*
	<20	5	*
农贸市场影响度	≥80	1	*
	60～80	2	*
	40～60	3	*
	20～40	4	*
	<20	5	*
灌溉保证率	充分满足	1	100
	基本满足	2	90
	一般满足	3	80
	无	4	60
排水条件	充分满足	1	100
	基本满足	2	90
	一般满足	3	80
	无	4	60
田块形状	≥0.82	1	100
	0.65～0.82	2	90
	0.48～0.65	3	70
	0.28～0.48	4	50
	<0.28	5	30
人均耕地/(亩/人)	≥1.38	1	100
	1.02～1.38	2	90
	0.79～1.02	3	70
	0.54～0.79	4	50
	<0.54	5	30
耕地利用类型	菜地	1	100
	灌溉水田	2	90
	望天田	3	60
	旱地	4	50

续表

评价指标	特性描述	级别	分值
有机质/%	≥3.0	1	100
	3.0～2.0	2	90
	2.0～1.0	3	80
	0.6～1.0	4	60
	<0.6	5	50
地下水位/cm	≥60	1	100
	30～60	2	80
	<30	3	60
道路通达度	≥80	1	*
	60～80	2	*
	40～60	3	*
	20～40	4	*
	<20	5	*

评价指标	特性描述	级别	分值
利用系数	≥0.81	1	100
	0.73～0.81	2	80
	<0.73	3	60
经济系数	≥0.80	1	100
	0.70～0.80	2	80
	<0.70	3	60
亩均社会保障价格/(元/亩)	≥25167	1	100
	20621～25167	2	80
	13717～20621	3	50
	<13717	4	30
水土流失	无	1	100
	轻微	2	90
	一般	3	70
	严重	4	50

注:“*”表示道路通达度、城镇影响度和农贸市场影响度3个指标的分值沿用特性描述的分值。

表 2.3　旱地质量评价指标等级和分值表

评价指标	特性描述	级别	分值
海拔/m	<200	1	100
	200～500	2	80
	500～800	3	60
	≥800	4	40
地形坡度/(°)	<2	1	100
	2～5	2	90
	5～8	3	80
	8～15	4	60
	15～25	5	30
田面坡度/(°)	<2	1	100
	2～5	2	90
	5～8	3	70
	8～15	4	50
	15～25	5	20
耕层质地	砂壤、轻壤	1	100
	中壤	2	90
	重壤	3	70
	砂土、砾质土	4	60

评价指标	特性描述	级别	分值
城镇影响度	≥80	1	*
	60～80	2	*
	40～60	3	*
	20～40	4	*
	<20	5	*
农贸市场影响度	≥80	1	*
	60～80	2	*
	40～60	3	*
	20～40	4	*
	<20	5	*
灌溉保证率	充分满足	1	100
	基本满足	2	90
	一般满足	3	80
	无	4	70

续表

评价指标	特性描述	级别	分值
耕层厚度/cm	≥100	1	100
	60～100	2	90
	30～60	3	60
	<30	4	30
剖面构型	通体壤、壤砂壤	1	100
	壤黏壤	2	90
	砂黏黏、壤黏黏	3	80
	黏砂黏	4	70
	砂黏砂、壤砂砂	5	60
	粘砂砂、通体黏	6	50
	通体砾、通体砂	7	40
pH	6.0～7.9	1	100
	5.5～6.0	2	90
	5.0～5.5;7.9～8.5	3	80
	4.5～5.0;8.5～9.0	4	60
	<4.5;≥9.0	5	30
有机质/%	≥2.0	1	100
	1.0～2.0	2	80
	0.6～1.0	3	60
	<0.6	4	50
地下水位 /cm	≥60	1	100
	30～60	2	80
	<30	3	60
道路通达度	≥80	1	*
	60～80	2	*
	40～60	3	*
	20～40	4	*
	<20	5	*

评价指标	特性描述	级别	分值
排水条件	充分满足	1	100
	基本满足	2	90
	一般满足	3	80
	无	4	40
田块形状	≥0.82	1	100
	0.65～0.82	2	90
	0.48～0.65	3	70
	0.28～0.48	4	50
	<0.28	5	30
人均耕地/(亩/人)	≥1.38	1	100
	1.02～1.38	2	90
	0.79～1.02	3	70
	0.54～0.79	4	50
	<0.54	5	30
耕地利用类型	菜地	1	100
	灌溉水田	2	90
	望天田	3	60
	旱地	4	50
利用系数	≥0.81	1	100
	0.64～0.81	2	80
	<0.64	3	60
经济系数	≥0.81	1	100
	0.61～0.81	2	80
	<0.61	3	60
亩均社会保障价格/(元/亩)	≥25167	1	100
	20621～25167	2	80
	13717～20621	3	50
	<13717	4	30
水土流失	无	1	100
	轻微	2	90
	一般	3	70
	严重	4	50

注:“*”表示道路通达度、城镇影响度和农贸市场影响度 3 个指标的分值沿用特性描述的分值。

2. 数据归约化处理

对大型数据集来讲，在应用数据挖掘技术以前，应对数据进行归约化处理，即在不影响数据挖掘质量的前提下，丢弃部分经过前处理的数据(主要包括数据清洗、数据集成、数据变换等过程)。土地资源评价基础数据经过数据变换后，尽管采用离散型数据结构已大大简化了数据量，但数据集仍显庞大(全体样本数 30281 个，指标变量 21 个)，因此需要对数据作进一步的归约化处理。

1) 数据立方体聚集

数据立方体是数据的多维建模和表示，由维和事实组成。维就是涉及的属性，而事实是一个具体的数据。在土地资源评价中，人们感兴趣的往往不是具体某个指标的细节记录，而更关心一些汇总型的信息，例如，各评价单元的地质地貌、土壤条件、水文状况、区位条件、农田基本设施、社会经济发展条件、限制性因素等功能层。这些汇总统计就是数据聚集操作，图 2.4 是一个由年份、评价单元、评价指标作为立方体的维，评价单元质量等级为事实构造的三维数据立方体。

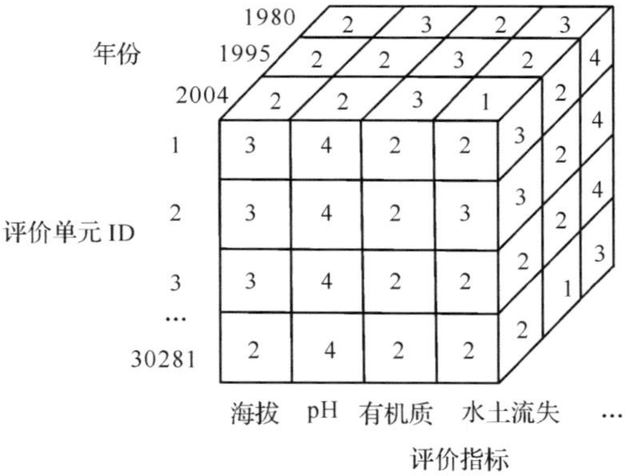

图 2.4　土地资源评价指标数据方

2) 维归约

土地资源评价中用于数据分析的数据可能包含几十个评价指标，其中部分指标与挖掘任务不相关，是冗余的。借助专家的经验尽管可以挑选出有用的指标，但这可能是一项困难而费时的工作，特别是当数据的研究目标不明确的时候更是如此。遗漏相关指标或留下不相关指标都是有害的，它们会导致数据挖掘方法无所适从，或是建立的模式质量较差。此外，不相关或冗余的评价指标增加了数据量，减慢了挖掘的效率。

维归约通过删除不相关的指标(或属性或维)减少数据量，通常使用指标子集选择方法。指标子集选择的目标就是找出最小指标集，使得数据类的概率分布尽可能地接近使用所有指标的原分布，减少出现在发现模式上的指标的数目，使得模式更易于理解。

d 个属性指标有 2^d 个可能的子集，应用穷举搜索找出指标的最佳子集是不太现实的，特别是当指标数目增加时。目前，通常使用压缩搜索空间的启发式算法，这些算法是贪心算法，在搜索属性空间时，总是做看上去是最佳的选择。它们的策略是做局部最优选择，期望由此导致全局最优解。在实践中，这种贪心方法是有效的，并可以逼近最优解。

本书选择的 21 个评价指标是参照国内外相关研究并结合专家意见，同时考虑指标的可获取性而综合筛选的，因此，对数据进行维归约处理并非必需。

3） 数据压缩

通过对数据编码或变换，得到原数据的压缩表示。数据压缩可以减少数据存储而不影响数据挖掘的结果，根据数据压缩的效果可分为无损压缩和有损压缩。常用的无损压缩技术有基于熵的编码方法；而有损压缩技术有小波变换和主成分分析（包括因子分析）两种当前较为流行且十分有效的方法。

目前，基于熵的压缩技术有一些很好的串压缩算法，但它们大都只允许有限的数据操作，计算过程较为复杂。主成分分析法（包括因子分析）具有变差最优性、信息损失最小性、相关最优性和回归最优级性特点，是数据压缩和多元降维的重要工具，本书将在第 3 章～第 5 章中就该方法在土地资源评价中数据压缩处理和分类问题进行较为深入的探讨。

4） 数值归约

数值归约技术就是通过选择替代的、“较小的”数据表示形式来减少数据量。该技术可以是有参的，也可以是无参的。对于有参方法，使用一个模型来评估数据，使得只需要存放参数，而不是实际数据，如回归或对数线性模型；非参数的方法包括直方图、聚类和抽样。在上述的评价指标等级和分值制定中就采用了直方图和聚类的思想。采用抽样的方式来减少数据也是一种常用的数据缩减的方法。尽管采用数据集中所有样本（评价单元）进行挖掘更有可能得到好的结果，但对于大部分的挖掘问题，应用抽样技术选择其中有代表性的样本数据进行挖掘，可以有效地降低挖掘算法的时间，同时保障其信息不会有太大的损失，特别是当数据量非常庞大时。关于抽样技术在土地资源评价中的应用见第 4 章。

2.3　数据库建设

2.3.1　几种主要的数据库模型

数据库是由许多文件和文件中的大量数据组成，为便于从一个文件或多个文件中存取数据，需要用一定的方式来构造或组织数据库。数据库根据其数据模型的不同，主要划分为 6 种：层次模型、网络模型、关系模型、分布式数据模型、面向对象的数据模型和 Web 数据模型。随着数据库技术在 GIS 领域的应用，前后发展了 CAD、Coverage 与 Geodatabase 等地理数据模型。

1. 层次模型

在层次模型数据库中，数据的存储是按层次序列的原则进行的。实现方法有两种：一种是用物理位置邻接的方法，将树中各层片段值按“从上到下，从左到右”的顺序存放，形成一个串行文件，这样的文件是分层有序的；另一种方法是用指针链接表示层次结构，通常所用的指针有子女指针、双亲指针或子女加兄弟指针。

层次模型将数据组织成一对多(或双亲与子女)关系的结构，特别适用于文献目录、部门机构、土壤分类等分级数据的组织。例如，土壤分类中一般按照土纲、亚纲、土类、亚类、土属、土种、变种逐级划分，这种情况下使用层次数据库结构，可以非常明确地表示出土壤类型的隶属关系。如图 2.5 所示的一幅地图 M，如果用层次结构来存储就是图 2.6 的形式。从这两个例子可以看出层次模型的两个主要特点：①有且仅有一个节点无双亲，这个节点即树的根；②其他节点有且仅有一个双亲。然而，层次结构不能表达多对多的联系，在 GIS 中，若采用这种结构的数据库将难以顾及数据共享和实体间的拓扑关系，将导致数据冗余增加。例如，图 2.6 中 3 号、4 号点在层次结构中重复存储 4 次，这不仅增加了存储量，而且给拓扑查询带来困难。此外，当对层次结构的节点记录进行修改时，也是比较麻烦的，只有当新记录有上述记录时才能插入。删除一个记录，其所有下属记录也同时被删除。

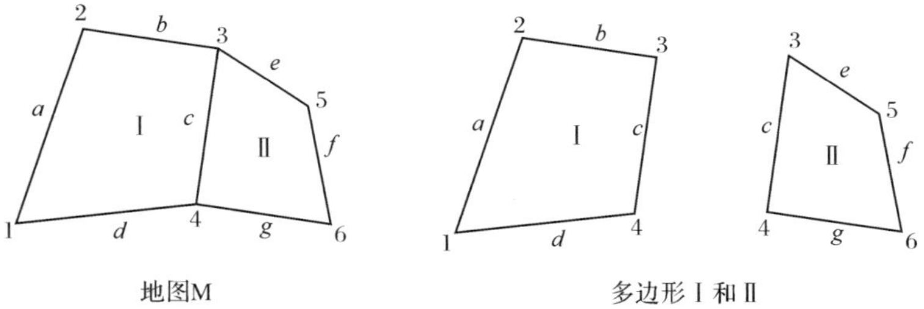

图 2.5　地图 M

2. 网络模型

网络模型用连接指令或指针来确定数据间的显式连接关系，且具有多对多类型的数据组织方法，其特点有：①可以有一个以上的节点无双亲；②至少有一个节点有多于一个的双亲。图 2.5 中的地图如果用一个网络模型来存储，形式如图

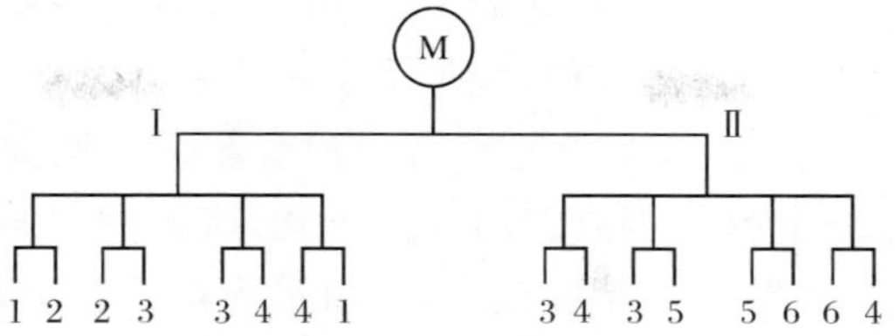

图 2.6　地图 M 的层次结构

2.7 所示。

网络模型结构特别适用于数据间相互关系非常复杂的情况，除了上面说的图形数据外，不同部门之间的生产、消耗联系也可以很方便地用网络结构来表示。网络模型结构的优点是能够明确而方便地表示数据间的复杂关系，数据冗余小。图 2.7 中公共边 c 及公共点的坐标都只用存储一次，使用起来很方便。

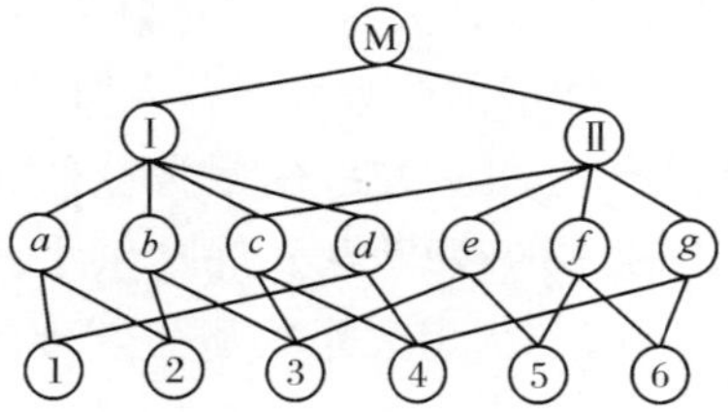

图 2.7　网络数据库结构

网络模型结构的缺点是：由于数据间联系要通过指针来表示，指针数据项的存在使数据量大大增加，当数据间关系复杂时指针部分会占大量数据库存储空间。另外，修改数据库中的数据时，指针也必须随着变化。因此，网络模型中指针的建立和维护可能成为相当大的额外负担。

3. 关系模型

关系模型是在层次和网络数据库之后发展起来的一种数据库。随着查询优化的实现，关系数据库系统不仅在查询速度上可与层次和网络数据库系统相媲美，还在性能上优于它们。关系数据库模型除了具有一般数据库系统的优点之外，还具有以下优点：

(1) 数据结构简单。关系数据库中的数据结构是单一的二维表格，这些表格是独立存在的，表间联系用公共属性名表示，而没有指针链接，简化了数据定义，数据操作也变得简单。

(2) 一体化的数据子语言。其他系统的 DBMS，其语言分为 DDL、DML 和 DSDL，它们各自完成不同的功能，而关系数据子语言将这些功能合为一体，既可进行查询、更新等数据操作，又具有数据定义和控制功能，在进行数据操作的同时还可动态地修改数据结构，使用方便，提高了编程效率。

(3) 数据独立性高。数据库的逻辑结构和对数据的操作不涉及数据的存取方法和存取路径，它完全独立于数据的存储方式，因而用户不必关心数据的物理存储细节。另外，当数据模式发生变化时，可通过连接投影重新定义用户视图，使原有程序不受影响。

(4) 面向集合的存取方式。网状和层次模型一次只能存取一个记录，而关系模型可以在关系一级进行运算，一次查询结果可以得到一组元组记录，对数据的其他操作也可以一次多个元组进行。语言简练非过程化程度高。

(5) 坚实的理论基础。关系模型是建立在数学概念基础上的，如集合论，一阶谓词逻辑，此外还有关系的规范化和查询优化等理论。这些研究成果使对数据库技术的研究从经验发展到科学的高度，给数据库技术的进一步研究奠定了基础。

(6) 有利于分布数据库的实现。关系模型对数据有强大的分解能力，它可以进行水平和垂直分割。对分布数据的管理和操作及分布数据的重组易于实现。

(7) 有利于分布开展其他应用。关系模型为各种非预期查询提供了有效的支持。这为数据库的应用向高层决策管理发展提供了便利。由于关系数据语言与一阶谓词逻辑的固有内在联系，为以关系模型为基础的推理系统和知识库的研究提供了便利。

基于关系模型的数据库系统也存在一些不足之外，突出的一点是语义比较贫乏。虽然关系模型中的主键、外键在概念上含有一些语义，但关系间及关系中各个属性间的关系和作用不明确，无法有效地区分现实世界事物间不同类型的关联关系。另外，除了一些大型系统，多个关系间的查询效率较低。随着数据库技术应用领域的深入，数据类型从单一的格式化数据扩展为多介质(图像、图形、声音等)非格式化的多种类型，对数据库的描述需要更丰富的语义，这些已超出了关系模型所能支持的范围。但当前和今后一段时间内，关系数据库是数据库中最常用的数据模型，也是新一代数据库技术不可缺少的基础。

关系模型以记录组或数据表的形式组织数据，以便于利用各种实体(图形)与属性之间的关系进行数据存取和变换，不分层也无指针。

应用关系模型能够有效地建立空间数据和属性数据之间的关系。点、线、面图形数据的记录中都包含一个有序特征值，即关键字，其后面存储其他有关信息。整个记录称为一个“元组”，多个元组组成一张二维表，称为“关系”。每个关系通常是一个独立的文件。图 2.8 是图 2.5 中两个多边形的图形数据在关系数据库中的存储方式，其中多边形序号Ⅰ和Ⅱ是特征值(关键字)。

属性数据，如与线 $a,b,\cdots,f$ 有关的属性和与多边形Ⅰ、Ⅱ有关的属性，则存储在另外的数据表中。属性的数据项可以很多，例如，线属性可包括线性质(道路

地图

M	Ⅰ	Ⅱ

多边形

Ⅰ	a	b	c	d
Ⅱ	c	e	f	g

线

Ⅰ	a	1	2
Ⅰ	b	2	3
Ⅰ	c	3	4
Ⅰ	d	4	1
Ⅱ	e	3	5
Ⅱ	f	5	6
Ⅱ	c	3	4
Ⅱ	g	6	4

点

1	x_1	y_1
2	x_2	y_2
3	x_3	y_3
4	x_4	y_4
5	x_5	y_5
6	x_6	y_6

图 2.8　关系数据库结构

还是河流等)、宽度、建筑材料、使用情况等,视需要而定。点和面的属性以同样的方式组织。为与图形数据连接,属性数据表中的每个记录也应包含一个或多个关键字。图形和属性数据表中的关键字还必须同时存储在另一个独立的关系表中,关系数据库主要依靠这个关系表把图形和属性连接在一起。

4. 分布式数据模型

分布式数据模型系统的研究始于 20 世纪 70 年代中期,是数据库技术和计算机网络技术相结合的产物。在随后 20 年间,随着计算机网络技术的迅速发展,分布式数据库得到了进一步发展,取得了显著的成果,许多基本问题已经得到解决。

分布式数据模型是由一组数据组成的,这组数据逻辑上属于同一个系统,但分布在计算机网络的不同节点上。网络中的每个节点都具有自治能力,并能够执行局部应用。每个节点也能通过通信系统执行全局应用。分布式数据模型系统具有以下特性:

(1) 分布性。数据库中的数据是分布在计算机网络的不同节点上,而不是集中在一个节点。

(2) 逻辑相关性。分布在不同节点上的数据是逻辑相关的,也就是说,数据具有某些相互联系的特性。因而它有别于在计算机网络不同点上局部数据库或文件的集合。

(3) 自治性,即独立自主能力。每个节点有自己的计算机,自己的数据库,运行自己的 DBMS,能独立管理局部数据库。

(4) 全局性。不同节点上数据库的集合可以看作是一个集中式数据库。每个节点都能执行全局应用,对这个集合中的数据进行存取操作。

分布数据模型系统是在集中式数据库系统的基础上发展起来的,但它不是集中式数据库系统的简单分布,而有它自己的特点。在诸如数据独立、减少冗余、集中控制、完整、并发控制、恢复、安全性、保密性等方面，与集中式数据库比较有不同的含义。

5. 面向对象的数据模型

面向对象(object-oriented)的定义是指无论怎么复杂的事例都可以准确地由一个对象表示，这个对象是一个包含了数据集和操作集的实体。面向对象的数据模型涉及多个抽象的概念：对象/对象标识、属性/方法、封装/消息传递、类、类层次/继承。

1) 基本概念

(1) 对象和对象标识。

对象对应于现实世界中的实体，一切概念上的实体都可以称作对象。每一个对象有一个唯一的不可改变的对象标识，用于确定和检索这个对象。对象标识符与关键字的概念及某些系统中支持的记录标识、元组标识有本质的区别。对象标识符独立于对象的内容和存储位置，是一种逻辑标识符，这通常由系统产生，在整个系统范围内是唯一的。两个对象即使内部状态值和方法都相同，如标识符不同，仍认为是两个相等而不同的对象。在这一点上，面向对象的模型与关系模型不同，在关系模型中，如果两个元组的属性值完全相同，则被认为是同一元组。

(2) 属性和方法。

一个对象包含一组属性，用以描述对象的状态、组成或特性。属性的值也是对象，一个简单的对象如整数、字符串等，该值本身是对其状态的完全描述，不再需要其他属性，这样的对象称为原子对象。属性的值也可以是复杂对象。一个复杂的对象包含若干个属性，而这些属性作为一种对象，又可能包含多个属性，这样就形成了对象的递归引用。

除了一组属性外，对象包含一组方法，用以描述对象的行为特性。一个方法实际是一段可对对象进行某种操作的程序。方法可以改变对象的状态，一个对象的内部状态只能由自身的方法操作，也就是说，一组方法表达了该对象的动态特性。

(3) 封装和消息传递。

对象是封装的(encapsulated)，系统把属性值和方法封装在一个对象中，用户只能见到对象封装界面上的信息，对象内部对用户是隐蔽的，这种特性称为封闭性。封装的目的在于使对象的使用和实现分开，使用者不必知道行为实现的细节，只需用消息来访问对象。这种数据与操作统一的建模方法有利于程序的模块化，增强了系统的可维护性和易修改性。

消息用来请求对象执行某一处理或回答某些信息的要求。一个对象所能接受的消息与其所带参数构成了对象的外部界面，消息中包含发送者的要求，它告诉接收者需要完成哪些处理，接收者独立决定采用什么方式完成所需的处理。

(4) 类。

类中每个对象称为实例，同一类中对象的属性名虽然是相同的，但这些属性的取值会因各个实例而异，因而对象的属性也称为实例变量。一个类的说明包括构成部分、方法、完整性约束等。类将数据结构和操作作为一个整体描述，它充分体现了抽象数据类型(abstract data type)的思想。类作为一种重要的模拟手段，可以以统一方式构造现实世界的模型。在大多数面向对象的系统中，把类也看作对象。类既然是对象，它们也可以组成类。这种由类组成的类称为元类(metaclass)，元类的实例是类。为了区别于一般的实例对象，将其称为类对象。把类也看作对象，可以解决消息处理的一致性问题。在大多情况下，消息总是发给实例对象的，但是如果要生成一个实例对象，这个消息送给谁呢？因为要生成的对象还未产生，这样就造成了消息处理的不一致性。把类也看成对象，就可以对类发送一个“创建新实例”的消息。如果要建立一个类，这个消息可以送给元类，而元类可以在数据库初始化时建立。这样就解决了这个问题。

(5) 类层次和继承性。

在面向对象的系统中，一个类的上层可以有超类(superclass)，一个类的下层可以有子类(subclass)，形成了一种层次结构。这种层次结构的一个重要特点是继承性(inheritance)。一个类继承其超类的所有性质。这种继承具有传递性，如果 C1 继承 C2，C2 继承 C3，则 C1 间接继承 C3。所以一个类实际上继承了层次结构中在其上面的所有类的全部性质。这样属于某个类的对象不仅具有该类所描述的特性，还具有层次结构中该类上面所有类描述的全部特性。

在面向对象的数据模型中，类层次可表示为一个具有根的有向无圈图。处在顶层的类为根(root)，root 的功能为系统功能，如生成一个类等。任何一个类都直接或间接地与 root 相连，不存在孤立节点，即不与任何类相联系的类。一个类从其超类继承属性和方法，并可以从其超类的超类以至向上的整个“类族”继承所有性质。任何一个类不可为自身的超类，也不可为其超类的超类。因此，所有类形成了一个具有根的有向无圈图，它们是面向对象的数据模型的抽象图形。继承性是面向对象系统中最有力的概念，是自动地共享类、子类和对象中方法和属性的机制。上层对象具有的属性和方法，下层对象可以继承，这样就使不同结构但具有层次联系的对象可共享它们共同部分上的有关方法。

2) 面向对象技术在空间数据管理中的应用

(1) 空间地物的几何抽象类型。

各种地物在几何性质方面可以用 4 种类型表达，即点状地物、线状地物、面状地物以及由它们混合组成的复杂地物，因而这 4 种类型可作为地理信息系统中各种地物类型的超类。在定义一个地物类型时，除按属性分类外，还要声明它的几何类型，例如，定义建筑物类时，声明它的几何类型为面状地物，此时它自动连接到面状地物的数据结构，继承超类的几何位置信息及有关对几何数据的操作。这种连接可以通过类标识和对象标识实现，由于仅有四种几何类型，类的标识号可以仅用一位数字表示，例如，“1”表示点状地物，“2”表示线状地物。“3”表示面状地物，“4”表示复杂地物。把几何类型的标识与对象标识合并在一起，作为地物目标的唯一标识号，如某公路的标识号为 20027，其中的“2”代表线状地物的几何类型。

(2) 拓扑关系与面向对象模型。

在 GIS 中表达地物对象之间的几何拓扑关系是极为重要的。通常地物之间的相邻、相连关系可以通过公共节点公共弧段的数据共享隐含地表达。而在面向对象的数据模型中，数据共享也是一个重要的特点。将每条弧段的两个端点(通常情况下它们与另外的弧段公用)抽象出来，建立一个单独的节点对象类型，而在弧段的数据文件中，设立两个节点子对象标识号，即用“传播”的工具提取节点文件的信息，如表 2.4 和表 2.5 所示。

表 2.4 拓扑关系与数据共享弧段文件

弧标识	起节点	终节点	中间点串
...	...	...	...
10012	00020	0008	...
...	...	...	...

表 2.5 拓扑关系与数据共享节点文件

标点标识	X	Y	Z
...	...	...	...
00008	432	3725	425
...	...	...	...
00020	4285	2266	675
...	...	...	...

这一模型恰好解决了数据共享的问题，同时建立了弧段与节点的拓扑关系。同理，面状地物对弧段的聚集方式与数据共享、几何拓扑关系的建立一致。由此可见，面向对象的数据模型与目前土壤资源信息系统中的拓扑数据模型有许多相似之处。然而，面向对象的数据模型具有更强的理论和技术基础，而且可以将几何数据和属性数据置于一个统一的面向对象的数据模型之中，避免了以往的土壤资源信息系统对几何数据和属性数据采用不同的数据模型的缺点。

(3) 面向对象的属性数据模型。

应用关系模型和关系数据库管理系统可以较好地实现土地资源信息系统中属性数据的表达与管理。但如果采用面向对象的数据模型,语义将更加丰富,层次关系也更明了,并且它吸收了关系数据模型和关系数据库的优点,或者说它是在包含关系数据库管理系统的功能基础上,增加面向对象模型的封装、继承、信息传播等功能。

GIS 中的地物可根据国家分类标准或实际情况划分类型。例如,土地信息系统的目标可分为农业用地、建设用地、道路、水系、未利用地等几大类,地类类型的每一大类又可以进一步分类,如农业用地可再分成耕地、园地、林地、牧草地等子类。另外,几种具有相同属性和操作的类型可综合成一个超类,例如土壤 pH、有机质含量、土壤全量和有效氮磷钾含量、土壤质地、耕层厚度等属于土壤理化性质,它们有采样地理位置、指标描述等属性,是土壤质量评价的重要指标,可把它们概括成一个更高水平的超类——土壤理化属性类或土壤质量类。研究表明,土壤质量不仅与土壤理化属性有关,还应包含其他类型,如地形地貌、土地利用类型、生态环境等。所以土壤质量类不能简单地划归为农业用地的子类,需要借助双重继承的工具,当查询土壤 pH 类的信息时要分别能够继承农业用地类和土壤质量类的属性与操作。

从聚集与传播而言,属性管理也需要用到聚类的概念与传播的工具,如在农业用地类中,可能不直接存储土壤 pH、有机质含量等信息,它可能从土壤质量数据库中派生得到。因而应用面向对象模型的基本概念,形成一种信息继承与传播机制,可使数据库管理功能更加强大。

(4) 图形与属性结合的面向对象的数据模型。

面向对象的数据模型为用户提供了自然、丰富的数据语义,从概念上将人们对土壤资源信息系统的理解提高到了一个新的高度。同时它又巧妙地容纳了土壤资源信息系统中拓扑数据结构的思想,能有效地表达空间数据的拓扑关系。另外,面向对象数据模型在表达和处理属性数据时,又具有许多独特的优越性。因而,在新一代土壤资源信息系统中完全有可能采用面向对象的数据模型和面向对象的数据库管理系统同时表达和管理图形和属性数据,结束目前许多土壤资源信息系统软件将它们分开处理的历史。

在地理信息系统的面向对象数据模型中,将空间对象抽象为点状地物、线状地物、面状地物以及由这几种地物组成的超类。除此以外,一个线状地物或面状地物可能由若干条弧段组成,而弧段又涉及两端的节点,一个地物还可能联系到一个或多个注记,所以从几何上可将空间数据抽象为若干数据类型。

从工程和地物的属性而言,空间地物又可以进一步向上抽象,按属性特征划分为各种地物类型,若干种地物类型组成一个专题层。同一地理空间的多个专题层组成一个工作区，而一个工程又可以包含一个或多个工作区。这种从下到上的抽象过程与从上往下的分解过程组成了地理信息系统中的面向对象模型。一方面它表达了地理空间的自然特性，接近人们对客观事物的理解；另一方面，它完整地表达了各类地理对象（大到工程，小到节点）之间的各种关系，而且用层次方法清晰地表达了它们之间的联系。

6. Web数据模型

WWW（world wide web）的广泛使用对在Web中开发数据库的应用程序有很大的需求。为了更好地发挥Web站点的灵活性，使用数据库作为存储信息，同时对信息进行及时更新，动态地显示当前的最新内容是十分必要的。

（1）开发基于WWW的数据库应用程序，应具备如下的环境：①TCP/IP的网络协议；②一个Web服务器；③Web连接器应用程序，一个脚本（script）或一个连接器（connector）；④高速计算机；⑤一个Web浏览器。

（2）在Web上运行数据库应用程序。

Internet中的数据库连接的实质是客户机/服务器连接的一种特殊形式。用户拥有一个用于访问后端（Web服务器）的前端（Web浏览器），然后Web服务器和提供数据库访问的应用程序相连接。前端和后端之间通过Internet连接在一起，这便组成了WWW和HTTP。其中，Web浏览器不能直接访问数据，而Web服务器则不能直接访问向用户显示结果的界面。

在浏览器一端具有脚本和Active控件。浏览器脚本是客户端浏览器的扩展，如Netscape的JavaScript和Microsoft的VBScript。这些脚本语言提供了对用于输入的表单（form）用户界面的控制，以及快速产生HTML输出的编程功能，但浏览器仍然不能直接访问数据。

Active控件是可以由HTML网页调用的并用浏览器脚本控制的外部控件。Active控件包括Java Applet和ActiveX自定义控件，它们可以由Web浏览器提供的脚本引擎来执行或者调用。脚本语言提供了基本的界面编程功能。

然而，即使用高性能的Active控件也难以实现对服务器数据的直接访问，只有通过Web服务器才能实现应用程序和数据库的连接。Web服务器的作用是协调应用程序对数据库的访问，通过调用服务器脚本来完成任务，其访问过程如图2.9所示。

Web浏览器发送一个请求来执行服务器端的脚本程序，从而请求访问数据。脚本是运行于Web服务器中的程序，用来响应用户激活超链接或单击HTML表单的按钮。服务器端的脚本程序和客户机端的JavaScript或者VBScript是不同的。它可以是遵循CGI（common gateway interface）协议的可执行文件，也可以是服务器端的API接口，如Microsoft的IIS（internet information server）中的ISAPI

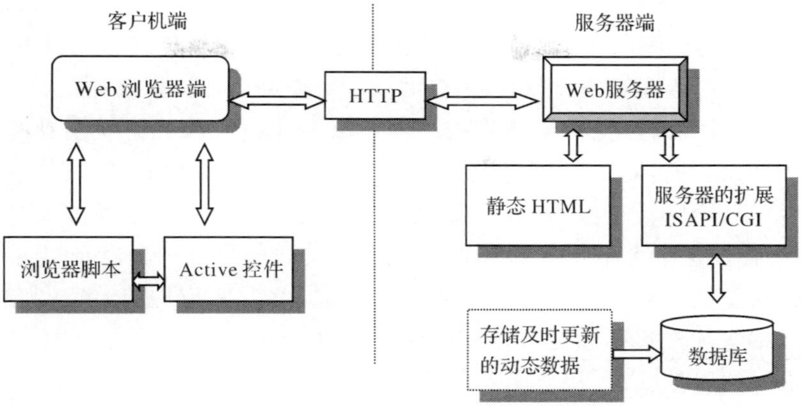

图 2.9 通过浏览器访问 Web 服务器

(internet server API)。这些脚本可以是自我包含程序,也可以调用 Visual FoxPro 等其他的应用程序。

在每一个 Web 请求中,浏览器加入了自己的相关信息:浏览器的类型、Internet 地址、输入表单中所定义的字段值,并把这些信息发送到 Web 页中。当调用服务器端的脚本时,这些信息以及有关 Web 服务器的其他信息将会传给脚本。接着脚本负责运行它的处理任务,并产生与 Web 服务器兼容的输出。这些任务可以是运行数据库的查询,向表单中加入记录。

当运行服务器端的脚本程序,它便执行自定义的任务处理。但它会向 Web 服务器返回一个响应。多数情况下,这个响应显示了请求结果的 HTML 文档:查询结果、确认页、可出错页等。

7. Geodatabase 数据模型

随着面向对象技术的成熟和广泛应用,ESRI 公司于 2001 年推出一种基于 RDBMS 存储的面向对象——关系数据库结构的 Geodatabase 地理数据模型,它的主要思想是:利用面向对象的思想建立一种面向对象的数据结构,这种数据结构可以定义各种地理实体的行为、方法、属性等,通过借助中间件数据引擎将空间数据存储到关系数据库中。实现了空间数据和属性数据统一存储,解决了 CAD 数据模型和 Coverage 数据模型两种地理数据库模型对空间数据和属性数据分开存储的问题,同时在功能上也进行了较大的扩展,它将现实空间世界抽象为由若干对象类组成的数据模型,每个对象类有其属性、行为和规则,对象类间又有一定的联系。同时,用户可以在已有的空间数据模型之上,建立符合应用需求的扩展模型。Geodatabase 数据模型是继 CAD 数据模型和 Coverage 数据模型后产生的第三代地理数据模型,它将空间对象的属性和行为结合起来的智能化地理数据模型。

Geodatabase 数据模型具有以下优点(余应刚等,2000):①Geodatabase 数据模型具有智能的检测行为,土地资源评价数据录入和编辑更加精确;②Geodatabase 数据模型对数据对象处理时,用户可以用采样点、道路、耕地等直观的对象替代通用的点、线、面,避免数据操作的乏味;③Geodatabase 数据模型具有拓扑关联、空间表示和一般关系等,通过定义特征的特性和与其他特征相关的上下文后,当数据库中一个特征被移动、修改或删除时,有助于说明整个特征集到底发生了什么,也可借助这个上下文找出或检查与之相关联的另外一个特征;④Geodatabase 数据模型能把复杂的绘图方法直接应用到 ARC/INFO 的绘图应用程序中,而且通过编写软件代码还能执行高度专业化的绘图方法;⑤当在 ARC/INFO 中对特征进行处理时,这些特征能对邻接特征的改变做出相应的反应;⑥Geodatabase 数据模型用直线、圆弧、椭圆弧和 Bezier 曲线来定义特征的外形,可以定义好的特征外形;⑦通过设计,Geodatabase 数据模型能容纳非常巨大的特征组而不需要其他的空间分区或块。

2.3.2 基于 Geodatabase 的数据库建设

地理数据模型是定义地理信息的一般模型,适用于不同的用户和应用(党安荣等,2004),其空间特性是地理数据库区别于一般管理数据库的重要特征。在土地资源评价数据库中,很多数据具有空间分布的性质,如土壤类型、土壤肥力、森林覆盖区、城镇建设用地、居民点、道路、农业人口分布等,都与地理位置有关;有些数据,如高程、地形坡度、土壤剖面、建筑物、水域、矿藏等属性的数据,不仅与平面位置有关,而且和高度或深度有关,是三维空间数据;如再考虑时间尺度以研究专题属性的动态变化,如土壤污染、土壤退化、耕地地力变化、土地覆盖、土地利用变化等,则为四维空间数据。而在一般的信息管理系统中,如企业的管理信息系统的数据库,通常包括的是资金、设备、产量、库存、员工工资、员工和客户的基本信息、生产合同、公司计划、企业发展目标等信息,无论是系统存储的这一类原始数据,还是数据之间的相互关系,属性之间的空间关系并非必要或是难以在一般的信息管理数据库中再现。

随着计算机和数据库技术在 GIS 领域中应用与发展,普遍认为有 3 种主要的地理数据库模型:CAD、Coverage 和 Geodatabase 数据库模型,其中后两种是当前普遍使用的主流 GIS 数据库模型。采用面向对象技术的 Geodatabase 数据库模型能够实现对空间数据和属性数据的同步管理和分析,较好地解决像海量数据的存储、分布式服务、数据挖掘等问题。

1. Geodatabase 数据库设计

应用 Geodatabase 模型建立土地资源评价地理数据库与一般数据库建设的步

骤基本一致，包括概念设计、逻辑设计和物理设计 3 个步骤：首先需要对研究区的土地资源状况有一个总体认识，并制作有关的地图、表格、文档等，并将地图组织和表达出来，建立概念模型，如数据字典的编制；然后，运用数据库管理系统提供的工具和环境，将对现实世界抽象得到的概念模型转换成相应的数据库管理系统的数据模型，并用数据描述语言表现出来，建立逻辑模型，如数据分层的表达；最后，根据设计的逻辑模型，按照空间数据的存储方法，将这些数据存储到空间数据中，并设计一个空间数据的存取方案，即物理模型。

根据数据库建设步骤包括的具体内容，龙川县土地资源评价数据库设计的技术路线如图 2.10 所示。

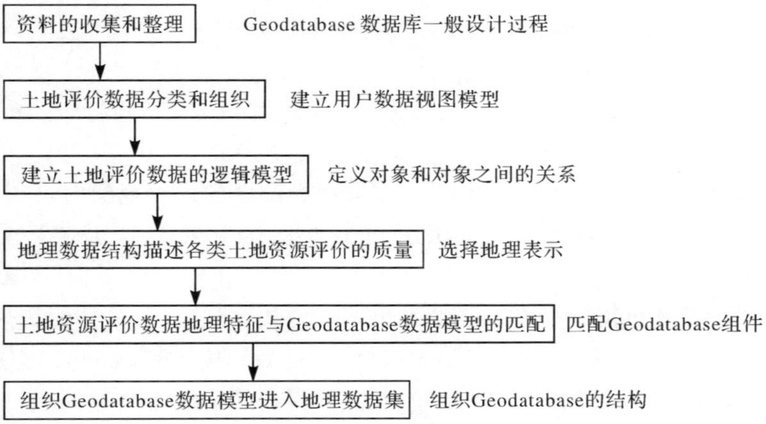

图 2.10　土地资源评价数据库设计的技术路线

2. 数据分类和组织

在土地资源评价数据分类和组织前需要对资料进行收集并整理，具体见 2.2 节土地资源评价数据准备。收集并整理后的数据涉及的种类较多，需要将它们归类于属性数据和空间数据，然后对每一类的数据采用分层（或称为类）管理策略来组织，将具有相同属性或特征的信息存放在同一图层。

1）数据分类与编码

数据的分类与编码是对数据资料进行有效管理的重要依据，龙川县土地资源评价数据分类与编码采用层次分类编码法。根据农用地分等、定级与估价项目的分类体系，同时参照《全国土地分类（过渡期适用）》、《县（市）级土地利用数据库建设技术规范（试行）》等相关行业标准完成的。主要内容包括行政区代码库、权属单位代码库、地类代码库、土地利用要素分层代码库等，如图 2.11 和表 2.6、表 2.7 所示。

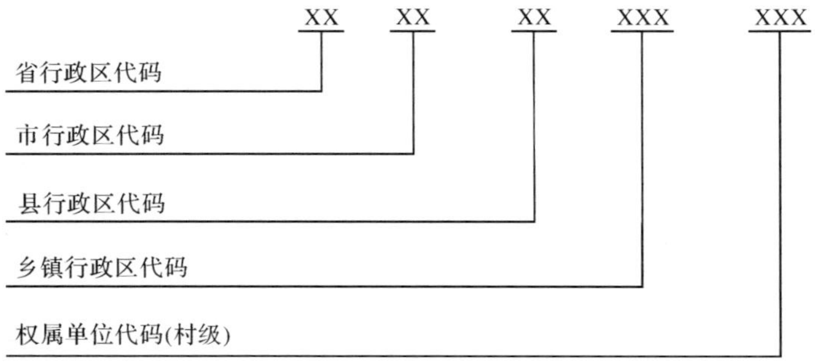

图 2.11　行政区代码库和权属单位代码库数据格式

(1) 行政区代码库和权属单位代码库数据格式。

行政区代码(QZDM)：

① 县级及以上行政区代码。编码为 6 位，参考“GB/T13923—92 国土基础信息数据分类与代码”，如 441622。

② 乡镇级行政代码。编码为 3 位，在县级行政区的代码范围内，分办事处、乡镇，按顺序编排。办事处编码从 001 至 099 续编，乡镇编码从 100 至 199 续编，如 441622100。

权属单位代码(QSDM)在乡镇级编码范围内按 3 位编码，具体编排如下：

① 村级代码在由所属乡镇按顺序编号，村级为 3 位代码，如 441622100100。

② 国有土地、乡镇集体土地单位的权属编码，与村级编码同级，从 200 开始续编。

飞入(出)地编码：

① “权属代码”与所属权属村的代码相同，在所属乡镇下编码。

② “坐落代码”在所坐落乡镇代码下续编。

(2) 地类代码库，见表 2.6。

表 2.6　地类代码和地类名称

地类代码	地类名称	地类代码	地类名称
11	耕地	20	居民点及工矿用地
111	灌溉水田	201	城市
112	望天田	202	建制镇
113	水浇地	203	农村居民点
114	旱地	204	独立工矿用地
115	菜地	206	特殊用地

续表

地类代码	地类名称
12	园地
121	果园
122	桑园
123	茶园
13	林地
131	有林地
132	灌木林
133	疏林地
134	未成林造林地
135	迹地
136	苗圃
15	其他农用地
153	农村道路
154	坑塘水面
155	养殖水面
156	农田水利用地
157	田坎
26	交通用地
261	铁路
262	公路
264	港口、码头
27	水域
271	水库水面
272	水工建筑物
31	未利用地
311	荒草地
315	裸土地
316	裸岩石砾地
321	河流水面
322	湖泊水面

(3) 土地利用要素分层代码库，见表 2.7。

表 2.7　土地利用图形数据分层及说明表

图层名称	图层代码	图层内容	要素特征	属性表名
土壤图	TRT	土壤类型图	面状	TRT
土壤化学属性图	TRHX	土壤 pH 和有机质含量	面状	TRHX
地形地貌	DXDM	地形地貌	线状	DXDM
等高线	DGXB	等高线	线状	DGXB
坡度图	PDT	坡度图	栅格图	PDT
坡向图	PXT	坡度图	栅格图	PXT
高程点	GCDB	高程点	点状	GCDB
影像层	MSI	遥感影像	栅格图	MSI
土地利用现状	TDLY	土地利用现状	面状	TDLY
县级区划	XJTB	县级行政区划图斑	面状	XZQH
乡镇区划	XZTB	乡镇级行政区划图斑	面状	XZTB
行政界线	XZJX	行政界线	线状	XZJX
公路	GOLU	各类道路	线状	GOLU

续表

图层名称	图层代码	图层内容	要素特征	属性表名
铁路	TILU	各类铁路	线状	TILU
线状水系	HLIU	单线河流、沟渠等	线状	HLIU
面状水系	MZSX	湖泊、水库等水面	面状	MZSX
地类图斑	DLEI	各地类图斑	面状	DLEI
基本农田保护区	JBNT	基本农田保护区划图	面状	JBNT
交通注记	JTZJ	各类道路、铁路注记	点状	ZJFH
水系注记	SXZJ	各类水系注记	点状	ZJFH
地类注记	DLZJ	地类符号	点状	ZJFH
地名注记	DMZJ	城镇村等名称	点状	ZJFH
地形注记	DXZJ	高程、山峰等	点状	ZJFH
其他信息	QTXX	图廓整饰的有关信息		

2） 数据字典建立

数据字典是描述数据库中各类数据及其组合的数据集合，包括数据库的整体结构、数据内容和定义等，它是属性数据与空间数据连接的桥梁。地理数据库的数据字典是一个特殊用途的文件，在数据库整个生命周期里都起着重要的作用。龙川县土地质量评价数据字典的编制以该县 2004 年土地利用数据库为基础，并参照 2006 年耕地地力调查与评价数据库的数据字典。主要内容包括数据库的总体组织结构、数据库总体设计的框架、各数据层的详细内容定义及结构、数据命名的定义和元数据等，上述数据分类与编码的内容也应属于数据字典的范畴。图形数据要素基本属性结构表及取值如表 2.8～表 2.15 所示。

表 2.8　行政区划图层基本属性结构表

字段名称	字段代码	字段类型	是否关键字段	字段长度
乡镇行政区划代码	XZDM	字符	是	9
乡镇行政区划名称	NAME	字符	是	30
县行政区划代码	XZDM	字符	是	6
县行政区划名称	NAME	字符	是	30

表 2.9　行政界线图层基本属性结构表 XZJX

字段名称	字段代码	字段类型	是否关键字段	字段长度	说明
界线类型	JXLX	字符型	是	3	见表 2.10

表 2.10 行政界线类型代码表

各级行政界线	代码
省(自治区、直辖市)界	903
省辖市、地区(州盟)界	904
县界	905
乡界	906
争议界	908

表 2.11 公路图层基本属性结构表 GOLU

字段名称	字段代码	字段类型	是否关键字段	字段长度	说明
道路分类	DLFL	字符	是	2	见表 2.12
道路名称	DLMC	字符	否	20	简称,如昆汕高速公路

表 2.12 公路图层道路分类字段说明表

道路分类	标识码
高速公路	10
主要公路	20
一般公路	30
农村道路	40

表 2.13 面状水系图层基本属性结构表 MZSX

字段名称	字段代码	字段类型	是否关键字段	字段长度	说明
水系分类	SXFL	字符	是	2	见表 2.14
水系名称	SXMC	字符	否	20	面状河流、水库、湖泊名称

表 2.14 面状水系图层水系分类字段说明表

道路分类	标识码
水库	271
面状河流	321
湖泊	322

表 2.15 地类图斑图层、点状地类图层基本属性结构表 DLEI

字段名称	字段代码	字段类型	是否关键字段	字段长度	说明
地类代码	DLDM	字符	是	3	见表 2.6
地类名称	DLMC	字符	否	16	见表 2.6
城镇村名	CZCM	字符	否	30	城镇村所在地地名

3．属性数据库建设

属性数据库的建立与录入可独立于空间数据库和 GIS 系统，根据表的内容设计各表字段数量、字段类型和长度等，数据录入前对数据进行一定的预处理，然后录入数据并将数据库转换为规定的 DBF 格式并保存入库，再根据数据字典中的文件名编码命名后保存在规定的子目录下。

4．空间数据库建设

龙川县土地利用数据库、耕地地力调查与评价数据库、农地分等定级估价数据库都是在 MapGIS 环境下建设的。MapGIS 是一个非常优秀的国产软件，目前它在空间分析、属性分析、数据共享以及系统的稳定性方面还难以与 ArcGIS 媲美，这也是本书需要建立 Geodatabase 数据库模型的主要原因。在应用 MapGIS 6.5 文件转换功能直接将 MapGIS 文件转换成 Shapefile 格式文件的过程中，常发生数据属性凌乱、单元编码重复、属性缺失等问题。解决这些问题的方法是：首先，检查转换文件的字段名称长度不超过 10 个字节，并在 MapGIS 中对转换文件压缩存盘；然后，在 MapGIS 中将压缩的转换文件转换为 MapInfo 格式文件，再借助 MapInfo 软件将文件转换为 Shapefile 格式文件；最后，在 ArcGIS 中将 Shapefile 文件导入 Geodatabase，检查并修复文件中可能存在的拓扑错误。

空间数据库内地理数据的建立具有相同的坐标系，图形文件由 MapGIS 文件转换成 Shapefile 格式文件过程中，文件坐标属性可能丢失。因此，需要在 ArcGIS 下将所有图层转换为统一的平面坐标系，采用西安 80 坐标系，114°中央经线，经高斯-克里格投影，3 度分带，由于龙川县跨了两个 3 度带，选择一个主带（38 度带），同时，将副带（39 度带）进行投影转换到主带来。图形比例尺为 1∶10000，单位为米。

空间数据来源主要是基础图、派生图和决策图，它们分别以点、线、多边形等形式分类存储，每个类包括了与之相关的多个图层，每个图层均有与之相联系的属性，这些属性描述了特征空间位置的坐标、标识码和特征信息表关联的外源属性表等。

（1）数据库逻辑模型确立。建立土地资源评价数据的用户视图后，实际上确定了数据的功能范围的分类和它们之间的关系。设计数据的逻辑模型，定义实体和关系，进一步检查数据的分类，标识有相同特性集的可区别实体，对采样点、耕地、道路、河流等各种地理实体。在标识和描述实体及其关系时，可采用 E-R 图或用简单的 UML 图表来表示。同时，在实际操作过程中可以对数据进一步分类、标识实体及其关系。

（2）地理数据结构描述。针对 ArcGIS 的数据结构，确定土地资源评价数据的地理表现方式，并与 Geodatabase 的数据类型相匹配。利用点、线、面、光栅、表面、图像、对象等地理数据结构，将数据按照其形态特征，应用不同的地理数据结构表示出来。这些地理数据结构有：①点，描述在给定比例尺的地图上要素太小不能定义成面的要素；②线，描述在给定比例尺的地图上要素太窄不能定义成面的要素的位置；③面，描述在给定比例尺的地图上处在一个范围内的要素的形状；④光栅，描述用规则的矩形像元表示的区域；⑤表面，描述了在一个区域内的不同高程的地面形状；⑥图像，描述各种不具有分析功能的影像、照片等；⑦对象，描述非几何数据。

（3）地理特征匹配。将土地资源评价包含的地理特征匹配到 ArcGIS 中可以识别的数据类型中，对于已经标识的每种空间类型，ArcGIS 都会找到与之匹配的表现方法，在此确定恰当的 Geodatabase 数据表现方式和确保支持复杂的要素类。ArcGIS 可以以简单要素类、复杂要素类和对象的形式存储不连续实体，主要遵循的原则有：

① 如果空间类型是点：不连续的点，如采样点、高程点等，进入点要素类；连续的点，如道路的交点，进入到简单节点要素；连续的点，有内部的突破关系，如数据传输网络点要素等，进入到复杂节点要素。

② 如果空间类型是线：独立的线，如边界线等，进入到简单线要素；参与系统的线性要素，如等高线，进入到简单的边要素；具有连接的部分的线性要素，如河流水系等，进入到复杂边要素。

③ 如果空间类型是面：独立的面，如养殖水面等，进入到多边形要素；具备网络特征的面，进入到复杂多边形要素，如农田，之后会建立几何网络和平面拓扑关系。

④ 如果空间类型是图像：如各种遥感影像等，进入光栅要素。

⑤ 如果空间类型是表面：描述地形细节层次复杂精细的表面，进入 TIN 要素；覆盖大范围并利用已存在的数字地面模型的表面，进入到光栅中。

完成建立用户数据视图模型、定义对象和对象之间的关系、选择地理表示、匹配 Geodatabase 组件、组织 Geodatabase 结构等工作后，土地资源评价空间数据库的建设基本完成。

5. 数据库建立

为了充分利用龙川县已有的大量土地资源数据，在 ArcGIS9.0 软件环境下，我们采用移植的方法将数据导入到地理数据库中，通过 ArcCatalog 将数据转换并输入到土地资源评价数据库内，并对数据库进一步定义。最后，根据空间数据属性表中已录入的标识码与属性数据表（DBF 格式）中的关键字段进行关联，完成数据库中空间数据与属性数据的匹配,使两种类型的数据联成一体,方便实现空间数据检索属性数据或是从属性数据检索空间数据。这样尽可能地避免数据的浪费、信息的重叠,并提高数据库的利用效率。

第 3 章　土地资源评价指标权值的制定

指标权值的大小反映了评价指标对土地质量的影响程度。为了减少制权中受到过多人为因素的影响，层次分析法(analytic hierarchy process，AHP)、主成分分析法(principal component analysis，PCA)、因子分析法(factor analysis，FA)、多元回归分析法(multiple regression，MR)、灰色关联度分析法(grey relation analysis，GRA)等方法逐渐被使用，也可以采用近些年发展起来的模糊集理论，也有学者融合其中两种或多种方法的权值制定指标的综合权值。在土地资源评价中，具体选择哪一种制权方法应充分考虑基础数据的数据结构、评价指标体系、评价用途等因素，然而了解制权方法的数学理论是正确制权的基础。

3.1　基于因子分析的指标权值制定

因子分析或主成分分析大多应用于数据压缩和指标综合得分排序方面(李世华等，2007；顾绍红等，2007；Wang et al.，2003；Andrews et al.，2002；张晓林等，2001)。如果将因子分析或主成分分析方法中公因子或主成分的方差贡献率和对应的特征根向量结合，可以用来计算随机变量(即评价指标)的权值。

3.1.1　因子分析法的基本步骤

1. 因子分析模型的表达

因子分析模型中，每一个变量用一组因子的线性组合来表示。设有 N 个样本，p 个指标，$\boldsymbol{X}=(X_1,X_2,\cdots,X_p)^{\mathrm{T}}$ 为随机向量，$\boldsymbol{F}=(f_1,f_2,\cdots,f_k)^{\mathrm{T}}$ 为公因子，则因子模型用如下形式表达：

$$\begin{cases}X_1 = a_{11}f_1 + a_{12}f_2 + \cdots + a_{1k}f_k + e_1 \\ X_2 = a_{21}f_1 + a_{22}f_2 + \cdots + a_{2k}f_k + e_2 \\ \qquad\vdots \\ X_p = a_{p1}f_1 + a_{p2}f_2 + \cdots + a_{pk}f_k + e_p\end{cases} \tag{3.1}$$

矩阵 $\mathbf{A}=(a_{ij})$ 为因子载荷矩阵，a_{ij} 为因子载荷，其实质就是公因子 f_i 和变量 X_j 的相关系数。e 为特殊因子，代表公因子以外的影响因素，实际分析时可以不考虑。因子得分数学模型为

$$F_i = (b_{i1}X_1 + b_{i2}X_2 + \cdots + b_{in}X_n), \quad i = 1,2,\cdots,m \tag{3.2}$$

因子分析中统计量 h_i^2 和 g_j^2 的计算方式为：变量 X_i 的变量共同度为第 k 个公因子对第 i 个变量方差的贡献 h_i^2，公因子 f_j 的方差贡献率为第 j 个公因子 f_j 对于 X 所提供方差的总和 g_j^2，即

$$h_i^2 = \sum_{i=1}^{p} a_{ij}^2, \quad j = 1,2,\cdots,k \tag{3.3}$$

$$g_j^2 = \sum_{j=1}^{k} a_{ij}^2, \quad i = 1,2,\cdots,p \tag{3.4}$$

在选取公因子时，通常要求公因子所对应的特征根≥1，累计方差贡献率 $g_j^2 \geqslant 85\%$。

2. 因子分析随机变量指标权值计算的主要步骤

1）选择检验参数

因子分析变量间相关性检验：

(1) KMO 样本测度。KMO 样本测度是所有变量的简单相关系数的平方和与这些变量之间偏相关系数的平方和之差，其中相关系数实际上反映的是公共因子起作用的空间，偏相关系数反映的是特殊因子起作用的空间。通常认为，KMO≥0.7，适合因子分析；KMO<0.5，不适合；KMO∈[0.5,0.7)，较适合(韦玉春等，2005)。

(2) Barlett 球体检验。Barlett 球体检验可用来验证相关系数矩阵是否适合因子分析，其零假设是相关系数矩阵为单位矩阵，可以用常规的假设检验判断相关系数矩阵是否显著于 0。

2）选择因子提取的方法和确定公因子数

当由样本数据算出相关矩阵 $\boldsymbol{R}$ 或协方差矩阵 $\boldsymbol{S}$ 后，亦即对 a_{ij} 与 e_i 进行参数估计。在 SPSS13.0 中，因子提取的方法主要有主成分法、主因子法、最大似然法等。公因子数确定的方法主要有：①根据特征根进行确定，一般特征根大于 1 对应的数目即为所选定的公因子数；②根据方差变化确定，将特征值累加求和，然后计算各个累加后的特征值所占百分比，即方差累积贡献率，通常取 85%以上。在实际应用中，可以将特征根和方差累积贡献率综合来考虑。

3）指标权值的计算

将因子分析方法公因子的方差贡献率和对应的特征根向量结合，可以计算指标权值。如果第一公因子的方差贡献率≥85%，则对应的特征根向量可以近似地看作原始指标的权值向量。由于第一公因子方差贡献率不够大，选取累积贡献率≥85%的前几个公因子的，计算公因子的贡献率和对应特征根向量*值的乘积加和，经归一化处理后得到变量指标的权值。

* 对因子分析而言，特征根向量是初始因子载荷矩阵；对主成分分析而言，特征根向量是主成分系数矩阵。

3.1.2 应用因子分析法的指标权值计算

有关主成分分析的基本原理和方法及其在土地资源评价中的应用，本书的1.3节和5.1节中有较为详细的阐述。针对目前因子分析在土地资源评价中的应用研究还不多，特别在指标权值制定方面的应用较少，因此我们采用了因子分析的方法。考虑到指标分值离散化后的数据相对级别，数据要离散得多，故以评价单元分值数据为研究对象，在SPSS软件环境下进行相关的分析。

(1) 参数的检验。KMO＝0.69≌0.70，说明变量间信息的重叠程度可能不是特别的高，有可能做出的因子分析模型不是很完善，但还是值得应用；Barlett球体检验(sig.＝0.00)表明相关系数矩阵间有共同因素存在，变量间具有较强的相关性。

(2) 公因子数确定。公因子提取使用主成分法，因子旋转使用方差最大方法计算。图3.1描述了各因子的特征值和累计方差贡献率的变化情况。若以特征根≥1提取公因子，公因子有7个，累计方差贡献率69.70%(＜85%)，可以认为包括了土地资源评价基础数据的主要信息。从变量共同度与残差矩阵数据表(表3.1)中可以看出，绝大多变量的共同度在75%以上，因此提取出的这几个公因子对各变量的解释能力是较强的，其中地形坡度-水土流失，剖面构型-pH，田块形状-人均耕地具有较高的共同度值($0.15<|r|<0.2$)，这些变量之间关系的信息在因子模型中损失较多。为了减少因子模型中信息的过多损失，强制性再引进4个公因子，此时，累计方差贡献率达85.15%，公因子数为11个。

(3) 指标权值的计算。计算11个公因子的贡献率和对应特征向量值的乘积加和(对因子分析而言，特征根向量是初始因子载荷矩阵)，经归一化处理后得到各评价指标的权值，结果如表3.12所示。

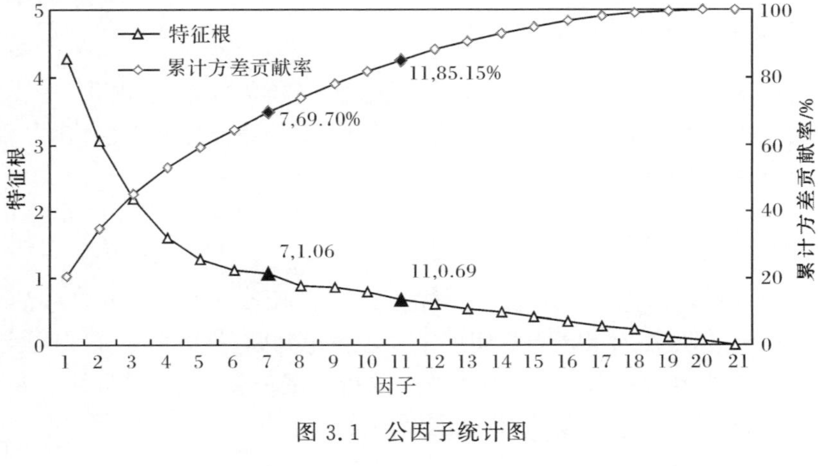

图 3.1　公因子统计图

表 3.1 变量共同度与残差矩阵

指标变量	共同度	残差矩阵							
		D1	D2	D3	D4	D5	D6	…	D21
D1	0.815		0.058	−0.02	−0.032	−0.049	−0.001		−0.050
D2	0.798	0.058		−0.096	0.023	−0.035	0.006		−0.150
D3	0.829	−0.021	−0.096		0.023	0.009	−0.002		−0.063
D4	0.745	−0.032	0.023	0.023		0.138	0.039		−0.064
D5	0.662	−0.049	−0.035	0.009	0.138		0.011		0.020
D6	0.988	−0.001	0.006	−0.002	0.039	0.011			−0.012
⋮									
D21	0.741	−0.050	−0.150	−0.063	−0.064	0.020	−0.012		

注：显著性检验 $P=0.05$。

3.2 基于层次分析的指标权值制定

层次分析是对一些较为复杂、模糊的问题做出决策的简易方法，特别适用于那些难于完全定量分析的问题(唐启义等，2007)。在土地资源评价中，应用层次分析的方法获取评价指标权值可以充分挖掘专家的经验判断，而不用考虑基础数据的获取与否及基础数据的质量。

3.2.1 层次分析法的主要步骤

1. 建立评价指标层次结构

应用层次分析法分析决策问题时，首先要把问题条理化、层次化，构造出一个有层次的结构模型。对龙川县土地质量评价的 21 个评价指标因素，建立目标层-功能层-准则层-因素层四层分类结构，见第 2 章中的表 2.1。

2. 构造判断矩阵

通过问卷调查的方式，请相关领域的专家、学者和龙川县内有经验的农技人员，采用 Saaty 标度法对各层指标间的重要性做出判断，规则如表 3.2 所示。通常指标间判断结果难以完全一致，为了减少分析过程的复杂性，尽量统一专家的意见，使其严格符合 Saaty 标度法，构造判断矩阵 $\boldsymbol{A}_{m\times n}$。

表 3.2　判断矩阵标度及其含义

标度	含义
1	表示两个指标因素相比，具有相同重要性
3	表示两个指标因素相比，前者比后者稍重要
5	表示两个指标因素相比，前者比后者明显重要
7	表示两个指标因素相比，前者比后者强烈重要
9	表示两个指标因素相比，前者比后者极端重要
2,4,6,8	表示上述相邻判断的中间值
倒数	若指标因素 i 与指标因素 j 的重要性之比为 a_{ij}，那么指标因素 j 与 i 重要性之比为 $a_{ji}=1/a_{ij}$

3. *层次单排序及一致性检验*

判断矩阵 $\boldsymbol{A}_{m\times n}$ 权值计算方法有最大特征根法、和积法、幂法、方根法、最小二乘法等。我们采用最大特征根法，首先在 Matlab 软件环境下调用相关函数求解判断矩阵 $\boldsymbol{A}_{m\times n}$ 对应于最大特征值 $\lambda_{\max}$ 的特征向量 $\boldsymbol{w}$，经归一化后即为同一层次相应指标因素对于上一层次某指标因素相对重要性的排序权值 $\boldsymbol{w}=(w_1,w_2,\cdots,w_n)^{\mathrm{T}}$。另一种常用的方法是和积法，近似地求出特征向量 w_i 为

$$w_i=\frac{\sum_{j=1}^{n}a_{ij}}{\sum_{i=1}^{m}\sum_{j=1}^{n}a_{ij}} \tag{3.5}$$

式中，a_{ij} 为 $\boldsymbol{A}_{m\times n}$ 的第 i 行第 j 列的元素。这一过程为层次单排序。

对判断矩阵的一致性检验的步骤为：①计算一致性指标 CI，$CI=(\lambda_{\max}-n)/(n-1)$（$n$ 为正互反判断矩阵 $\boldsymbol{A}$ 的阶数）；②查找相应的平均随机一致性指标 RI，对 $n=1,2,\cdots,15$，Saaty 给出了 RI 的值，如表 3.3 所示；③计算一致性比例 CR，$CR=CI/RI$。当 $CR<0.10$ 时，认为判断矩阵的一致性可以接受的；否则应对判断矩阵作适当调整。

表 3.3　1～15 阶判断矩阵的 *RI* 值

矩阵阶数/n	1	2	3	4	5	6	7	8	…	15
RI	0	0	0.58	0.90	1.12	1.24	1.32	1.41	…	1.58

4. *层次总排序及一致性检验*

设上一层次(A)包含 $\mathrm{A}_1,\mathrm{A}_2,\cdots,\mathrm{A}_m$ 共 m 个指标，它们的层次总排序权值分别为 $a_1,a_2,\cdots,a_m$；又设其后的下一层次(B 层)包含 n 个指标 $\mathrm{B}_1,\mathrm{B}_2,\cdots,\mathrm{B}_n$，它们关于 A_j 的层次单排序权值分别为 $b_{1j},b_{2j},\cdots,b_{nj}$（当 B_i 与 A_j 无关联时，$b_{ij}=0$）。现求 B 层中各指标因素关于总目标的权值，即求 B 层各指标因素的层次总排序权

值 $b_1, b_2, \cdots, b_n$，计算方式如下：

$$b_i = \sum_{j=1}^{m} b_{ij} a_j, \quad i = 1, 2, \cdots, n \tag{3.6}$$

对层次总排序也需要进行一致性检验，检验仍与层次总排序那样由高层到低层逐层进行。这是因为虽然各层次均已经过层次单排序的一致性检验，各成对比较判断矩阵都已具有较为满意的一致性，但当综合考察时，各层次的非一致性仍有可能积累起来，引起最终分析结果出现较严重的非一致性。

设 B 层中与 A_j 相关指标因素的成对比较判断矩阵在单排序中经一致性检验，求得单排序一致性指标为 $CI(j), j=1,2,\cdots,m$，相应的平均随机一致性指标为 $RI(j)CI(j)$，$RI(j)$已在前面层次单排序时求得，则 B 层总排序随机一致性比例为

$$CR = \sum_{j=1}^{m} CI(j) a_j \Big/ \sum_{j=1}^{m} RI(j) a_j, \quad j = 1, 2, \cdots, n \tag{3.7}$$

当 $CR<0.10$ 时，认为层次总排序结果具有较满意的一致性，并接受该分析结果。

3.2.2　应用层次分析法的指标权值计算

应用层次分析法时，如果评价的目标概念过于广泛、模糊，往往导致被咨询的专家无从适应，难以对各层指标因素间的重要性做出明确的判断。因此，需要对各层指标因素所反映的目标进行明确，有针对性地在一定评价目标下就各个指标因素间重要性做出判断。例如，土地用于农业生产或房地产开发，所选择的评价指标以及评价指标对它们的影响程度是完全不一样的。所以，研究的评价目标需要明确，本书主要是针对土地在农业生产用途下的土地适宜性或土地可持续发展进行评价。

首先构造龙川县土地质量评价指标因素的判断矩阵 **A**，应用特征根法得到矩阵 **A** 的排序向量；然后对矩阵 **A** 进行一致性检验；最后对层次总排序进行一致性检验。由表 3.4 和表 3.5 可知，各判断矩阵与层次总排序均通过了一致性检验，由此分层获得了各评价指标相应的权值。

表 3.4　评价指标层判断矩阵及权值

(a) 目标层 A 与功能层 B

A	B1	B2	B3	权值
B1	1	1	9	0.4737
B2		1	9	0.4737
B3			1	0.0526

注：$\lambda_{max}=3.0000$，$CI=0.0000$，$CR=0.0000<0.10$。

(b) 功能层中 B1 指标因素与准则层中相关指标因素

B1	C1	C2	权值
C1	1	0.2	0.1667
C2		1	0.8333

注：$\lambda_{max}=2.0000$，$CI=0.0000$，$CR=0.0000<0.10$。

(c) 准则层中 C1 指标因素与因素层中相关指标因素

C1	D1	D2	D3	D4	权值
D1	1	0.25	0.333	1	0.1090
D2		1	2	4	0.4851
D3			1	3	0.2969
D4				1	0.1090

注：$\lambda_{max}=4.0207$，$CI=0.0069$，$CR=0.0078<0.10$。

表 3.5　评价指标权值

(a) 功能层 B 与准则层 C

B层 / C层	B1	B2	B3	权值
	0.4737	0.4737	0.0526	
C1	0.1667			0.0789
C2	0.8333			0.3947
C3		0.1048		0.0496
C4		0.6370		0.3016
C5		0.2584		0.1224
C6			1	0.0526

注：层次总排序一致性检验 $CI=0.0000$，$CR=0.0000<0.10$。

(b) 准则层 C 与因素层 D

C层 / D层	C1	C2	C3	C4	C5	C6	权值
	0.0789	0.3947	0.0497	0.3017	0.1224	0.0526	
D1	0.1090						0.0086
D2	0.4852						0.0383
D3	0.2969						0.0234
D4	0.1090						0.0086
D5		0.2212					0.0873
D6		0.4949					0.1954

续表

C层 / D层	C1	C2	C3	C4	C5	C6	权值
	0.0789	0.3947	0.0497	0.3017	0.1224	0.0526	
D7		0.1476					0.0583
D8		0.0531					0.0209
D9		0.0832					0.0329
D10			0.1047				0.0052
D11			0.6370				0.0316
D12			0.2584				0.0128
D13				0.7732			0.2333
D14				0.1392			0.0420
D15				0.0877			0.0265
D16					0.0567		0.0069
D17					0.4047		0.0495
D18					0.1349		0.0165
D19					0.3458		0.0423
D20					0.0579		0.0071
D21						1	0.0526

注：D1、D2、D3、…、D21 分别表示海拔、地形坡度、田面坡度、……、水土流失等评价指标。

3.3　基于模糊层次分析的指标权值制定

应用层次分析的方法确定指标权值，是一个将专家主观判断为主的定性分析进行定量化处理的多准则决策过程，这一过程简单实用，但很大程度上依赖于专家的经验，主观因素成分仍较大，不排除决策者可能存在的集体片面性；同时，指标间的成对比较、判断不能表达它们间的不确定性和评价过程中的模糊性。后来人们开始引进模糊集理论的思想来描述这些不确定的模糊信息，提出了模糊层次分析(fuzzy analytic hierarchy process，FAHP)的方法，较好地弥补了层次分析法的缺陷。

3.3.1　模糊层次分析法的几个步骤

应用模糊层次分析法制定指标权值的过程基本上与层次分析法的过程相同。模糊层次分析法首先需要构造一个模糊比较判断矩阵；然后对判断矩阵作一致性检验，并获得模糊权值；最后对模糊权值矩阵进行解模糊化，获得一个确定的权值。运用模糊层次分析法建模的过程主要有以下几个步骤：

1. 构造模糊比较判断矩阵

采用三角模糊数对层次分析法构造的比较判断矩阵 $\mathbf{A}_{m\times n}$ 进行模糊化处理。对层次分析法判断矩阵 $\mathbf{A}_{m\times n}$ 中 Saaty 标度值用三角模糊数 $f=(l,m,u)$ 进行模糊化，即三角模糊数隶属度函数 $\mu f(x)$，计算方式如下：

$$\mu f(x)=\begin{cases}(x-l)/(m-l), & x\in[l,m]\\(u-x)/(u-l), & x\in[m,u]\\0, & 其他\end{cases} \tag{3.8}$$

式中，m 是模糊数 f 的最可能值；l 和 u 是集合的左边界和右边界，超出这个边界后，元素对这个集合没有隶属关系。

构造 Saaty 标度值三角模糊矩阵值如表 3.6 所示。

表 3.6　Saaty 标度值三角模糊矩阵值

标度值	三角模糊矩阵值	标度值	三角模糊矩阵值
1	(1,1,1)，位于对角线上；	1/1	(1/1,1/1,1/1)，位于对角线上；
	(1,1,2)，位于对角线右上位置		(1/2,1/1,1/1)，位于对角线左下位置
2	(1,2,3)	1/2	(1/3,1/2,1/1)
3	(2,3,4)	1/3	(1/4,1/3,1/2)
4	(3,4,5)	1/4	(1/5,1/4,1/3)
5	(4,5,6)	1/5	(1/6,1/5,1/4)
6	(5,6,7)	1/6	(1/7,1/6,1/5)
7	(6,7,8)	1/7	(1/8,1/7,1/6)
8	(7,8,9)	1/8	(1/9,1/8,1/7)
9	(8,9,9)	1/9	(1/9,1/9,1/8)

构造模糊判断矩阵 $\overline{\mathbf{A}}_{m\times n}$ 的形式为

$$\overline{\mathbf{A}}_{m\times n}=\begin{bmatrix}(a_{11l}\ a_{11m}\ a_{11u}) & (a_{12l}\ a_{12m}\ a_{12u}) & \cdots & (a_{1nl}\ a_{2nm}\ a_{2nu})\\(a_{21l}\ a_{21m}\ a_{21u}) & (a_{22l}\ a_{22m}\ a_{22u}) & \cdots & (a_{2nl}\ a_{2nm}\ a_{2nu})\\\vdots & \vdots & & \vdots\\(a_{m1l}\ a_{m1m}\ a_{m1u}) & (a_{m2l}\ a_{m2m}\ a_{m2u}) & \cdots & (a_{mnl}\ a_{mnm}\ a_{mnu})\end{bmatrix} \tag{3.9}$$

2. 模糊判断矩阵一致性检验及权值计算

层次分析法实际上是模糊层次分析法的一个计算过程。层次分析法计算的指标权值是模糊层次分析法三角模糊数 $f=(l,m,u)$ 中 m_{ij} 所指的值，当计算 m_{ij} 的 CI 符合一致性要求时，根据三角模糊数运算法则可以推测模糊层次分析计算的结果也具有一致性（李新东，2007；萧玉华，2005）。

模糊权值采用和积法计算如下：

$$w_i = \frac{\sum_{j=1}^{n} a_j}{\sum_{i=1}^{m}\sum_{j=1}^{n}\overline{a}_{ij}},\quad i=1,2,3,\cdots,m;j=1,2,3,\cdots,n \tag{3.10}$$

式中，$\overline{a}_{ij}$为$\overline{\boldsymbol{A}}_{m\times n}$的第 i 行第 j 列的三角模糊数。

权值 $\boldsymbol{w}$ 的形式如下：

$$\boldsymbol{w} = [(w_{1l}\ w_{1m}\ w_{1u})\ (w_{2l}\ w_{2m}\ w_{2u})\ \cdots\ (w_{nl}\ w_{nm}\ w_{nu})]^{\mathrm{T}} \tag{3.11}$$

3. 模糊判断矩阵解模糊化

采用 a-截集-积分法、平均值法以及 a-截集-乐观指数 λ 法对模糊判断矩阵解模糊化。刘进生等(1993)采用积分的方法推导了一种比较简单的权值计算方法 a-截集-积分法，并进行了实例应用；平均值法简单，但是可能会丢失部分模糊信息；a-截集-乐观指数 λ 法是 Deng(1999)针对不同模糊排序方法和转换排序常常带来结果的非一致性提出的一种多准则分析方法，能够很好地表达各种不确定性，以实现模糊化结果的合理性。

(1) a-截集-积分法。设三角模糊数 $w=(l,m,u)$，对于 $0<a\leqslant 1$，w 的权值计算如下：

$$\phi(W) = \frac{1}{2}\int_0^1 [w_l + w_u + a(2w_m - w_l - w_u)]d_a = \frac{w_m}{2} + \frac{1}{4}(w_l + w_u) \tag{3.12}$$

然后对权值进行归一化处理，即得到各评价指标权值排序。

(2) 平均值法。直接计算三角模糊值算术平均值：

$$W_i = \frac{(w_{il} + w_{im} + w_{iu})}{3} \tag{3.13}$$

(3) a-截集-乐观指数 λ 法。该方法首先使用 a-截集从模糊权值中获取综合权值区间值 P_a：

$$P_a = \begin{vmatrix} (w_{1\mathrm{l}a}, w_{1\mathrm{r}a}) \\ (w_{2\mathrm{l}a}, w_{2\mathrm{r}a}) \\ \vdots \\ (w_{m\mathrm{l}a}, w_{m\mathrm{r}a}) \end{vmatrix} \tag{3.14}$$

式中，l 和 r 代表区间集的左边和右边。

然后，应用乐观指数 λ 抽取出综合权值区间值的确定综合权值 C：

$$C_\lambda = \begin{vmatrix} C_{1\lambda} \\ C_{2\lambda} \\ \vdots \\ C_{m\lambda} \end{vmatrix} \tag{3.15}$$

a-截集是专家或决策者对其判断的置信区间。使用 a-截集可以得到分值区间，a-截集值的区间为[0,1]。如果 $a=1$，表明专家对其所判断的现象有最高的肯定性，可以从模糊矩阵中获取隶属度为 1 的单值，这就转换为层次分析法问题了；当 $a<1$ 时，表现了一定的不确定性，专家对其所做的决定有一定的不确定性；$a=0$ 表明了最高程度的不确定性，所有可能分值都是模糊分值，也均可能成为决策的一个解。乐观指数 λ 表示专家在一定置信区间下的倾向性：$\lambda=0$ 表示专家倾向于-截集左值 w_{la}；$\lambda=0.5$ 表示专家倾向于中间值 $(w_{la}+w_{ra})/2$；$\lambda=1$ 表示专家倾向于 a-截集右值 w_{ra}。综上，层次分析法制定的权值是模糊层次分析法中 $a=1,\lambda=0.5$ 的一个特例。

左边界值为

$$w_{a左} = w_l + a(w_m - w_l) \tag{3.16}$$

右边界值为

$$w_{a右} = w_u + a(w_u - w_m) \tag{3.17}$$

综合权值为

$$w_{综合权值} = \lambda w_{a左} + (1-\lambda) w_{a右} \tag{3.18}$$

3.3.2　应用模糊层次分析法的指标权值计算

首先构造指标因素模糊判断矩阵 $\overline{\boldsymbol{A}}_{m\times n}$，应用加和法得到判断矩阵 $\overline{\boldsymbol{A}}_{m\times n}$ 的模糊向量矩阵 $\boldsymbol{w}$；然后对判断矩阵作一致性检验，并对层次总排序作一致性检验。由于层次分析法各判断矩阵与层次总排序均通过了一致性检验（表 3.4 和表 3.5），根据三角模糊判断矩阵的性质，相应的模糊判断矩阵 $\overline{\boldsymbol{A}}_{m\times n}$ 没有必要再作检验。

采用和积法计算模糊权值（潘江波，2007；何德权等，1999），其中目标层 A 与功能层 B 模糊比较判断矩阵及模糊权值如表 3.7 所示。

表 3.7　目标层 A 与功能层 B 模糊比较判断矩阵及模糊权值

A	三角模糊化			模糊权值		
	B1	B2	B3	低值	中值	高值
B1	(1,1,1)	(1,1,2)	(8,9,9)	0.3960	0.4737	0.5654
B2		(1,1,1)	(8,9,9)	0.3960	0.4737	0.5654
B3			(1,1,1)	0.0484	0.0526	0.0589

对模糊排序权值分别采用 a-截集-积分法、平均值法和 a-截集-乐观指数 λ 法的方法进行解模糊化处理，然后对解模糊化排序权值归一化得到各评价指标综合权值。分层计算中 B 层的计算结果如表 3.8 所示，最后汇总计算结果如表 3.9 所示。从表 3.9 可以看出，积分法和均值法间的解模糊化权值基本相等，它们与 $r_{(0.5,0.9)}$ 处理间变异度不超过 6.67%，3 种解模糊化权值对土地资源评价的结果基

本相同。同时，对表 3.9 作 Pearson 相关分析($a=0.01$，2-tailed)，结果表明指标间综合权值均呈现极显著的相关性，其中层次分析法与不同解模糊化模糊层次分析法间制定的权值相关性表现为：$r_{(0.5,0.9)}>r_{(0.5,0.7)}>r_{(0.5,0.5)}>r_{积分法}>r_{均值法}>r_{(0.5,0.3)}>r_{(0.5,0.1)}$。这在一定程度上说明：随着乐观指数 λ 的增加(在 $a=0.5$ 条件下)，层次分析法与 a-截集右值 w_{ra} 间的相关性增强。

表 3.8 功能层 B 模糊比较判断矩阵及解模化权值

A	模糊权值			a-截集-积分法	平均值法	a-截集-乐观指数 λ 法
	低值	中值	高值			
B1	0.3960	0.4737	0.5654	0.4736	0.4736	0.4757
B2	0.3960	0.4737	0.5654	0.4736	0.4736	0.4757
B3	0.0484	0.0526	0.0589	0.0527	0.0528	0.0487

注：a-截集-乐观指数 λ 法中，$a=0.5$，$\lambda=0.5$。

表 3.9 不同解模糊化方法下的指标权值

评价指标	AHP	FAHP						
		积分法	均值法	(0.5,0.1)	(0.5,0.3)	(0.5,0.5)	(0.5,0.7)	(0.5,0.9)
D1	0.0086	0.0098	0.0102	0.0078	0.0081	0.0084	0.0089	0.0094
D2	0.0383	0.0365	0.0362	0.0291	0.0304	0.0321	0.0343	0.0371
D3	0.0234	0.0239	0.0239	0.0181	0.0190	0.0202	0.0218	0.0239
D4	0.0086	0.0082	0.0081	0.0051	0.0055	0.0062	0.0071	0.0085
D5	0.0873	0.1066	0.1066	0.1171	0.1150	0.1124	0.1089	0.1043
D6	0.1954	0.1478	0.1473	0.1595	0.1579	0.1560	0.1534	0.1501
D7	0.0583	0.0765	0.0771	0.0782	0.0779	0.0776	0.0772	0.0768
D8	0.0209	0.0179	0.0179	0.0164	0.0166	0.0170	0.0174	0.0181
D9	0.0329	0.0462	0.0462	0.0463	0.0461	0.0458	0.0455	0.0452
D10	0.0052	0.0050	0.0050	0.0033	0.0035	0.0039	0.0044	0.0052
D11	0.0316	0.0295	0.0295	0.0252	0.0259	0.0269	0.0282	0.0301
D12	0.0128	0.0143	0.0144	0.0112	0.0116	0.0122	0.0129	0.0141
D13	0.2333	0.2151	0.2144	0.2322	0.2306	0.2286	0.2258	0.2219
D14	0.0420	0.0458	0.0459	0.0471	0.0464	0.0455	0.0443	0.0427
D15	0.0265	0.0249	0.0253	0.0237	0.0238	0.0239	0.0240	0.0242
D16	0.0069	0.0085	0.0087	0.0080	0.0080	0.0080	0.0080	0.0081
D17	0.0495	0.0545	0.0544	0.0534	0.0535	0.0536	0.0537	0.0540

续表

评价指标	AHP	FAHP						
		积分法	均值法	(0.5,0.1)	(0.5,0.3)	(0.5,0.5)	(0.5,0.7)	(0.5,0.9)
D18	0.0165	0.0241	0.0240	0.0226	0.0227	0.0227	0.0228	0.0230
D19	0.0423	0.0434	0.0434	0.0429	0.0428	0.0426	0.0424	0.0421
D20	0.0071	0.0084	0.0086	0.0078	0.0078	0.0079	0.0079	0.0080
D21	0.0526	0.0527	0.0528	0.0452	0.0468	0.0487	0.0509	0.0534

注：a-截集-乐观指数λ法中，$a=0.5$，$\lambda=0.1$、0.3、0.5、0.7、0.9。

3.4　基于灰色关联综合分析的指标权值制定

灰色系统理论的研究对象是“部分信息已知，部分信息未知”的“小样本”、“贫信息”不确定性系统（唐启义等，2007），其主要组成部分灰色关联度是分析系统中各因素关联程度的一种重要的量化方法。灰色关联度分析的基本思想是根据序列曲线几何形状的相似或相异程度来衡量或判断因素之间的灰色过程发展态势的定量描述和比较（倪绍祥，2005；胡月明等，2001a），但常用的关联度量化模型存在一定的缺陷，其缺点是关联度值的离散性不强，结果趋于均化（肖新平，1997）。因此，分别采用层次分析法和模糊层次分析法制定的权值对关联度值进行改进，制定灰色关联综合权值，该权值的计算融合了系统工程学原理、模糊数学理论与灰色理论的知识。

3.4.1　灰色关联度分析模型的构造

设 $\boldsymbol{x}=(x_1,x_2,\cdots,x_n)^{\mathrm{T}}$ 为样本集，$x_i=(x_{1i},x_{2i},\cdots,x_{mi})$为第 i 个样本的原始数据，即 x_{ij} 表示第 i 个样本的第 j 个指标值。根据灰色关联分析的过程，构造灰色关联度分析模型，具体步骤如下：

1. 确定评价指标参考序列曲线

对各个样本进行综合评价时，首先必须确定参考序列，参考序列的确定既要考虑到序列的先进性，又要考虑到序列的可行性。为此，选取最优指标集 $x_0=(x_{01},x_{02},\cdots,x_{0m})$作为关联分析的原始参考序列曲线，其中，$x_{0k}$ 为第 k（$k=1,2,\cdots,m$）个指标在各个样本中的最优值。选取最优指标集时应遵循的一般原则是：如果某一指标取大值为好，则取该指标在各个样本中的最大值，反之则取最小值；如果指标值既不能太大，也不能太小，可取其平均值或理想最优值。这样得到评价所需要的矩阵 $\boldsymbol{D}$：

$$\boldsymbol{D}=\begin{bmatrix} x_{01} & x_{02} & \cdots & x_{0m} \\ x_{11} & x_{12} & \cdots & x_{1m} \\ \vdots & \vdots & & \vdots \\ x_{n1} & x_{n2} & \cdots & x_{nm} \end{bmatrix} \tag{3.19}$$

然而,实际中评价指标参考序列的确定需要丰富的专业知识。先验知识获取并不容易,在不能或难以获知参考序列时,灰色系统将通过对比数据列间在各个时刻的绝对差值来进行比较,最终确定各指标之间的关联程度,即关联度。

2. 评价指标原始数据规范化处理

由于评价指标通常具有不同的量纲和数量级,难以直接进行比较,通常需要对原始指标值进行规范化处理。

设第 k 个指标的变化区间为$[p,q]$,其中,p 为第 k 个指标在所有样本中的最小值,q 为第 k 个指标在所有样本中的最大值,如进行极差变换 $c_{ij}=\dfrac{x_{ij}-p}{q-p}$。

将矩阵 $\boldsymbol{D}$ 中原始指标值 x_{ij} 变成无量纲的 0～1 的值 c_{ij},转换后的规范化矩阵 $\boldsymbol{C}$ 表达如下：

$$\boldsymbol{C}=\begin{bmatrix} c_{01} & c_{02} & \cdots & c_{0m} \\ c_{11} & c_{12} & \cdots & c_{1m} \\ \vdots & \vdots & & \vdots \\ c_{n1} & c_{n2} & \cdots & c_{nm} \end{bmatrix} \tag{3.20}$$

3. 评价指标关联系数计算

将经规范化处理后的最优指标集 $c_0=(c_{01},c_{02},\cdots,c_{0k})$ 作为参考数据列,将经规范化处理后各样本指标 $c_i=(c_{i1},c_{i2},\cdots,c_{ik})$ 作为被比较数据列。采用邓氏灰色关联度模型计算指标关联系数为

$$\xi_{ik}=\frac{\min\limits_{i}\min\limits_{k}|c_{0k}-c_{ik}|+\zeta\max\limits_{i}\max\limits_{k}|c_{0k}-c_{ik}|}{|c_{0k}-c_{ik}|+\zeta\max\limits_{i}\max\limits_{k}|c_{0k}-c_{ik}|} \tag{3.21}$$

式中,ξ_{ik} 为 k 时刻比较曲线$\{c_i\}$与参考曲线$\{c_0\}$的相对差值,称之为 x_i 对 x_0 在 k 时刻的关联系数;$\Delta c_{ik}=|c_{0k}-c_{ik}|$ 为指标 i 在 k 时刻的绝对差;ζ 为分辨系数,$\zeta\in(0,1]$,一般取 0.5,ζ 越小,分辨能力越强;$\min\limits_{i}\min\limits_{k}|c_{0k}-c_{ik}|$ 称为两个层次的最小差。

4. 评价指标加权关联度和权值的计算

根据关联系数 ξ_{ik},可计算各个指标关联系数的平均值,即关联度 $r_i=$

$\frac{1}{M}\sum_{k=1}^{m}\xi_{ik}$。式中，$r_i$ 为曲线$\{c_i\}$对参考曲线$\{c_0\}$的关联度。根据关联度 r_i，可计算出各评价指标的权值$U_i=r_i/\sum_{i=1}^{m}r_i$，我们称之为常权关联权值。考虑到评价过程中各指标的重要性及影响程度互不相同，对关联系数 ξ_{ik} 进行加权处理，得到加权关联度 r_{ijw} 为

$$r_{ijw}=\sum_{k=1}^{n}w_k\xi_{ij}(k)=(w_1\quad w_2\quad\cdots\quad w_m)\left[\xi_{ij}(1)\quad\xi_{ij}(2)\quad\cdots\quad\xi_{ij}(m)\right]^{\mathrm{T}}\tag{3.22}$$

式中，权向量 $\boldsymbol{w}$ 可以采用 FA、AHP、FAHP 等方法获得。

应用 FAHP 获得的模糊权向量 $\boldsymbol{w}$ 的最大特点在于融合了模糊理论的最大隶属度和灰色理论的关联度这两个重要指标。这里分别采用 AHP 确定的权向量与 FAHP 解模糊化权向量 w_k（基于 a-截集-积分法），并结合关联度 r_i，依次计算各评价指标的层次关联权值与模糊关联权值为

$$U_i=\frac{w_kr_i}{\sum_{k=1}^{m}(w_kr_i)},\quad i=1,2,\cdots,m;k=1,2,\cdots,m\tag{3.23}$$

3.4.2　灰色关联综合分析的指标权值计算

采用土地资源评价分值表中评价单元各指标分值数据（表 2.2 和表 2.3），各指标值为 0～100，道路通达度、城镇影响度和农贸市场影响度三个指标最优值为 95，其他指标的最优值都是 100，因此参考序列近似取为（100，100，…，100）。应用邓氏灰色关联度模型，由于比较序列相交，取$\min_i\min_k|c_{0k}-c_{ik}|=0$，原始数据$\max_i\max_k|c_{0k}-c_{ik}|=95$，$|c_{0k}-c_{ik}|$为指标评价单元与其对应的参考序列（值为 100）的绝对差值，然后计算不同分辨系数 ζ 下的各个评价单元的关联度系数 ξ_{ik}，取所计算的第 i 评价指标各评价单元 ξ_{ik} 的平均值，即为该指标的关联度 r_i，如图 3.2 所示。当 $\zeta=0.1$ 时，指标关联度 r_i 排序表现为：剖面构型 D7＞地下水位 D21＞排水条件 D4＞田面坡度 D14＞水土流失 D3＞耕层厚度 D6＞耕层质地 D5＞土壤有机质 D13＞地形坡度 D2＞灌溉保证率 D1＞田块形状 D15＞人均耕地 D17＞海拔 D19＞土地经济系数 D18＞土地利用类型 D20＞土地利用系数 D9＞（镇级）亩均社会保障价格 D16＞pH D8＞道路通达度 D10＞城镇影响度 D11＞农贸市场影响度 D12。当 $\zeta=0.3$ 和 $\zeta=0.5$ 时，基本也表现了这样的趋势，但指标关联度 r_i 之间的差异相比 $\zeta=0.1$ 时小得多，难以较好地区分出评价指标对土地质量影响的差异性。因此取 $\zeta=0.1$ 时的指标关联度 r_i 来计算指标加权关联度。同时，关联度 r_i 排序也反映出了指标间的重要性与 AHP 法或是 FAHP 法计算出的指标权值排序是不完全一致的，有的指标排序出现较大的变化（如灌溉保证率），这也

反映了两种评价方法的基本理论对指标权值制定的深刻影响。

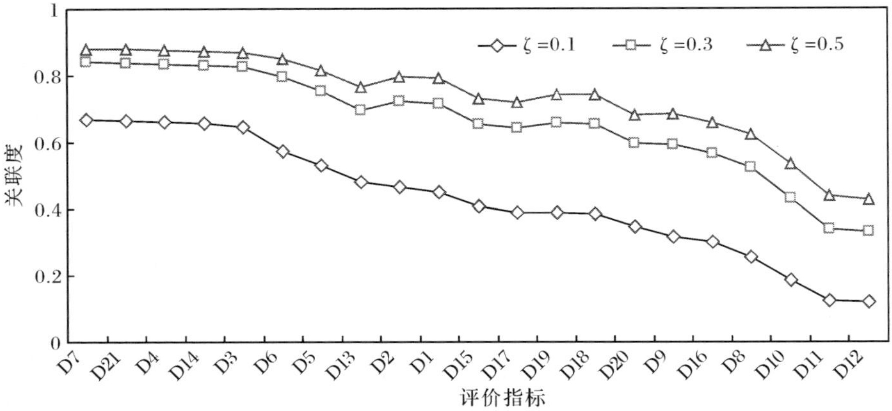

图 3.2 不同分辨系数 ζ 下评价指标的关联度

采用 $\zeta=0.1$ 时的指标关联度 r_i 与表 3.9 中 AHP 制定的权向量与 FAHP 中解模糊化权向量 w_k(基于 a-截集-积分法),由式(3.23)计算出相应的权值并作归一化处理,结果如表 3.10 所示,具体见表 3.12。

表 3.10 灰色关联分析中的几种权值

权值	D1	D2	D3	D4	D5	D6	…	D21
w_{GRA}	0.0500	0.0517	0.0718	0.0734	0.0591	0.0636		0.0739
$w_{GRA\text{-}AHP}$	0.0078	0.0361	0.0306	0.0115	0.0941	0.2268		0.0709
$w_{GRA\text{-}FAHP}$	0.0090	0.0346	0.0315	0.0110	0.1154	0.1724		0.0713

注:w_{GRA}、$w_{GRA\text{-}AHP}$和 $w_{GRA\text{-}FAHP}$分别表示常权关联权值、层次关联权值、模糊关联权值。

从表 3.10 中可以看出,常权关联权值与关联综合权值(基于层次分析关联权值或模糊层次分析关联权值)有很大的不同,这从关联度 r_i 排序便可预测得到这样的结果:常权关联权值结果趋于均化,权值离散性不强,变幅在[0.0132,0.0744]之间;然而,层次关联权值和模糊关联权值变幅分别在[0.002,0.2267]与[0.002,0.2097]之间,出现如此大的分歧问题在哪呢?

首先,两种理论或方法的基本思想不同。灰色系统理论的关联度分析主要是通过一定的方法理清系统中各因素间的主要关系,找出影响最大的因素,把握矛盾的主要方面,描述系统发展过程中指标因素间相对变化的情况,即变化大小、方向、速度等指标的相对性;而层次分析法是运用系统工程的原理,将研究问题分解,建立递阶层次结构,根据专家先验知识构造两两比较矩阵,然后计算各指标相对权值,这种方法适用于多目标、多层次、多指标的决策分析。

其次，关联度分析中关联度 r_i 的计算是在各指标等权假设条件下，只是简单地通过计算关联系数的算术平均值而得到的，然而，实际上各评价指标因素对土地质量的影响程度是不一样的，甚至相差很大；而层次分析通过采用比较判断矩阵的形式能够很好地实现并反映出土地资源评价指标之间的差异，这也是层次分析法在土地资源评价中被广泛采用的原因。

3.5　基于 BP 神经网络模型的指标权值制定

BP 神经网络是一种在理论和应用方面发展都较为成熟的逆向传播算法的多层前馈式网络。在土地资源评价中，人们应用 BP 神经网络模型的主要目的是对土地质量进行分类或预测，很少有人关注和研究 BP 神经网络训练的权值。本节就神经网络指标权值的求解及其在土地资源评价中的应用进行介绍。

BP 神经网络的基本原理和步骤及其在土地资源评价中的应用见本书的 8.1 节。BP 算法的实质是前向多层网络的实际输出与期望输出之间最小均方差的一种迭代梯度算法，即用网络的实际输出和目标输出之间的误差来修正其连接权值，使网络输出的误差平方和在所要求的范围内。

本节对样本容量为 2400* 的多层神经网络学习与分类结果进行分析，应用数据挖掘软件 SPSS/Clementine，系统设置为三层神经网络拓扑结构，包括 1 个隐含层，隐含层节点数为 13；然后由机器随机生成初始连接权值并通过激励函数 Sigmoid 的映射作用，按照神经网络算法对网络节点的连接权值不断修正，当实际输出与期望输出之间误差最小时终止，网络就完成了其预定的学习训练任务，相应的各节点连接权值确定。

网络训练结束后，对输入层、隐含层和输出层各层节点的修正连接权值按照输入-输出的方法进行计算，得到各个输入节点对输出结果的权值，并对权值进行归一化处理，得到评价指标权值排序如表 3.11 所示，具体结果如表 3.12 所示。BP 神经网络模型通过训练得到的指标权值，从另外一个角度为土地资源评价提供了一种新的权值制定方法，这种权值可以是非线性的**，它是以有指导的机器学习方式无限逼近输出结果而得到的。神经网络以其独特的记忆功能可以作为多维非线性函数的通用数学模型，该模型的表达是隐式的，输入输出节点之间的映射规则由神经网络在学习阶段自动抽取并分布式存储在网络的所有连接中，这种非线性映射功能可以非常准确地实现测试样本的分类。从表 3.11 中可以看出，

---

* 样本容量大小是采用 FA 方法计算确定的，但样本容量的抽取是基于层次分析计算的综合指数的聚类分析结果实现的。

** 这种权值也可以是线性神经网络模型，这主要取决于选择的激励函数和网络结构。

灌溉保证率、耕层厚度、排水条件、土地利用类型等输入变量对输出评价结果贡献较大，而剖面构型、道路通达度、社会保障价、海拔等输入变量的贡献较小，从数据压缩的角度来看，这些贡献小的输入变量可以考虑剔除。表 3.11 中的 BP 神经网络输入变量的指标权值是对层次分析与聚类分析相结合的评价结果（即土地质量分类级别，见第 5 章）的多维非线性的学习结果。结合 AHP 法确定的指标权值（表 3.4）可以发现，两种方法制定的指标权值排序有较大的变化，特别是地下水位和剖面构型，但指标排序变异程度总体上并不是很大。现在的问题是：如何实现非线性权值与分层权值（基于 AHP 法计算所得），以及基于传统多元统计分析确定线性权值之间的融合？神经网络模型以近乎黑箱的形式对输入数据进行学习训练，这一过程难以满足人们探索未知和复杂问题的好奇，如何实现神经网络模型的显式表达，或近似地以线性模型的方法进行再现？目前，对这些问题研究的相关报道并不多，但是，近年来人们发展了一种新的技术——支持向量机，它能够较好地解决上述问题。关于支持向量机在土地资源评价中的应用，本书的 8.3 节中有相关分析。

表 3.11　基于 BP 神经网络模型的指标权值

权值	D1	D2	D3	D4	D5	D6	…	D21
BP	0.0119	0.0493	0.0157	0.0698	0.0629	0.1342		0.0360

3.6　指标综合权值制定

常用的制权方法有 PCA（黄方等，2002）、AHP（孙霞等，2004；胡月明等，2001a）、GRA（倪绍祥，2003）等方法。若采用模糊数学理论或神经网络对 AHP 法制定的权值进行改造，可以得到 FAHP 和 BP 神经网络权值；若采用 AHP 法或 FAHP 法制定的权值对 GRA 法制定的关联度排序进行改造，可以得到 GRA-AHP、GRA-FAHP 权值。每一种制权方法都是对理论意义上的真实权值的一种逼近或学习过程，从多个角度反映了指标因素对评价目标的影响程度，若能实现指标权值的融合或许也是一种不错的制权方法。我们将上述制权方法归纳为三类：一类是权值相对一致的统计学方法和灰色系统理论方法，如 PCA 法、FA 法* 和 GRA 法；一类是专家经验评判法，如 AHP 法、FAHP 法、GRA-AHP 法和 GRA-FAHP 法；一类是机器学习方法，如 BP 法。然后应用指标综合权值分析（CWA）的方法制定指标的综合权值。

设：w_{PCA}、w_{FA}、w_{GRA} 分别为 PCA 法、FA 法和 GRA 法得到的权值向量；w_{AHP}、

---

* 本书中 PCA 法和 FA 法计算的权值大小相等，故计算中只保留 FA 法计算的权值。

w_{FAHP}、$w_{GRA\text{-}AHP}$ 和 $w_{GRA\text{-}FAHP}$ 分别为 AHP 法、FAHP 法、GRA-AHP 法和 GRA-FAHP 法制定的权值向量；w_{BP} 为 BP 神经网络训练得到的权值向量。

由于同一类的制权方法计算的指标权值的离散性或制权方法的基本理论相同或相近，故取它们的算术平均值，以 w_{TJ}、w_{CC}、w_{NN} 分别代表上述 3 类方法制定的权值，计算表达式如下：

$$w_{TJ} = (w_{FA} + w_{GRA})/2 \tag{3.24}$$

$$w_{CC} = (w_{AHP} + w_{FAHP} + w_{GRA\text{-}AHP} + w_{GRA\text{-}FAHP})/4 \tag{3.25}$$

$$w_{NN} = w_{BP} \tag{3.26}$$

分别采用算术平均法、多项式的方法计算指标综合权值：

(1) 算术平均法求解，即

$$M = (w_{TJ} + w_{CC} + w_{NN})/3 \tag{3.27}$$

(2) 多项式综合指标权值模型(改自刘宏，1996)为

$$w = \lambda_1 w_{TJ} + \lambda_2 w_{CC} + \lambda_3 w_{NN} \tag{3.28}$$

式中，$\lambda_1 = \frac{n}{n-1} w_{TJ}$，$w_{TJ}$ 为因子分析和灰色关联度分析各分量(权值)的差异系数：

$$w_{TJ} = \frac{2}{n}(1P_1 + 2P_2 + \cdots + nP_n) - \frac{n+1}{n} \tag{3.29}$$

式中，n 为评价指标数；$P_1, P_2, \cdots, P_n$ 为 w_{TJ} 中各分量(权值)从小到大的重新排序。同理，可计算 λ_2、w_{CC}、λ_3、w_{NN}。

然后，对 w 作归一化处理：

$$w = \frac{w_j}{\sum_{j=1}^{n} w_j}, \qquad j = 1, 2, \cdots, n \tag{3.30}$$

表 3.12 为多种评价方法制定的指标权值。从表中可以看出，由统计学方法和灰色系统理论方法(FA 法和 GRA 法)计算出的指标权值较为均一，机器学习方法(BP 神经网络法)计算出的各指标的权值相对较为离散，而基于专家经验评判方法计算的权值离散程度高。通过算术平均法和多项式综合法计算的指标权值较好地融合了上述各种方法的思想，一方面克服了指标权值离散度高的弊端，另一方面又融入了专家定性分析定量化处理的多准则决策思想，同时又注入了非线性神经网络自学习的思想。然而，这样的权值并非能较好地反映评价指标的重要性排序。采用上述两种方法获取的指标综合权值变化不是很大，指标综合权值 M 相对于权值 w 的变异程度在 0.16%～28.42%，取两者的平均值计算最终的指标综合权值作为龙川县土地质量评价的指标综合权值 w_{CWA}。

表 3.12 指标综合权值

评价指标	w_{FA}	w_{GRA}	w_{AHP}	w_{FAHP}	$w_{GRA\text{-}AHP}$	$w_{GRA\text{-}FAHP}$	w_{BP}	综合权值 M	综合权值 w	w_{CWA}
D1	0.0752	0.0500	0.0086	0.0098	0.0078	0.0090	0.0119	0.0278	0.0199	0.0239
D2	0.0697	0.0517	0.0383	0.0365	0.0361	0.0346	0.0493	0.0488	0.0455	0.0472
D3	0.0918	0.0718	0.0234	0.0239	0.0306	0.0315	0.0157	0.0416	0.0334	0.0375
D4	0.0164	0.0734	0.0086	0.0082	0.0115	0.0110	0.0698	0.0415	0.0376	0.0396
D5	0.0435	0.0591	0.0873	0.1066	0.0941	0.1154	0.0629	0.0717	0.0782	0.0750
D6	0.0681	0.0636	0.1954	0.1478	0.2268	0.1724	0.1342	0.1219	0.1413	0.1316
D7	0.0621	0.0744	0.0583	0.0765	0.0791	0.1043	0.0145	0.0441	0.0488	0.0465
D8	0.0246	0.0281	0.0209	0.0179	0.0107	0.0092	0.0173	0.0194	0.0178	0.0186
D9	0.0161	0.0348	0.0329	0.0462	0.0209	0.0295	0.0390	0.0323	0.0334	0.0329
D10	0.0254	0.0203	0.0052	0.0050	0.0019	0.0019	0.0135	0.0199	0.0144	0.0172
D11	0.0438	0.0138	0.0316	0.0295	0.0079	0.0075	0.0419	0.0349	0.0318	0.0334
D12	0.0440	0.0132	0.0128	0.0143	0.0031	0.0035	0.0337	0.0286	0.0239	0.0263
D13	0.0657	0.0532	0.2333	0.2151	0.2264	0.2097	0.1430	0.1412	0.1633	0.1523
D14	0.0206	0.0729	0.0420	0.0458	0.0559	0.0612	0.1046	0.0675	0.0693	0.0684
D15	0.0084	0.0453	0.0265	0.0249	0.0219	0.0207	0.0402	0.0302	0.0300	0.0301
D16	0.0189	0.0333	0.0069	0.0085	0.0042	0.0052	0.0160	0.0161	0.0134	0.0148
D17	0.0645	0.0432	0.0495	0.0545	0.0390	0.0432	0.0928	0.0644	0.0643	0.0644
D18	0.0345	0.0425	0.0165	0.0241	0.0128	0.0188	0.0152	0.0239	0.0209	0.0224
D19	0.0428	0.0432	0.0423	0.0434	0.0333	0.0344	0.0354	0.0389	0.0382	0.0386
D20	0.0575	0.0383	0.0071	0.0084	0.0050	0.0059	0.0132	0.0225	0.0166	0.0196
D21	0.1064	0.0739	0.0526	0.0527	0.0709	0.0713	0.0360	0.0627	0.0580	0.0604

注:D1、D2、D3、…、D21 分别表示海拔、地形坡度、田面坡度、……、水土流失等评价指标。

3.7 小 结

在土地资源评价中,应用层次分析法获取评价指标权值简单易行,而且可以综合异质性的数据。采用层次分析法确定的指标权值依次为0.0086、0.0383、0.0234、0.0086、0.0873、0.1954、0.0583、0.0209、0.0329、0.0052、0.0316、0.0128、0.2333、0.0420、0.0265、0.0069、0.0495、0.0165、0.0423、0.0071、0.0526(对应于评价指标的层次排序)。为了融合本书采用的多种方法制定的指标权值,应用指标综合权值分析的方法制定了指标综合权值,依次为0.0239、0.0472、

0. 0375、0. 0396、0. 075、0. 1316、0. 0465、0. 0186、0. 0329、0. 0172、0. 0334、0. 0263、0. 1523、0. 0684、0. 0301、0. 0148、0. 0644、0. 0224、0. 0386、0. 0196、0. 0604。

第 4 章　土地资源评价样本容量的确定

随着数据库技术的发展和土地资源评价数据来源的多样化，土地信息急剧膨胀。数据库中土地资源评价样本容量大小无所适从，如何有效地确定样本容量成为我们面临的一个难题。引进抽样技术能够较好地解决这一难题，同时也为提高土地信息的采集精度、减少调查样本数目和降低样本信息获取成本提供了数学理论基础和方法论。目前，不少学者（张继光等，2006；陈亚新等，2005；Guptar et al.，1997；Black et al.，1993）已将抽样技术应用于土壤特性来确定合理的采样样本数量。

4.1　抽样技术的主要形式

抽样技术是统计学中的基本方法，近 20 年来，抽样技术发展非常迅速，内容也十分丰富。目前常用的抽样组织形式有：简单随机抽样、机械抽样、分层抽样、聚类抽样、整群抽样、序贯抽样、标记-重捕获抽样、敏感性问题抽样等形式（唐启义等，2007）。

（1）简单随机抽样。它是一种最基本的抽样组织形式，即从 N 个样本记录数据中按随机原则（每个样本被选中的概率均为 $1/N$）抽取出 $n(n\geqslant N)$ 个样本，构成由 n 个样本组成的采样数据子集。在数据抽样中，简单随机抽样法是一种最简单的抽样形式，也是其他抽样方法（如分层抽样、整群抽样、多阶抽样等）的基础，大多数情况是简单随机抽样与其他抽样方法结合起来使用。

（2）机械抽样，又称等距抽样或系统抽样。其抽样方法是：把总体评价单位样本按某种顺序排列成行，每隔一定的间隔抽取一个单位，并把这些抽取的单位组成样本进行观察，用以推断总体。

（3）分层抽样，又称类型抽样。首先将总体 N 个评价单元样本数据集划分为若干不相交的“层”，然后再分别从这些层中随机抽取数据对象，从而获得具有代表性的采样数据子集。例如，对研究区土地资源评价样本单元数据按照土地利用类型来进行分层，然后再在每一个土地利用类型层中进行一定样本数量的随机抽样，从而确保最终获得分层采样数据子集中的土地利用类型分布具有代表性。

（4）聚类抽样。首先将总体 N 个评价单元样本数据集放入 M 个互不相交的“聚类”中，则可以得到聚类的 m 个简单随机选择（$m\leqslant M$），然后从选择的聚类中抽取样本。它与分层抽样的基本思想是相同的，但两者的数学方法不同，分层有严谨的数学统计理论支持和统计检验方法，而聚类只是按照所定义的距离将数据进行归类，显得简单实用得多。两者抽取的样本都可以保持总体的特征不丢失，在数据预处理中经常被采用。

(5) 整群抽样。首先将总体各评价单元样本划分为若干群，然后以群为单位从中随机抽取一些群，对其中抽选的群的所有单位进行全面调查。分层抽样和整群抽样两者划组和分群的目的和作用是不相同的：分层抽样划组称为“类”，它的目的是缩小总体，使总体的变异减少，其抽样单位仍是总体单位；整群抽样分组为“群”，它的目的和作用却是要扩大单位，抽取的基本单位不再是总体单位而是群，这样抽样工作就简便许多了。

(6) 序贯抽样。序贯抽样是在一定置信范围内对抽样总体做出推断，减少抽样次数的检验，其显著特点是抽样数量事先不确定，在既定误差概率的保证下尽量减少抽样数量，并控制抽样误差。

4.2 样本容量的确定

4.2.1 样本容量确定的基本原理

在一定的置信水平和估计精度要求下，预估样本容量以提高估计效率是最科学、最实用的(唐启义等，2007)。然而，Gupta 等(1997)认为只考虑抽样技术的置信条件、一定估值精度下的合理采样数量决定不了样点的空间布局，但样点的空间布局影响到土壤特性的变异程度和采样数目。因此，Lahlou 等(2004)认为引进地统计学可以很好地克服统计学在上述中存在的不足。随着近年来地统计学理论研究的深入和在土壤学科中的广泛应用，利用地统计学的有关方法和理论来设计和优化采样策略受到越来越多的关注(Ferreyar，2002；李子忠等，2001；王珂，2001；Groenigen，2000)。有关地统计学确定采样样本数量的应用研究，有兴趣的读者可以参考史舟等(2006)编写的《地统计学在土壤学中的应用》一书。本小节就抽样技术在样本容量确定方面的应用进行一定的探讨。

当总体样本满足正态分布，抽样强度满足 $n/N<0.01$ 时(式中，n 为抽样数，N 为总体样本数)，抽取的样本 n 称为小样本容量。然而样本太小，缺乏较好的代表性，估计效率降低。因此，采用简单随机抽样对大样本抽样样本容量进行估计，根据总体样本平均数在重复抽样或非重复抽样条件下，估计样本容量大小。总体均值 $\overline{Y}$、样本均值 $\bar{y}$、总体方差为 σ^2 和样本方差 S^2 计算如下：

$$\overline{Y}=\frac{1}{N}\sum Y_i,\quad i=1,2,\cdots,N \tag{4.1}$$

$$\bar{y}=\frac{1}{N}\sum y_i,\quad i=1,2,\cdots,n \tag{4.2}$$

且 $\bar{y}$ 是 $\bar{Y}$ 的无偏估计量。

$$\sigma^2 = \frac{1}{N-1}\sum (Y_i - \bar{Y})^2, i = 1,2,\cdots,N \tag{4.3}$$

$$S^2 = \frac{1}{n-1}\sum (y_i - \bar{y})^2, i = 1,2,\cdots,n \tag{4.4}$$

1）估计值误差 $\Delta(\bar{y})$ 计算

（1）重复抽样条件下（对抽样强度 $n/N<0.01$ 时的非重复抽样也按此方法进行处理），$\Delta(\bar{y})$ 值为

$$\Delta(\bar{y}) = u_a \frac{\sigma}{\sqrt{n}} \approx u_a \frac{S}{\sqrt{n}} \tag{4.5}$$

式中，u_a 为标准正态分布双侧 α 分位点。

估计值的可靠性 $p=1-\alpha$ 的置信区间为

$$\bar{y} \pm u_a \frac{\sigma}{\sqrt{n}} \text{ 或 } \bar{y} \pm u_a \frac{S}{\sqrt{n}} \tag{4.6}$$

（2）非重复抽样条件下，$\Delta(\bar{y})$ 值为

$$\Delta(\bar{y}) = u_a \frac{\sigma}{\sqrt{n}}\sqrt{1-\frac{n}{N}} \approx u_a \frac{S}{\sqrt{n}}\sqrt{1-\frac{n}{N}} \tag{4.7}$$

估计值的可靠性 $p=1-\alpha$ 的置信区间为

$$\bar{y} \pm u_a \frac{\sigma}{\sqrt{n}}\sqrt{1-\frac{n}{N}} \text{ 或 } \bar{y} \pm u_a \frac{S}{\sqrt{n}}\sqrt{1-\frac{n}{N}} \tag{4.8}$$

2）总体样本平均数估计样本容量

（1）重复抽样条件下，根据重复抽样误差计算公式[式(4.5)]推导出

$$n_0 = \left[\frac{u_a\sigma}{\Delta(y)}\right]^2 \approx \left[\frac{u_a S}{\Delta(y)}\right]^2 \tag{4.9}$$

由于变异系数 $C=\frac{\sigma}{\bar{Y}}$，$\Delta(y)=\bar{Y}(1-p_c)$，代入式(4.9)中即可得到

$$n_0 \approx \left[\frac{u_a C}{1-p_c}\right]^2 \tag{4.10}$$

（2）非重复抽样情况下，根据非重复抽样误差计算公式[式(4.7)]推导出

$$n_1 = \frac{S^2}{\left[\frac{\Delta(y)}{u_a}\right]^2 + \frac{S^2}{N}} \tag{4.11}$$

与式(4.10)同样，将 $\Delta(y)=\bar{Y}(1-p_c)$，代入式(4.11)中可得

$$n_1 = \frac{u_a C^2}{(1-p_c)^2 + \frac{(u_a C)^2}{N}} = \frac{n_0}{1+\frac{n_0}{N}} \tag{4.12}$$

由此可见，在非重复抽样条件下，需要事先知道总体单元数；而重复抽样则不

需要知道总体单元数。

4.2.2　样本容量的计算

本小节分别基于 FA、AHP 和 CWA 法计算的评价单元指数和来估计抽样样本容量。具体以因子分析为例,介绍样本容量确定的过程。

1. 基于因子分析计算因子得分

1）因子得分计算的基本步骤

(1)、(2)两个步骤完成了参数的检验、公因子的选取及因子数的确定(11 个),具体见本书的 3.1 节。

(3) 选择因子旋转方法。因子分析的理想情况在于个别因子负荷量 a_{ij} 不是很大就是很小,然而实际上各因子与原始变量 X_i 的相关系数在表达各因子的意义方面可能不是很明显。为了使因子载荷中系数更加显著,可以对初始因子载荷矩阵进行旋转,使因子与原始变量间的关系进行重新分配,相关系数向 0-1 分化,从而更加容易进行命名和解释。因子旋转的方法有方差最大旋转、四次最大旋转、均方最大正交旋转、斜交旋转等,其中方差最大旋转最为常用,然而在实际应用中,具体哪种方法比较适合,需要通过对比分析来确定。

(4) 选择因子得分计算方法。样本因子得分的假设是:样本是若干项的线性加和,这些项代表了某些相互作用或过程。因子得分一般使用回归方法求得,其均值为 0,方差等于估计因子得分与实际因子得分之间的多元相关系数的平方。由假设可知,因子得分反映了选择的公因子对样本的混合影响。

2）样本因子得分的计算

因子旋转应用方差最大旋转方法,可计算因子得分函数。采用回归方法求得因子得分函数,表 4.1 为函数系数矩阵,将 11 个公因子表示为 21 个指标变量的线性形式,其得分函数为

$$
\begin{aligned}
F_1 &= 0.503x_1 - 0.097x_2 - 0.056x_3 + 0.037x_4 + 0.086x_5 \\
&\quad - 0.030x_6 + \cdots + 0.093x_{21} \\
F_2 &= 0.099x_1 - 0.219x_2 + 0.035x_3 - 0.007x_4 - 0.220x_5 \\
&\quad - 0.005x_6 + \cdots + 0.058x_{21} \\
F_3 &= - 0.182x_1 + 0.007x_2 + 0.006x_3 - 0.028x_4 - 0.093x_5 \\
&\quad + 0.009x_6 + \cdots - 0.043x_{21} \\
&\ \ \vdots \\
F_{11} &= - 0.544x_1 + 0.193x_2 - 0.015x_3 - 0.045x_4 - 0.142x_5 \\
&\quad - 0.036x_6 + \cdots - 0.224x_{21}
\end{aligned}
$$

因子综合得分函数:11 个公因子分别从不同方面反映了土地质量状况的总体

水平，但单独使用某一个公因子并不能对评价单元在研究区的土地质量级别做出综合评价。评价单元综合得分函数可以表示成如下形式：

$$F = \frac{\lambda_1}{\lambda_1 + \lambda_2 + \cdots + \lambda_{11}} F_1 + \frac{\lambda_2}{\lambda_1 + \lambda_2 + \cdots + \lambda_{11}} F_2 + \cdots + \frac{\lambda_{11}}{\lambda_1 + \lambda_2 + \cdots + \lambda_{11}} F_{11} \tag{4.13}$$

式中，$\lambda_1, \lambda_2, \cdots, \lambda_{11}$为公因子方差贡献率。如表 4.1 所示，将公因子代入式(4.13)可以计算得

$$F = 0.239F_1 + 0.172F_2 + 0.122F_3 + 0.090F_4 + 0.072F_5 + 0.063F_6 + \cdots + 0.039F_{11} \tag{4.14}$$

将公因子得分代入式(4.14)，计算评价单元的综合得分，计算结果如表 4.2 所示。

表 4.1 因子得分系数矩阵

指标变量	公因子							
	1	2	3	4	5	6	…	11
D1	0.503	0.099	−0.182	−0.029	−0.012	−0.030		−0.544
D2	−0.097	−0.219	0.007	0.506	−0.068	−0.033		0.193
D3	−0.056	0.035	0.006	0.400	−0.041	−0.015		−0.015
D4	0.037	−0.007	−0.028	−0.007	0.433	0.082		−0.045
D5	0.086	−0.220	−0.093	0.052	−0.185	0.160		−0.142
D6	−0.030	−0.005	0.009	−0.001	0.052	−0.034		−0.036
⋮								
D21	0.093	0.058	−0.043	0.354	0.112	0.033		−0.224
方差贡献率	20.353	14.627	10.421	7.700	6.158	5.372		3.281

表 4.2 评价单元因子得分

评价单元	F_1	F_2	F_3	F_4	F_5	F_6	…	F_{11}	F综合分
1	−0.690	−0.904	−1.264	−0.618	0.127	−0.248		−0.655	−0.535
2	−0.690	−0.738	−1.164	−3.591	−0.009	−0.257		−0.277	−0.743
3	−0.690	−0.904	−1.264	−0.618	0.127	−0.248		−0.655	−0.535
4	−1.808	−1.337	−0.872	0.377	0.069	−0.228		0.599	−0.760
5	−1.628	−1.059	−0.780	−3.545	0.058	−0.186		0.825	−1.002
6	−1.857	−1.255	−0.883	0.385	0.040	−0.235		0.594	0.717
⋮									
30281	−3.196	−1.588	0.407	−1.582	−0.076	−0.200		2.633	−1.147

在因子分析时,SPSS 软件对原始数据自动标准化均值为 0,标准差为 1,计算的公因子得分和评价单元综合得分是原始数据标准化后的分值,而并非原始综合分值。因此需要将标准化后的分值扩散到原始综合分值,采用以下公式计算:

$$T = \frac{X - \min(X)}{\max(X) - \min(X)} \times 100 \tag{4.15}$$

并将其扩散到[0,100]之间。

2. 样本容量计算

根据因子分析计算的样本因子综合得分,以及基于 AHP 法和 CWA 法制定权值计算的样本(评价单元)指数和推估不同方法下的抽样样本容量。总体样本容量 $N=30281$,其中基于 FA 法计算的评价单元总体均值 $\overline{Y}=51.994$,标准差 $S=12.926$;基于 AHP 法计算的评价单元总体均值 $\overline{Y}=81.793$,标准差 $S=5.909$;基于 CWA 法计算的评价单元总体均值 $\overline{Y}=80.3192$,标准差 $S=5.04161$。从表 4.3 可以看出,不同置信水平和估计精度下 FA、AHP 和 CWA 法估算的样本容量大小表现为 FA＞AHP＞CWA,其中 AHP 和 CWA 法估算的样本容量较小,以 CWA 法指导样本容量最小,说明采用指标权值融合的方法可以减小样本容量,对数据库数据压缩效果更好。

表 4.3　3 种制权方法下的样本容量估计

制权方法	置信度/%	估计精度/%	重复抽样样本容量/个	不重复抽样样本容量/个
FA	90	99	1684	1595
	95	99	2391	2216
	99	99	4129	3634
AHP	90	99	148	147
	95	99	201	200
	99	99	347	343
CWA	90	99	124	124
	95	99	176	175
	99	99	305	302

4.3　样本容量的自动化提取

样本容量大小确定后,对评价单元综合指标和分值进行聚类抽样,聚类数为样本容量值,然后从每类中抽取离聚类中心最近的一个样本。聚类的结果显示样本数大于样本容量个数,说明在聚类的中心数据集中存在一些重复的样本纪录,其原因是区域土地质量分布具有一定的空间连续特性，同时由于研究区土地质量评价单元划分较细，其中一些评价单元到聚类中心距离相等不可避免。对于重复样本值对应的土地质量评价单元的选择，采用根据地类面积大小的方法，提取其中面积最大的评价单元，这样可以实现重复样本数据的剔除，保证聚类中样本抽取的唯一性。抽取不同的样本容量时，样本空间分布如附录 B-1～B-5 所示。

第 5 章　土地资源评价统计模型

地学中将统计学作为专业学习的内容大约开始于 20 世纪 50 年代。目前，统计学方法已经被广泛使用于地学的研究中，在数据的获取与处理、抽样、数据分析、假设检验、定量预测等方面了取得丰富的成果(韦玉春等，2005)。在土地资源评价方法中，统计学方法是土地资源评价过程中的基础，统计学的应用不仅需要专业理论的指导，还需要方法论的指导。因此，本章首先对主成分分析、因子分析、判别分析、二步聚类分析、Logistic 多元回归等方法的理论基础逐一介绍并进行一定的讨论，然后应用这些方法对土地质量等级进行划定。

5.1　基于主成分分析或因子分析的土地资源评价

在第 3 章和第 4 章中，应用因子分析实现了指标权值的制定和样本容量的确定。人们在土地资源评价中应用主成分分析或是因子分析的目的大多是寻求用较少的彼此相互独立的新指标代替过多的评价指标，使指标简化降维，减少数据的冗余和避免信息的重叠。同时，也可以对数据集进行分类，根据评价单元的因子得分数值，在因子轴上所构成的空间分布进行分类处理。

5.1.1　两种分析方法的区别

主成分分析与因子分析的用途基本相同，其中因子分析在某种程度上可看成是主成分分析的推广和扩展，但是两者却有着很大的不同(唐启义等，2007；张文彤等，2006；韦玉春等，2005)。目前，相当数量的应用文章对主成分分析与因子分析不加以严格区分，因而对分析结果的解释较为模糊。两种分析方法的区别主要表现为：主成分分析不能作为一个模型来描述，它只能作通常的指标变量变换，而因子分析需要构造因子模型；主成分分析的主成分数 m 和指标变量数 p 相等，它是将一组具有相关性的指标变量变换为一组独立的新的变量(主成分)，而因子分析的目的是使 m 比 p 小，而且要选取尽可能小的 m，以便构造一个结构尽可能简单的模型；主成分分析将主成分表示为原指标变量的线性组合，而因子分析将原指标变量表示为新因子的线性组合，即为新因子的综合指标。

主成分分析一般分以下几个步骤，因子分析的步骤见第 4 章。

(1) 对原始矩阵按公式 $X'_{ij}=\dfrac{X_{ij}-\overline{X}_j}{S_j}$(式中，$S_j$ 为第 j 列元素的标准差)进行

标准化处理，并根据标准化的数据 X'_{ij} 来计算主成分。为方便表达，仍用 X_{ij} 表示标准化的指标数据，$\boldsymbol{X}$ 为标准化后的数据矩阵：

$$\boldsymbol{X}=\begin{bmatrix} X_{11} & X_{12} & \cdots & X_{1m} \\ X_{21} & X_{22} & \cdots & X_{2m} \\ \vdots & \vdots & & \vdots \\ X_{n1} & X_{n2} & \cdots & X_{nm} \end{bmatrix} \tag{5.1}$$

然后求出 X 的相关系数矩阵 $\boldsymbol{R}$：

$$\boldsymbol{R}=\mathrm{Cov}(X)=\begin{bmatrix} r_{11} & r_{12} & \cdots & r_{1m} \\ r_{21} & r_{22} & \cdots & r_{2m} \\ \vdots & \vdots & & \vdots \\ r_{m1} & r_{m2} & \cdots & r_{mm} \end{bmatrix} \tag{5.2}$$

式中，$r_{11}=r_{22}=\cdots=r_{mm}=1$。

(2) 计算相关系数矩阵 $\boldsymbol{R}$ 的特征值 λ_i 与特征向量 U_i。

(3) 选择主成分。根据特征根(通常要求 $\lambda_i>1$)或方差累积贡献率(通常要求在 85%以上)选择主成分，减少了综合评价指标数量，但难免也会丢失了某些评价指标中所包含的信息。在土地资源评价中，应用主成分分析或因子分析的方法很少既能最大限度地减少数据冗余，又能尽可能少地丢失评价因素所包含的土地质量信息(李桂林等，2007)。

(4) 计算样本的综合得分。将样本指标标准化值代入各主成分，求出各主成分的得分，然后以各主成分对应的方差贡献率为权值计算样本的综合得分。

5.1.2 应用两种分析方法的土地资源评价

以评价单元分值数据为研究对象，应用 SPSS 软件进行主成分分析。各个主成分的贡献率与累计贡献率见表 5.1，主成分系数矩阵见表 5.2。从表 5.1 的数据来看，相关系数矩阵 $\boldsymbol{R}$ 的特征值和累计贡献率与 4.2.2 小节因子分析结果完全一致，这说明因子分析中特殊因子 e 变差贡献率为 0。从表 5.2 中可以看出，各主成分的系数与因子分析中(表 4.1)是完全不同的。因为在主成分分析中直接将载荷矩阵解释为各主成分的系数，但因子分析中因子载荷矩阵是各因子在各变量上的载荷，因子分析要求提取出的公因子有实际意义。从主成分系数矩阵中可以看出因子分析中各因子和原始变量的相关系数不够分化，各因子的意义不是很明显。因此，为了使因子载荷矩阵中系数更加显著，需要对初始因子载荷矩阵进行旋转，在 SPSS 中提供了 5 种因子旋转方法，经旋转后使因子和原始变量间的关系进行重新分配，相关系数向 0-1 分化，生成因子得分函数系数矩阵(旋转后的载荷矩阵)，因子分析中各公因子表达式是基于旋转后的各公因子与得分函数系数矩阵的。

所以，影响龙川县土地质量的各主成分或各公因子的表达实质上是一致的，评价结果也完全相同的。因此，没有必要通过计算主成分得分来对土地质量进行评价，直接采用第 4 章中因子分析的结果便可。根据表 4.2 的评价单元因子得分扩散到[0,100]区间的值，采用 *K*-均值聚类方法将其分成 4 类，经过 51 次迭代后，各类别中心收敛，聚类类间差异显著(Sig. =0.00)。最后统计结果如表 5.3 所示，并输出土地质量级别图，见附录 B-6～B-15。

表 5.1　主要成分分析的特征值及贡献率

主分量	特征值	贡献率	累计贡献率
1	4.27	20.35	20.35
2	3.07	14.63	34.98
3	2.19	10.42	45.40
4	1.62	7.70	53.10
5	1.29	6.16	59.26
6	1.13	5.37	64.63
7	1.06	5.06	69.70
⋮			
21	0.00	0.02	100

表 5.2　主成分系数矩阵

评价指标	主分量							
	1	2	3	4	5	6	…	11
D1	0.582	−0.025	0.073	−0.096	0.462	0.058		0.424
D2	0.236	0.212	0.063	0.785	0.034	−0.043		−0.197
D3	0.301	0.667	−0.030	0.523	−0.018	−0.099		−0.028
D4	−0.239	0.067	0.769	−0.023	0.071	−0.022		0.010
D5	0.061	−0.613	−0.377	0.247	0.210	−0.111		0.032
D6	0.180	−0.050	−0.339	0.003	0.269	−0.007		0.064
⋮								
D21	0.366	0.482	0.265	0.502	0.162	−0.013		0.152

表 5.3　因子分析 *K*-均值聚类分析结果

级别	灌溉水田		旱地		菜地		望天田		总比例/%
	面积/hm²	比例/%	面积/hm²	比例/%	面积/hm²	比例/%	面积/hm²	比例/%	
1	7482.12	19.20	743.24	1.91	140.53	0.36	0.04	0.00	21.47
2	12815.80	32.89	1603.60	4.12	86.84	0.22	3.03	0.01	37.23
3	8643.22	22.18	2970.92	7.62	5.09	0.01	26.30	0.07	29.88
4	2229.10	5.72	2175.14	5.58			44.73	0.11	11.42

从表 5.3 可以看出，不同的土地利用方式下各类别的土地面积较好地分散到各个级别，基本上能够反映了各个地类的等级划分，这也是目前不少学者（李世华等，2007；李月芬等，2004；李秀萍等，2002）采用主成分分析来研究土地（壤）质量评价的重要原因。但是，该方法湮没了主分量或公因子中评价指标自身对土地质量的影响程度的不同，其中评价指标的分值或等级划分级别只能反映指标本身在土地质量评价单元中的差异，而不能刻画出其对土地质量综合评价的影响程度。例如，某评价单元的土壤、区位、地质地貌、社会经济发展等条件都很优越，但土地的灌溉条件无法保证，或是水土流失较为严重，然而因子分析的评价结果可能评判该评价单元土地质量最优，但是，实际上它的耕作质量很差，因为灌溉条件、水土流失状况是影响土地耕作条件最重要的因素。在项目实施中，我们解决这个问题的经验方法是：由于耕层厚度、剖面构型、灌溉保证率和水土流失是影响土地质量的重要因素，灌溉水田和菜地的这几个指标总体上都较为优越，而旱地和望天田则较差，因此，在保持分类级别数不变的前提下，可以将灌溉水田和菜地的级别调高一级，而旱地和望天田的级别则下调一个级别，彰显评价指标的综合影响在地类间的这种差异。

因此，采用主成分分析或因子分析对一个复杂的土地资源进行综合评价时，应该结合特尔斐法或层次分析法来确定评价指标的权值，以刻画指标的重要性，这也是应用统计学方法时普遍存在的问题，否则，在方法论上会存在生态学谬误的危险。然而，如何定量地实现主成分分析或因子分析与层次分析或其他分析方法在土地资源评价中的融合？目前，尚未见有相关的研究或报道能够较好地解决这类问题。

5.2 基于 *K*-均值聚类分析的土地资源评价

聚类分析的方法能够较好地实现类别划定的自动化和定量化，其中 *K*-均值聚类分析（*K*-means cluster，KMC）是一种快速聚类方法，它是当前最著名也是最常用的划分方法（Han et al.，2006），属于无监督学习分类的范畴。采用 *K*-均值聚类对土地资源分类简单快速。

5.2.1 *K*-均值聚类分析的基本原理与主要步骤

给定 n 个对象的数据集 D 以及要生成的簇的数目 k，划分算法将对象划分为 k 个簇（$k \leqslant n$），每个划分代表一个簇。在 *K*-均值聚类中，以 k 为输入参数，把 n 个对象的集合分为 k 个簇，使得结果簇内的相似度高，而簇间的相似度低。簇的相似度是关于簇中对象的均值度量，可作为簇的质心或重心。

K-均值聚类算法的基本步骤为：

（1）从数据集 D 中随机地选择 k 个对象作为初始簇中心。

（2）根据簇中对象的均值，计算每个剩余对象与这些簇中心的距离，并根据最小距离重新对相应剩余对象进行划分，即将剩余对象指派到最相似的簇。

（3）重新计算每个簇的均值，实现簇均值的更新。

（4）重复第(2)步和第(3)步，直到每个簇均值不再发生变化为止，即准则函数收敛。

准则函数采用平方误差准则，其定义如下：

$$E = \sum_{i=1}^{k} \sum_{p \in C_i} |p - m_i|^2 \tag{5.3}$$

式中，E 是数据集中所有对象的平方误差和；p 是空间中的点，表示给定对象；m_i 是簇 C_i 的均值（p 和 m_i 都是多维的）。对于每个簇中的每个对象，求对象到其簇中心距离的平方，然后求和。该准则试图使生成的 k 个结果簇尽可能的紧凑和独立。

5.2.2　应用 K-均值聚类分析的土地质量评价

数据集 D 可以直接采用以分数表达的基础数据，也可以是由 AHP、FAHP、GRA-AHP、GRA-FAHP、BP 网络和 CWA 法制定的权值来计算的综合指数，然后应用 K-均值聚类对土地质量评价数据进行分类，分类级别划分设置为 4 类（$k=4$）。

直接对分数表达的基础数据进行 K-均值聚类分析，结果如表 5.4 所示。从表中可以看出，各地类土地质量等别在级别分布上表现出明显的差异性，菜地和灌溉水田属于质量较高的 1 级和 2 级土地，而旱地质量处于 3 级和 4 级，望天田划分为 2、3 和 4 级，但各级别土地的面积与其相对应的土地质量实际面积和耕作经验差别较大，主要表现在 1 级和 2 级土地质量的面积数量上。这样的土地质量分类效果并不理想，其中一个主要的原因是由 K-均值聚类算法本身导致的，当划分簇是密集的，而簇与簇之间区别明显时，划分效果较好；同时，该算法对于“噪声”和孤立点数据是敏感的，少量的该类数据能够对平均值产生极大的影响。这些原因对于一个复杂的多指标的土地资源评价来讲是难以避免的。

表 5.4　基于分数表达的土地资源评价基础数据的 K-均值聚类分析结果

土地级别	菜地/hm²	灌溉水田/hm²	旱地/hm²	望天田/hm²	总计/hm²
1	22.73	8777.14			232.45(0.60%)
2	209.72	22393.10		10.4	31170.23(79.99%)
3			3626.17	4.79	7492.91(19.23%)
4			3866.73	58.91	74.10(0.19%)

在全国农用地分等定级规程中，首先需要计算土地评价单元的综合指数，然后采用等间距法、数轴法、总分值频率曲线法、K-均值快速聚类等方法实现土地质

量的划分。应用指标综合指数可以较好地克服数据库中"噪声"和"孤立点"数据。因此,应用 AHP、FAHP、GRA-AHP、GRA-FAHP、BP 网络和 CWA 法制定的权值,通过加权求和的方法计算评价单元的综合得分,然后采用 *K*-均值快速聚类实现土地质量的划分,并统计不同地类级别的面积(表 9.3),同时输出土地质量类别分布图,见附录 B。其中,基于 CWA 指数和法的 *K*-均值聚类分析结果见表 5.5 和附录 B-15,分类结果与龙川县土地生产力及其空间分布完全吻合。

表 5.5 基于 CWA 指数和法的 *K*-均值聚类分析结果

地类	1		2		3		4	
	面积/hm^2	百分比/%	面积/hm^2	百分比/%	面积/hm^2	百分比/%	面积/hm^2	百分比/%
菜地	172.34	74.14	60.12	25.86				
灌溉水田	14556.36	46.70	15465.36	49.62	1140.72	3.66	7.79	0.02
旱地			737.64	9.84	4171.34	55.67	2583.93	34.48
望天田			0.04	0.06	16.91	22.82	57.15	77.12
总计	14728.70	37.80	16263.16	41.73	5328.97	13.67	2648.87	6.80

5.3 基于两步聚类分析的土地资源评价

传统聚类分析(如 *K*-均值聚类)是一种无监督学习分类的方法,也是一种非参数统计方法,它应用于土地质量评价是根据土地的评价指标计算出在样本空间的距离将其分类。近年来,出现了一种智能聚类方法——两步聚类,它是一种基于参数统计,同时具有有监督学习分类与无监督学习分类思想的聚类方法。

5.3.1 两步聚类分析的基本原理与主要步骤

聚类分析中算法的选择与数据结构有关,其中数据矩阵和相异度矩阵是数据结构中有代表性的两种矩阵。目前聚类算法大多以相异度矩阵为基础,对象间的相异度(或相似度)是基于对象间的距离来计算的。相异度计算可以用区间标度变量、二元变量、标称变量,或这些变量类型的组合来描述对象间的距离。本小节应用混合型数据结构组成的土地资源评价数据,采用两步聚类分析的方法对土地质量进行评价。其中有一部分变量指标属于标称变量(属于离散变量的一种),如耕层质地、剖面构型、排水条件、灌溉保证率、土地利用类型、水土流失等;其他指标为区间标度变量,即为一个粗略线性标度的连续度量。

两步聚类(two-step cluster,TSC)是近年来发展起来的一种智能聚类方法,用于解决海量数据、复杂类别结构时的聚类分析问题。它与传统聚类方法相比,有着鲜明的特点:首先,用于聚类的变量可以是离散变量和连续变量,而不必像传统的聚类算法那样，在进行聚类之前对离散变量先进行连续化；其次，运算速度快，特别适合对土地质量评价中海量数据的处理；同时，它能够利用统计量作为距离指标进行聚类，又根据一定的统计标准，如 Akaike 信息准则 AIC 或 Bayes 信息准则 BIC，来智能建议并确定最佳的类别数。

两步聚类方法能够将不同类型的变量组合在单个相异度矩阵中，把所有有意义的变量转换到共同的值域区间[0,1]上。假设数据集包含 p 个不同类型的变量，对象 i 和 j 之间的相异度 $d(i,j)$ 定义为

$$d(i,j)=\frac{\sum_{f=1}^{p}\delta_{ij}^{(f)}d_{ij}^{(f)}}{\sum_{f=1}^{p}\delta_{ij}^{(f)}} \tag{5.4}$$

其中，如果 x_{if} 或 x_{jf} 缺失（即对象 i 或对象 j 没有变量 f 的度量值），或者 $x_{if}=x_{jf}=0$，且变量 f 是不对称的二元变量，则指标项 $\delta_{ij}^{(f)}=0$；否则，指标项 $\delta_{ij}^{(f)}=1$。

变量 f 对 i 和 j 之间相异度的计算方式与其具体类型有关：

(1) 如果 f 是二元变量或标称变量：如果 $x_{if}=x_{jf}$，$d_{ij}^{(f)}=0$；否则 $d_{ij}^{(f)}=1$；

(2) 如果 f 是区间标度变量，$d_{ij}^{(f)}=\frac{|x_{ij}-x_{jf}|}{\max_h x_{hf}-\min_h x_{hf}}$，这里的 h 取变量 f 的所有非空缺对象；否则 $d_{ij}^{(f)}=1$。

(3) 如果 f 是序数型或者比例标度型变量，计算秩 r_{if} 和 $z_{jf}=\frac{r_{if}-1}{M_f-1}$，并将 z_{jf} 作为区间标度变量值对待。

两步聚类分析分成两个步骤来完成聚类的，具体步骤如下：

(1) 预聚类。预聚类是通过构建和修改聚类特征树完成的。聚类特征树包括多层节点，每一节点包含若干条目，而每一个叶子节点代表一个子类，有多少个叶子就有多少个子类，而那些非叶子节点和其中的条目则用来指引新进入的记录应该进入哪个叶子节点，每个条目中的信息就是聚类特征。其中，每一个记录都是从根开始进入聚类特征树，并依照节点中条目信息的指引找到最接近的子节点，直到到达叶子节点为止。

(2) 正式聚类。将上述完成的预聚类作为输入，使用合并型层次聚类法对其进行再聚类，直到形成使用者指定的类别。

5.3.2　应用两步聚类分析的土地资源评价

1. 聚类类别数量确定

在 SPSS 软件环境下，对土地资源评价混合型结构数据进行两步聚类分析，通过贝叶斯信息准则(BIC)来智能建议并确定最佳的类别数，具体 BIC 统计信息如表 5.6 所示。表 5.6 中指标统计量解释为：

(1) BIC 信息准则是确认最佳类别数时最重要的指标，其数值越小代表效果越好，而其右侧的类间 BIC 变化量则反映相邻两种结果的 BIC 值之差，可见 BIC 值以聚为 15 类时最小，但在 6 类以后，BIC 下降就不太明显了。所以，可以认为聚为 2～6 类是可供选择的范围。

(2) 除 BIC 值外，两步聚类法还会利用相邻两步的最小类间距离比(样本间距离是采用对数似然值来衡量)来进一步确定最佳的类别数。从表中相应的结果可见，最小类间距离比有两个高峰，分别对应 2 类和 4 类。

由于第二步采用的是混合层次聚类法，该项指标值越大，表示当前聚类结果越好。结合前面对 BIC 信息的判读，土地质量聚为 2 类和 4 类是统计上认为最佳的类别数。

表 5.6　两步聚类分析 BIC 统计指标

类别	BIC 信息准则	类间 BIC 变化量	最小类间 BIC 比	最小类间距离比
1	544945.415			
2	438049.958	−106895.457	1.000	2.695
3	398711.513	−39338.445	0.368	1.409
4	370938.805	−27772.708	0.260	1.415
5	351462.194	−19476.612	0.182	1.262
6	336141.147	−15321.046	0.143	1.317
7	324629.391	−11511.756	0.108	1.388
8	316482.924	−8146.467	0.076	1.091
9	309060.305	−7422.619	0.069	1.262
10	303287.803	−5772.502	0.054	1.047
11	297796.693	−5491.110	0.051	1.043
12	292555.505	−5241.189	0.049	1.142
13	288028.845	−4526.660	0.042	1.117
14	284030.579	−3998.266	0.037	1.009
15	280070.817	−3959.762	0.037	1.038

最后，SPSS 软件会在计算中最终确认一个它所认为的最佳类别数，该数值被认定为 2 类，然后，软件应用该类别数进行后续相关分析。各评价指标变量在聚类结果中的重要性如图 5.1 所示。标称指标变量耕层质地、剖面构型、排水条件、灌溉保证率、土地利用类型和水土流失在第 1 类和第 2 类中重要性基本一致，其重要性排序为：灌溉保证率＞土地利用类型＞水土流失＞排水条件＞剖面构型＞耕层质地。区间标度指标变量在第 1 类和第 2 类中的重要性有所不同，其中第 1 类中指标重要性排序为：pH＞田面坡度＞社会保障价＞海拔＞田块形状＞…＞人均耕地；第 2 类中指标重要性排序为：社会保障价＞pH＞海拔＞田块形状＞土地经

济系数＞…＞田面坡度。

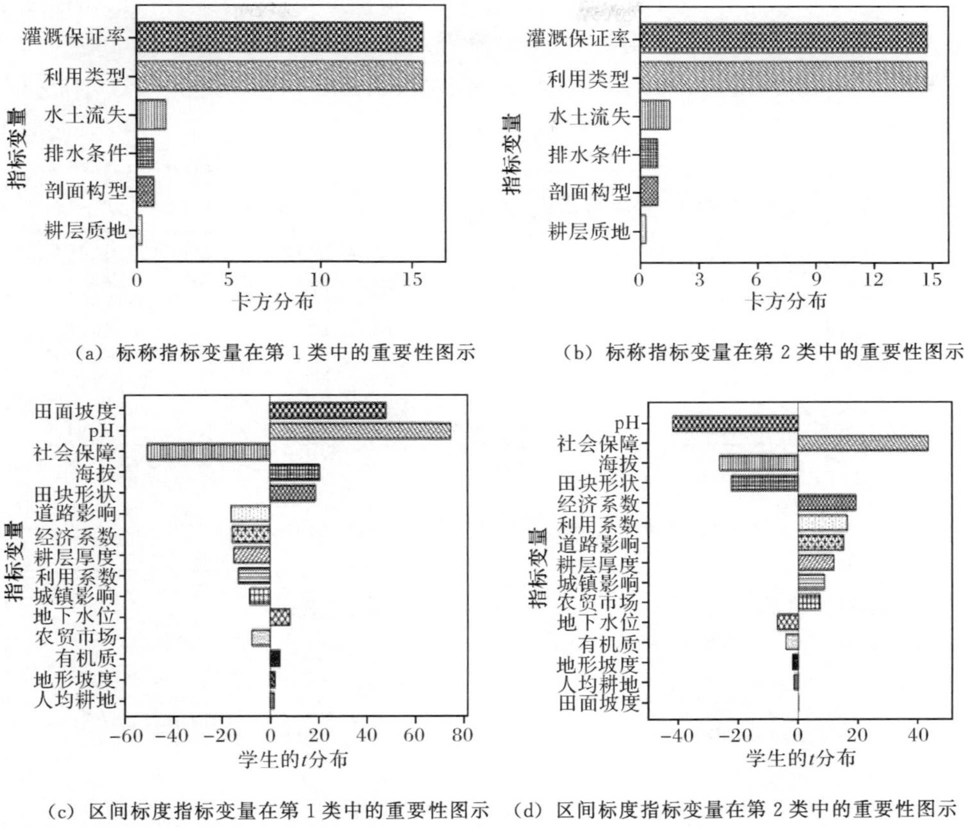

(a) 标称指标变量在第 1 类中的重要性图示　(b) 标称指标变量在第 2 类中的重要性图示

(c) 区间标度指标变量在第 1 类中的重要性图示　(d) 区间标度指标变量在第 2 类中的重要性图示

图 5.1　指标变量在 2 分类两步聚类分析结果中的重要性示意图

然而，将土地质量划分为 2 类难以满足实际生产和工作的需要，应该进一步细分以更好地显示土地质量渐变的多层次性。综合考虑，本书对龙川县土地质量均划分为 4 类，同时，划分 4 类也是两步聚类在统计上认为较好的类别数。因此，类别数为 4 类是较为适宜的。

2. 两步聚类分析结果

在两步聚类分析过程中人为强制设置分类类别数为 4。评价指标变量在聚类结果中的重要性如图 5.2 所示*。指标变量在各类别中的重要性具有较好的差异性，从类别中的指标变量排序我们可以找出影响类别的主要指标，也可以剔除其

* 类别排序采用两步聚类划分的结果，与土地质量级别排序不一定相同，两者需要借助专家的经验判别它们间的对应关系，这种对应关系表现为：类别 1、2、3、4 对应的土地质量级别是 4、3、2、1。

中几乎无任何意义的指标。例如，第 1 类重要性示意图中，标称指标变量中的耕层质地和排水条件几乎没有起到任何作用；第 4 类重要性示意图中，区间标度指标变量中，耕层厚度、pH、(亩均)社会保障价、地下水位和(村级)人均土地这 5 个指标较为重要外，有机质、地形坡度、田块形状、利用系数和田面坡度这 5 个指标几乎无任何意义。

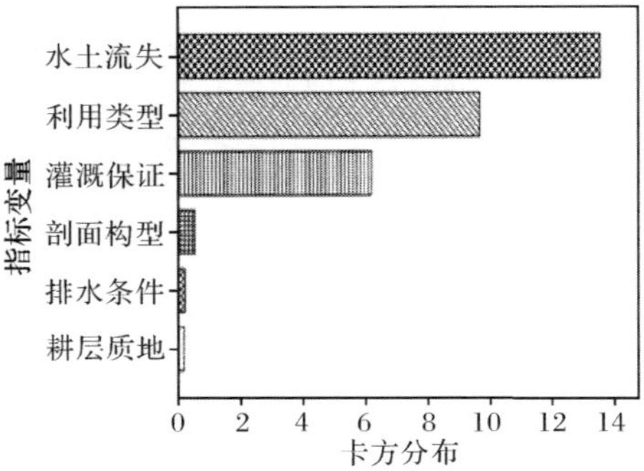

(a) 标称指标变量在第 1 类中的重要性图示

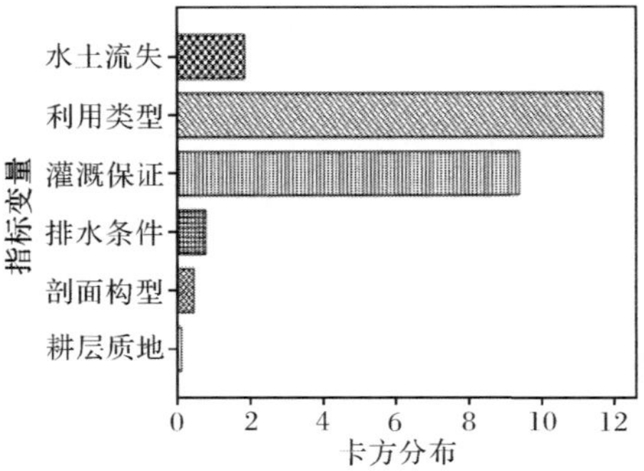

(b) 标称指标变量在第 2 类中的重要性图示

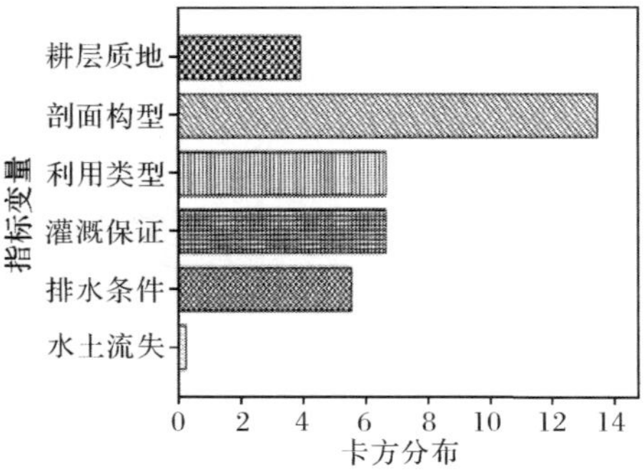

(c) 标称指标变量在第 3 类中的重要性图示

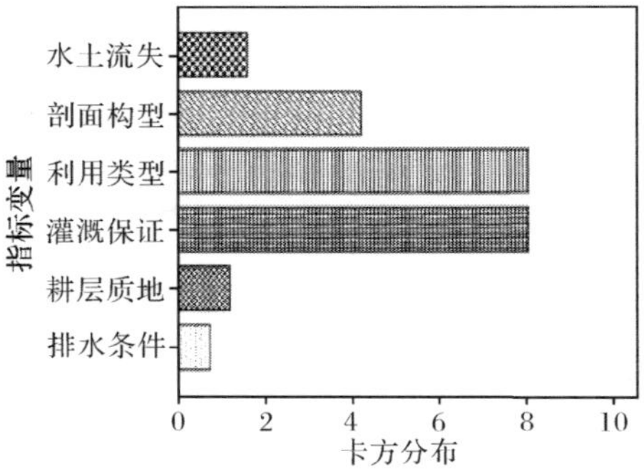

(d) 标称指标变量在第 4 类中的重要性图示

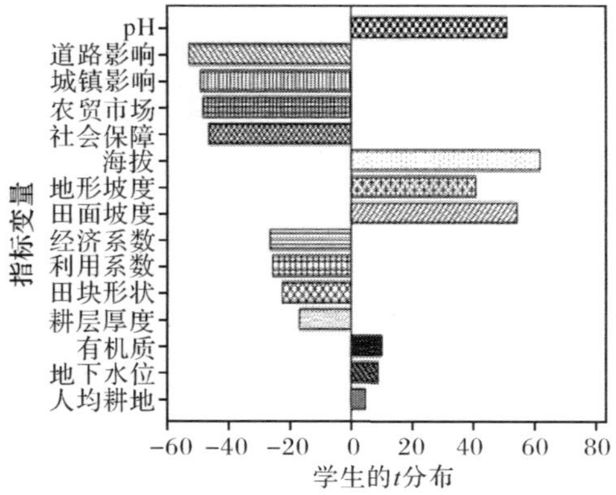

(e) 区间标度指标变量在第 1 类中的重要性图示

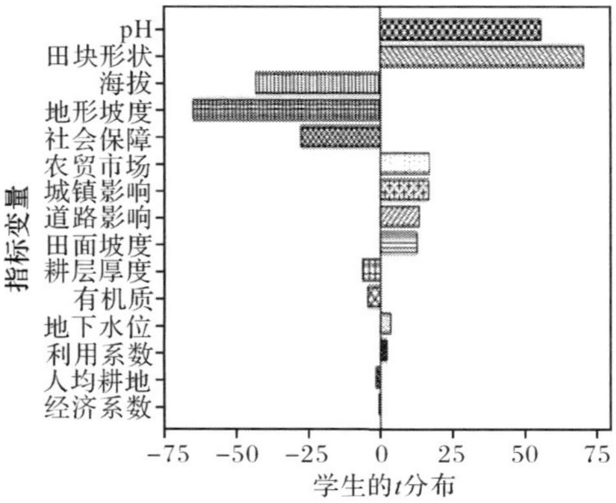

(f) 区间标度指标变量在第 2 类中的重要性图示

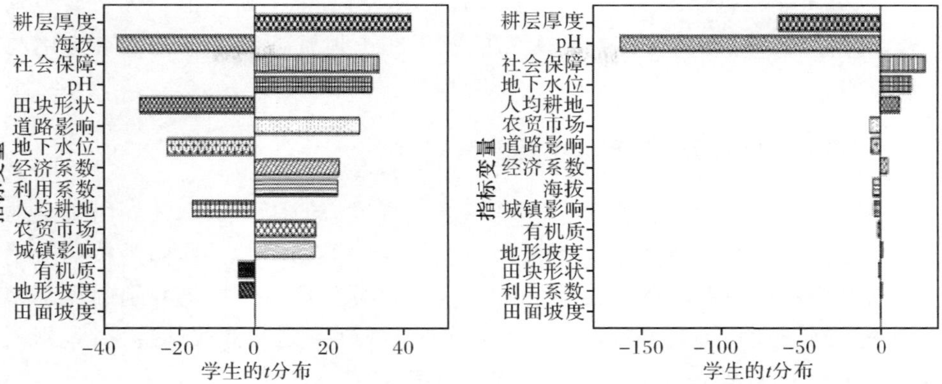

(g) 区间标度指标变量在第 3 类中的重要性图示　　(h) 区间标度指标变量在第 4 类中的重要性图示

图 5.2 指标变量在 4 分类两步聚类分析结果中的重要性示意图

因此，结合标称指标变量代表的实际意义和区间标度指标变量数值，可以对类别特征进行描述。例如，对第 1 类的土地总体描述为，该类土地存在较为严重的水土流失现象，而且耕层剖面构型和质地较差，同时灌溉条件难以保证，并且所处的区位条件总体较差。但是，由于评价指标因素较多，要对每类土地有个统一的、合理的解析并不容易。

然后，对各类别按照地类进行面积统计，同时结合实地土地生产力和层次分析法的评价结果，可以大致判定各类别对应的土地质量级别，结果如表 5.7 所示。从表中可以看出，各地类土地等别在类别(或级别)分布上表现出十分明显的差异性，菜地和灌溉水田属于质量较高的 1 级和 2 级土地，而旱地质量处于 3 级和 4 级，望天田全部划定为 4 级，这样的评价结果是与实地情况和土地耕作经验相吻合的。基于两步聚类分析的土地质量级别空间分布见附录 B-7。

表 5.7 基于两步聚类分析的各地类面积统计

聚类类别	土地级别	菜地/hm^2	灌溉水田/hm^2	旱地/hm^2	望天田/hm^2	总计/hm^2
4	1	113.29	7016.04			7129.33(18.29%)
3	2	119.16	24154.19			24273.35(62.29%)
2	3			4988.78		4988.78(12.80%)
1	4			2504.13	74.10	2578.23(6.62%)

注：类别排序采用两步聚类划分的结果，类别对应的土地级别为专家判别的结果。

5.4 基于判别分析的土地资源评价

判别分析(discriminant analysis，DA)是一种有监督学习的分类方法，也就是说，判别分析是根据所研究个体的某些指标的观测值来推断其他个体所属类别的一种统计方法。这种由已知判定未知的思想在土地资源评价中是很有应用与推广价值的。

5.4.1 判别分析的基本原理与主要步骤

判别分析的原理就是基于已知样本(学习样本)的评价指标，按照所确定的判别准则(判别函数)，用数学原理和统计分析方法，建立判别规则，然后按照所确定的判别规则来判别待判别对象(测试样本)的归类。判别分析按判别的类别多少分为两类判别和多类判别；按差别函数分为有线性判别和非线性判别；按判别规则的不同分为 Fisher 判别、Bayes 判别和距离判别。

Fisher 判别、Bayes 判别和距离判别分析的思想是不相同的。Fisher 判别分析用学习样本的观察指标构造一些彼此正交(不相关)的综合指标即判别函数，这些综合指标可以将属于不同类的个体尽可能的分开，然后计算出每个类的综合指标的均值，即类的中心点。现有一批待分类样本，根据判别函数计算出它们的各个综合指标的值之后，分别计算出待分类样本到每个类中心点的距离，然后把它们归到离中心点的距离最短的一类。Fisher 判别分析的主要步骤如下：

1) 检查数据是否适合做判别分析

判别分析通常要求自变量为连续性或有序分类变量，学习样本与验证样本数量的比例选择 6∶4 或 7∶3(张文彤等，2006)；然后进行数据满足判别分析的假设的检验，如是否服从多元正态分布和方差—协方差齐次性等。

2) 多分类的距离判别准则

对于 k 个类别的分类问题，假设这 k 个类别所构成的总体分别为 $G_1, G_2, \cdots, G_k$，分别求出其对应的均值向量 $\mu_1, \mu_2, \cdots, \mu_k$，协方差矩阵分别为 $\sum_1, \sum_2, \cdots, \sum_k$。若要判别新样本 x 来自于哪一个总体，首先必须计算样本 x 到各个总体 $G_i(i=1,2,\cdots,k$，下同)的距离 $d(x,G_i)$(采用马氏距离)，比较这 k 个距离，判定 x 属于其距离最短的总体。若到总体 G_i 的最短距离不是唯一的某个总体 G_i，则可将 x 归于具有最短距离总体 G_i 中的任何一个，因此，不妨设最短距离唯一。下面就各协方差相等和不等的情况加以详细讨论。

(1) $\sum_1 = \sum_2 = \cdots \sum_k = \sum$。

此时，x 到 G_j 和 G_i 的距离采用马氏距离的平方差，即

$$d^2(x,G_j) - d^2(x,G_i) = 2\left[x - \frac{1}{2}(\mu_i + \mu_j)\right]^{\mathrm{T}} \sum\nolimits_i^{-1}(\mu_i - \mu_j) \quad i,j = 1,2,\cdots,k \tag{5.5}$$

令：$W_{ij}(x) = \left[x - \frac{1}{2}(\mu_i + \mu_j)\right]^{\mathrm{T}} \sum_i^{-1}(\mu_i - \mu_j)$，则 x 到 G_i 的距离最小等价于对所

有的 $j \neq i$，有 $W_{ij}(x) > 0$，从而判别标准为

$$x \in G_i,\quad 若对一切 j \neq i 有 W_{ij}(x) > 0 \tag{5.6}$$

(2) $\sum_i (i = 1,2,\cdots,k)$ 不全相同。

这时，只需直接计算样本 x 到各总体 X_i 的马氏平方距离：

$$d^2(x,G_i) = (x-\mu_i)^{\mathrm{T}} \sum\nolimits_i^{-1} (x-\mu_i),\quad i = 1,2,\cdots,k \tag{5.7}$$

则判别标准为

$$\min\{d^2(x,G_j \mid 1 \leqslant j \leqslant k\} = d^2(x,G_i),\quad 则\ x \in G_i \tag{5.8}$$

(3) 评价判别效果。通过对分析的错判率来评价判别分析判别的准确度，可以借鉴“20%/25%”的法则，即正确分类的比率应该超过随机分组的 20%或 25%(张文彤等，2006)。判别分析判别准确度计算表达式为：(100%×1.25)/n。式中，n 为分类数。

5.4.2 应用判别分析的土地资源评价

1. 学习样本容量的确定

在选择学习样本时，应使样本尽量均匀分布在整个龙川县域，同时选取具有代表性的样本田块。学习样本数的确定步骤为：首先采用 FA 法和 AHP 法分别与抽样技术结合计算样本容量；其次基于 Fisher 判别分析(FDA)确定学习样本与验证样本数量的比例，若选择 6∶4 的比例制定学习样本，则数目太大(18000 个)，同时应用聚类分析的方法来抽取样本时，计算机难以负荷，所以我们选择样本数为 5000，这是依据层次分析法的分类结果而计算的。应用上述三种方法确定的一组学习样本容量分别是 350(在可靠性为 99%，估计精度为 99%的条件下的 AHP 法确定的样本容量)、2400(在可靠性为 95%，估计精度为 99%的条件下的 FA 法确定的样本容量)和 5000。根据样本容量抽取的学习样本的空间分布见附录 B，对每个目标学习类别(4 类)区域内的样本数进行统计，统计结果见表 5.8。结合表 5.8 中各类学习样本的数量和附录 B 中样本的空间分布，可以发现抽样确定的学习样本具有很好的代表性。

表 5.8　FDA 中学习样本数分布

类别	1	2	3	4	学习样本数
FA	712	494	447	747	2400
AHP	87	78	73	112	350
FDA	1275	1291	1234	1200	5000

2. FDA 判别分析结果

应用 SPSS 软件判别分析模块，首先检查学习样本数据是否适合做判别分析，检查结果表明数据服从多元正态分布（Kolmogorov-Smirnov 参数检验，$D=0.0268$，$p=0.8900$），在各类总体之间存在显著性差异（Sig. =0.00），说明这些指标变量对类间的判别可能是有作用的，而其他的检验均为违反，如方差、协方差齐次性检验等。采用 UCI 测试数库 * 提供的用于判别分析的标准数据 iris. sav 也难以满足判别分析的严格要求，现实世界中我们很难找到完全符合条件的案例，通常有些检验往往需要，却被忽视。然后，建立判别函数，为了表达和解释的方便，指标变量均为未标准化前的原始变量，采用 Wilk's Lambda 判别方法，通过计算样点到各类中心的马氏距离进行归类。

对因子分析的学习样本（2400 个）进行判别分析，学习样本数据存在较为严重的多重共线性，使用逐步判别分析的方法剔除这些产生共线性的指标变量，目的在于提高判别的精度。通过计算构造三个判别函数，分别用 FD1、FD2 和 FD3 表示，函数中保留了道路通达度 D10、农贸市场影响度 D12、灌溉保证率 D13、排水条件 D14、田块形状 D15、人均土地 D16、土地利用类型 D17、利用系数 D18、经济系数 D19、亩均社会保障价格 D20、水土流失 D21 这 11 个指标变量。具体判别函数表达式如下：

$$\begin{aligned}FD1=&19.950+0.020D10+0.093D12-0.034D13+0.056D14+0.012D15\\&+0.023D16+0.091D17+0.013D18+0.025D19+0.003D20+0.031D21\end{aligned}$$

$$\begin{aligned}FD2=&-9.550+0.002D10-0.082D12+0.030D13+0.005D14\\&+0.001D15+0.006D16-0.038D17+0.007D18+0.005D19\\&+0.005D20+0.096D21\end{aligned}$$

$$\begin{aligned}FD3=&-2.994+0.006D10-0.056D12+0.071D13+0.042D14\\&+0.005D15-0.002D16-0.020D17-0.035D18+0.033D19\\&+0.001D20-0.051D21\end{aligned}$$

同理，对层次分析的学习样本（350 个）进行判别分析，构造判别函数，函数中保留全部指标变量，指标变量没有表现出多重共线性。具体判别函数表达式如下：

$$\begin{aligned}FD1=&-38.203+0.016D1+0.003D2+0.044D3+0.000D4+0.032D5\\&+0.065D6+0.018D7+0.011D8+0.009D9-0.008D10+0.000D11\\&+0.013D12+0.217D13+0.024D14+0.008D15+0.000D16\\&-0.024D17+0.002D18+0.026D19+0.005D20-0.002D21\end{aligned}$$

---

* 网址是：ftp://ics. uci. edu/pub/machine-learning-database。

FD2＝－21.385＋0.002D1－0.006D2＋0.050D3＋0.010D4＋0.075D5＋0.049D6＋0.013D7＋0.008D8＋0.011D9＋0.008D10＋0.015D11－0.010D12－0.042D13＋0.017D14＋0.007D15－0.001D16－0.004D17－0.005D18＋0.030D19＋0.000D20＋0.016D21

FD3＝－4.939＋0.003D1＋0.005D2－0.083D3－0.011D4＋0.062D5＋0.045D6＋0.015D7＋0.009D8＋0.001D9－0.017D10－0.018D11＋0.017D12－0.287D13＋0.037D14－0.009D15－0.006D16＋0.340D17＋0.013D18－0.008D19＋0.000D20－0.021D21

同上述，对判别分析的学习样本(5000 个)进行判别分析，构造的判别函数保留全部指标变量，指标变量间也没有表现出多重共线性。具体判别函数表达式如下：

FD1＝－41.055＋0.004D1＋0.013D2＋0.026D3＋0.005D4＋0.034D5＋0.090D6＋0.020D7＋0.008D8＋0.016D9＋0.002D10＋0.017D11－0.003D12＋0.175D13＋0.015D14＋0.011D15＋0.003D16＋0.025D17＋0.007D18＋0.021D19＋0.003D20＋0.009D21

FD2＝－21.815＋0.006D1＋0.009D2＋0.022D3＋0.004D4＋0.088D5＋0.052D6＋0.012D7－0.002D8＋0.009D9＋0.002D10－0.006D11＋0.020D12－0.125D13＋0.016D14＋0.010D15＋0.001D16＋0.106D17＋0.012D18＋0.016D19＋0.002D20＋0.014D21

FD3＝3.228＋0.010D1＋0.017D2－0.091D3＋0.010D4＋0.057D5＋0.030D6－0.009D7－0.008D8－0.006D9－0.006D10－0.021D11＋0.019D12－0.325D13＋0.019D14－0.004D15－0.004D16＋0.375D17－0.001D18－0.002D19＋0.004D20－0.039D21

学习样本各类别样本的空间分布如图 5.3 所示。从图中可以看出，级别中第 1 类和第 4 类土地质量的空间位置在中间被第 2 类和第 3 类隔开，两类间的距离较远，这两类间发生空间错判的情况较少；基于因子分析的学习样本第 2 类和第 3 类之间，以及与相邻的第 1 类和第 4 类略有重合，可能误判主要会发生这几个类别之间；基于层次分析或判别分析的学习样本第 2 类和第 3 类之间相隔领域非常明显，在这两类之间误判的可能性极小，而在第 1 类和第 2 类、第 3 类和第 4 类之间略有重合，误判可能主要发生在这几个类别之间。

3. FDA 判别分析结果验证

取全体样本(30281 个)为待分类样本，用待分类样本对构造的判别函数进行验证，将各样本指标变量的原始数据分别代入判别函数中，可以得到三维空间上的 3 个数值，然后取其到 4 个类中心马氏距离最小的类别作为该样本类的归属。

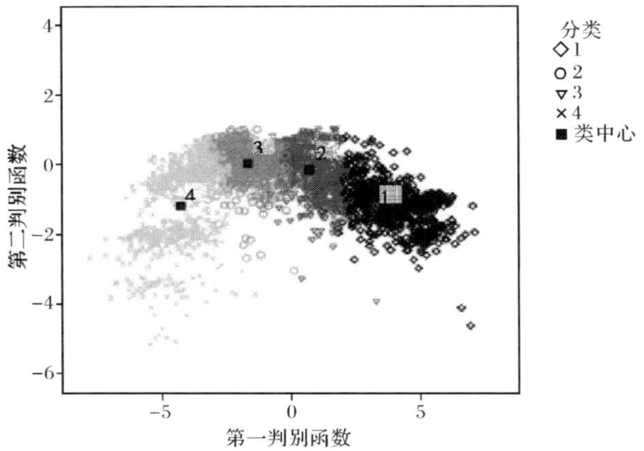

（a）基于 FA 的联合分布图

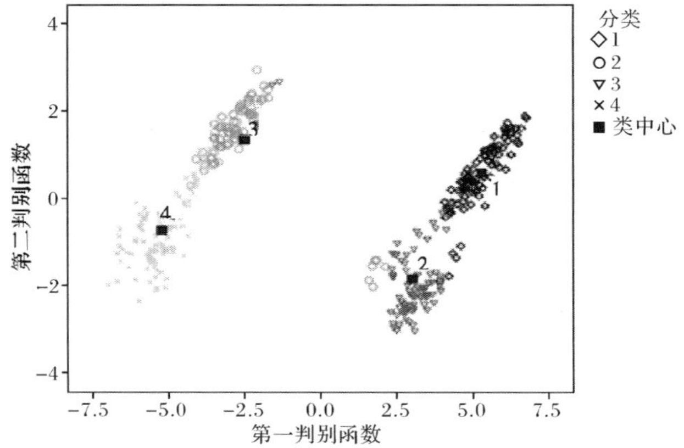

（b）基于 AHP 的联合分布图

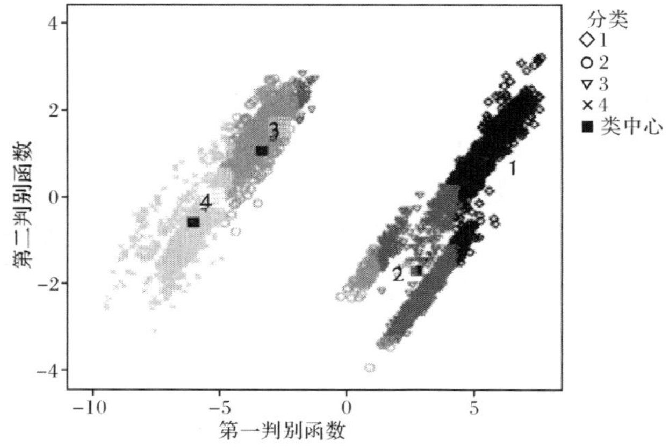

（c）基于 FDA 的联合分布图

图 5.3　Fisher 判别分析 4 类的联合分布图

FDA 判别分析结果比较如表 5.9 所示。从表 5.9 中可以看出，判别结果的最小准确率为 70.51%，大部分都在 90%以上，这样的判别结果可以较好地反应龙川县土地质量情况，在土地质量调查更新中值得应用。另外，基于层次分析法的判别分析结果是令人振奋的，采用抽样技术抽取 350 个学习样本就能够达到近 90%以上的准确率，这也在一定程度上说明了层次分析比因子分析更适合应用于土地质量综合评价中。

表 5.9　FDA 判别分析结果比较

土地级别	1	2	3	4
AHP	5836	9749	8736	5960
	5706(97.72%)	10022(97.28%)	9245(94.49%)	5308(87.72%)
FA	4778	10362	9959	5182
	4112(83.80%)	10899(95.07%)	11268(88.38%)	4002(70.51%)
FDA	5836	9749	8736	5960
	5836(99.30%)	9749(99.16%)	8736(96.06%)	5478(91.20%)

注：AHP、FA、FDA 对应的第一行为原始类别中样本个数，第二行为检验样本个数及正确率。

5.5　基于 Logistic 回归模型的土地资源评价

Logistic 回归模型(multinomial logistic regression，MLR)根据反应变量(或称因变量)分类的数量，分为二分类和多分类。在多分类 Logistic 回归模型中根据因变量是否有序又分为有序多分类和无序多分类的 Logistic 回归。本节将介绍多分类 Logistic 回归模型及其在土地资源评价中的应用。

5.5.1　Logistic 回归模型的基本原理与主要步骤

土地资源评价的一个基本目的就是依据土地质量的好坏进行有序分类，同时，由于类别中评价指标的影响程度不同，采用无序多分类 Logistic 回归模型对土地质量分类和预测可能更为适宜。

1. Logisic 回归模型的特点

线性回归模型(linear regression model，LRM)是分析因变量为连续变量资料的重要统计方法，它是定量分析的实际应用中最流行的统计分析方法之一，它的建模基本思想是基于最小二乘法来拟合自变量与因变量之间的线性关系。然而，当因变量是分类变量的资料，线性回归就不适合了，但是，基于变量变换的思想寻找合适的变换函数是可以实现分类变量与自变量间的线性关系的(王济川等，

2001)。目前,统计学家提出的变换函数很多,主要有基于发生概率 Logit 变换的 Logistic 回归模型、基于累积正态概率变换的 Probit 回归模型和基于重对数变换的 Log-Log 模型。其中,Logistic 回归模型是最为成功、使用最为广泛的发生概率预测模型(张文彤等,2006),其建模思想是基于最大似然法解决方程的估计和检验问题。

王济川等(2001)在《Logistic 回归模型——方法与应用》中对 Logistic 函数、Logistic 回归模型的估计、模型的评价、回归系数的统计推断、建模中模型变量和函数形式的选择、模型诊断进行了精辟的阐述。王济川等在书中模型诊断部分分析了多种常见的数据结构问题,如过离散、空单元、完全分离、多元线性、特异值、特殊影响案例等。

2. 有序多分类 Logistic 回归模型的基本原理与步骤

1) 构建有序多分类 Logistic 回归模型

假设有序因变量的总水平数为 $k+1(k\geqslant 1)$,则 k 个 Logistic 回归模型表达式为

$$\left[\frac{\operatorname{logit}\sum_{i=1}^{k}\Pr(Y=i\mid X)}{\sum_{i+1}^{k+1}\Pr(Y=i\mid X)}\right]=a_i+\beta' X,\quad i=1,2,\cdots,k \tag{5.9}$$

式中,i 表示因变量水平;$a_1,a_2,\cdots,a_k$ 为 k 个截距;β 为斜率;X 为自变量。

由于研究区土地分为 4 个等级,即因变量有 4 个水平,分别取值为 1、2、3、4,相应取值概率为 π_1、π_2、π_3、π_4(满足 $\pi_1+\pi_2+\pi_3+\pi_4=1$),将 21 个自变量拟合成三个模型,即

$$\operatorname{logit}\frac{\pi_1}{1-\pi_1}=\operatorname{logit}\frac{\pi_1}{\pi_2+\pi_3+\pi_4}=-a_1+\beta_1X_1+\beta_2X_2+\cdots+\beta_{21}X_{21} \tag{5.10}$$

$$\operatorname{logit}\frac{\pi_1+\pi_2}{1-(\pi_1+\pi_2)}=\operatorname{logit}\frac{\pi_1+\pi_2}{\pi_3+\pi_4}=-a_2+\beta_1X_1+\beta_2X_2+\cdots+\beta_{21}X_{21} \tag{5.11}$$

$$\operatorname{logit}\frac{\pi_1+\pi_2+\pi_3}{1-(\pi_1+\pi_2+\pi_3)}==-a_3+\beta_1X_1+\beta_2X_2+\cdots+\beta_{21}X_{21} \tag{5.12}$$

上述拟合模型建立的思想来源于二分类的 Logistic 回归分析,建模的思想是依次将因变量按不同的取值水平分割成两个等级,对这两个等级建立二分类的 Logistic 回归模型。根据建立的模型可以分别求出各等级对应的概率 π_1、π_2、π_3、π_4,各模型转换结果如下:

$$\pi_1 = \frac{\exp(-a_1 + \beta_1 X_1 + \beta_2 X_2 + \cdots + \beta_{21} X_{21})}{1 + \exp(-a_1 + \beta_1 X_1 + \beta_2 X_2 + \cdots + \beta_{21} X_{21})} \tag{5.13}$$

$$\pi_2 = \frac{\exp(-a_2 + \beta_1 X_1 + \beta_2 X_2 + \cdots + \beta_{21} X_{21})}{1 + \exp(-a_2 + \beta_1 X_1 + \beta_2 X_2 + \cdots + \beta_{21} X_{21})} - \pi_1 \tag{5.14}$$

$$\pi_3 = \frac{\exp(-a_3 + \beta_1 X_1 + \beta_2 X_2 + \cdots + \beta_{21} X_{21})}{1 + \exp(-a_3 + \beta_1 X_1 + \beta_2 X_2 + \cdots + \beta_{21} X_{21})} - \pi_1 - \pi_2 \tag{5.15}$$

$$\pi_4 = 1 - \pi_1 - \pi_2 - \pi_3 \tag{5.16}$$

2）有序多分类 Logistic 回归模型适用的前提条件

自变量的回归系数与因变量分割点的位置无关，这是应用有序多分类 Logistic 回归模型的前提。也就是说，两个回归方程在多维空间中相互平等，需要进行平行性检验，如果不平等，需要选择正确的连接函数找到满足平行性假设的模型。SPSS 软件为此提供了 5 种连接函数。如果各种连接函数都无法满足平等性假定，则可能回归系数会随分割点而发生改变，此时最好使用无序多分类的 Logistic 回归模型进行拟合。

3. 无序多分类 Logistic 回归模型的基本原理与步骤

无序多分类 Logistic 回归模型适用于分析因变量为无序多分类的情况。除此之外，如果因变量为有序分类，但存在模型平行性检验 $P<0.05$，或是专业上认为自变量在各回归方程的效应不同时，也应该使用无序多分类的 Logistic 回归分析(张文彤等，2006)。

1）构建无序多分类 Logistic 回归模型

对于无序多分类 Logistic 回归，模型首先定义因变量的某一个水平为参照水平(SPSS 软件默认取值水平大的为参照水平)，其他水平均与其相比，建立水平数－1 个广义 Logit 模型。

将龙川县土地质量划分为 4 个等级，即因变量有 4 个水平，分别取值为 1、2、3、4，相应取值概率为 π_1、π_2、π_3、π_4(满足 $\pi_1+\pi_2+\pi_3+\pi_4=1$)，将 $p(p=1,2,\cdots,21)$个自变量拟合成下面 3 个模型：

$$\text{logit}\,\frac{\pi_1}{\pi_4} = -a_1 + \beta_{11} X_1 + \beta_{12} X_2 + \cdots + \beta_{1p} X_p \tag{5.17}$$

$$\text{logit}\,\frac{\pi_2}{\pi_4} = -a_2 + \beta_{21} X_1 + \beta_{22} X_2 + \cdots + \beta_{2p} X_p \tag{5.18}$$

$$\text{logit}\,\frac{\pi_3}{\pi_4} = -a_3 + \beta_{31} X_1 + \beta_{32} X_2 + \cdots + \beta_{3p} X_p \tag{5.19}$$

根据上述拟合模型可以分别求出各等级对应的概率 π_1、π_2、π_3、π_4，各模型转换结果如下：

$$\pi_1 = \frac{\exp(-a_1 + \beta_{11} X_1 + \beta_{12} X_2 + \cdots + \beta_{1p} X_p)}{1 + \exp(-a_1 + \beta_{11} X_1 + \beta_{12} X_2 + \cdots + \beta_{1p} X_p)} \tag{5.20}$$

$$\pi_2 = \frac{\exp(-a_2 + \beta_{21}X_1 + \beta_{22}X_2 + \cdots + \beta_{2p}X_p)}{1 + \exp(-a_2 + \beta_{21}X_1 + \beta_{22}X_2 + \cdots + \beta_{2p}X_p)} \quad (5.21)$$

$$\pi_3 = \frac{\exp(-a_3 + \beta_{31}X_1 + \beta_{32}X_2 + \cdots + \beta_{3p}X_p)}{1 + \exp(-a_3 + \beta_{31}X_1 + \beta_{32}X_2 + \cdots + \beta_{3p}X_p)} \quad (5.22)$$

$$\pi_4 = 1 - \pi_1 - \pi_2 - \pi_3 \quad (5.23)$$

2）无序多分类 Logistic 回归模型拟合效果检验

模型拟合效果检验的主要判断指标有对数似然值与伪决定系数、模型预测正确率和 ROC 曲线。拟合优度检验主要有 Pearson 拟合优度检验、Deviance 拟合优度检验、似然比检验和 Hosmer-Lemeshow 检验这 4 种常用方法。

5.5.2　应用无序多分类 Logistic 回归模型的土地资源评价

1. 多分类 Logistic 回归模型的选择

分析数据以评价单元分值数据为研究对象，学习样本采用第 4 章基于层次分析法与抽样技术相结合的方法，分别抽取 150、350、1000、2400* 和 5000 个样本。以 350 个样本记录的数据集为例，应用无序多分类 Logistic 回归模型对土地质量进行分类，然后直接与其他不同梯度的样本容量的分类结果进行比较。

应用 SPSS 软件 Logistic 回归模型分析模块，对学习样本数据进行有序多分类 Logistic 回归模型适用条件进行检验，结果如表 5.10 所示。从表中可以看出，模型不存在最大似然估计。在这种情况下，因变量的两种结果在某个或某些指标自变量取值上无任何重叠，数据发生了完全分离，说明学习样本自变量的数据结构存在问题，需要对自变量数据进行处理以消除数据的完全分离。然而，在 SPSS/Clementine 软件中解决这一问题相对来讲要简单、直观得多。SPSS/Clementine 是目前市场上使用最为广泛的用于数据挖掘的商业软件，软件提供了功能强大、使用灵活的无序多分类 Logistic 回归模型。同时，评价指标自变量在各回归方程的效应不同。因此，综合考虑之下，认为采用无序多分类 Logistic 回归模型对研究区土地质量分类更为适宜。

表 5.10　平行性检验结果

模型	最大似然估计	似然估计变化量	自由度	显著性检验
系数相等的模型	0.000			
不限定系数相等的模型	0.000	0.000	434	1.000

* 抽取 2400 的样本是为了保持与因子分析确定的抽样样本容量相等，并方便与其分类结果进行比较。

2. 建立无序多分类 Logistic 回归模型

基于 SPSS/Clementine 的无序多分类 Logistic 回归模型分析流程如图 5.4 所示。通过对学习样本“属性设置”的反复调试，剔除灌溉保证率和土地利用类型两个指标自变量后，运用保留的 19 个指标自变量构建 Logistic 回归模型。Logistic 回归模型似然比检验结果如表 5.11 所示。从表中可看出，模型中未引入自变量时，最大似然估计值为 960.488，引入自变量后减小至 262.408，两者之差等于 698.079，$P<0.001$，说明模型中至少有一个偏回归系数不为 0，且两者之间存在显著性差异。

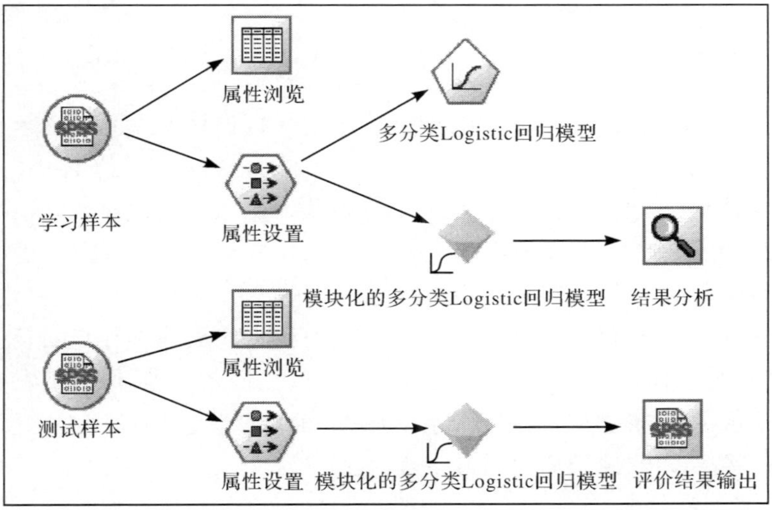

图 5.4 无序多分类 Logistic 回归模型工作流程图

表 5.11 Logistic 回归模型似然比检验

模型	最大似然估计	似然估计变化量	自由度	显著性检验
未引入自变量	960.488			
引入自变量	262.408	698.079	57	0.000

将满足模型条件的所有指标自变量(19 个)引入到模型中，具体拟合成 3 个模型，如下所示：

$$\text{logit}\frac{\pi_{耕地级别_{\text{I}}}}{\pi_{耕地级别_{\text{IV}}}}=-294.4+0.02432*\text{pH}-0.0002353*人均耕地-0.09225$$
$*$农贸市场影响度$-0.1154*$利用系数$+0.08648*$剖面构型$-0.09171*$地下水位$-0.1126*$地形坡度$+0.2371*$城镇影响度$-0.1709*$排水条件$+0.1144$

＊有机质＋0.5609＊水土流失－0.0007967＊海拔＋0.1074＊田块形状＋1.878＊田面坡度＋0.04859＊社会保障价＋0.3182＊经济系数＋0.328＊耕层厚度＋0.1218＊耕层质地＋0.04705＊道路通达度；

$$\mathrm{logit}\frac{\pi_{耕地级别_{\mathrm{II}}}}{\pi_{耕地级别_{\mathrm{IV}}}}=-176.6-0.03488*\mathrm{pH}+0.008336*人均耕地+0.04988*$$

农贸市场影响度－0.09771＊利用系数＋0.02241＊剖面构型－0.2526＊地下水位－0.09628＊地形坡度＋0.09669＊城镇影响度－0.1041＊排水条件＋0.04544＊有机质＋0.2785＊水土流失＋0.03638＊海拔＋0.09991＊田块形状＋1.719＊田面坡度＋0.03613＊社会保障价＋0.1776＊经济系数＋0.01678＊耕层厚度－0.02947＊耕层质地＋0.02407＊道路通达度；

$$\mathrm{logit}\frac{\pi_{耕地级别_{\mathrm{III}}}}{\pi_{耕地级别_{\mathrm{IV}}}}=-74.62+0.03192*\mathrm{pH}+0.01104*人均耕地-0.04293*$$

农贸市场影响度－0.05551＊利用系数＋0.0406＊剖面构型－0.1698＊地下水位＋0.0604＊地形坡度＋0.2146＊城镇影响度－0.05585＊排水条件＋0.09882＊有机质＋0.1804＊水土流失＋0.0001742＊海拔＋0.1131＊田块形状＋0.2207＊田面坡度－0.002726＊社会保障价＋0.1893＊经济系数＋0.0762＊耕层厚度＋0.116＊耕层质地＋0.07857＊道路通达度。

模型中有些自变量是没有统计学意义的，可进一步剔除部分自变量。运用基于偏似然估计的向前逐步回归法筛选模型指标，以简化方程，保留了农贸市场影响度、地下水位、地形坡度、有机质、水土流失、田块形状、田面坡度、社会保障价、经济系数、耕层厚度、耕层质地和道路通达度这 12 个指标，应用这 12 个指标建立的模型如下所示：

$$\mathrm{logit}\frac{\pi_{耕地级别_{\mathrm{I}}}}{\pi_{耕地级别_{\mathrm{IV}}}}=-259.4+0.1204*农贸市场影响度-0.2186*地下水位-$$

0.1021＊地形坡度＋0.1026＊有机质＋0.3169＊水土流失＋0.1032＊田块形状＋1.839＊田面坡度＋0.04693＊社会保障价＋0.228＊经济系数＋0.2954＊耕层厚度＋0.1362＊耕层质地＋0.04349＊道路通达度；

$$\mathrm{logit}\frac{\pi_{耕地级别_{\mathrm{II}}}}{\pi_{耕地级别_{\mathrm{IV}}}}=-161.8+0.1436*农贸市场影响度-0.3269*地下水位-$$

0.08188＊地形坡度＋0.0403＊有机质＋0.1996＊水土流失＋0.08763＊田块形状＋1.666＊田面坡度＋0.03017＊社会保障价＋0.09322＊经济系数＋0.005131＊耕层厚度－0.03335＊耕层质地＋0.02241＊道路通达度；

$$\mathrm{logit}\frac{\pi_{耕地级别_{\mathrm{III}}}}{\pi_{耕地级别_{\mathrm{IV}}}}=-62.33+0.1409*农贸市场影响度-0.2549*地下水位+$$

0.04875＊地形坡度＋0.08711＊有机质＋0.21＊水土流失＋0.1079＊田块形状

＋0.1856＊田面坡度－0.001791＊社会保障价＋0.1552＊经济系数＋0.05582＊耕层厚度＋0.1293＊耕层质地＋0.07748＊道路通达度。

按照上述步骤和方法，对不同水平的学习样本采用偏最大似然估计的向前逐步回归法筛选模型指标时，指标自变量发生了较大的变化，具体如下：

(1) 当学习样本数 150 时，剔除灌溉保证率、土地利用类型和水土流失 3 个指标自变量后，消除了数据完全分离的现象，然后将 pH、农贸市场影响度、地形坡度、海拔、田块形状、田面坡度、社会保障价、经济系数、耕层厚度和耕层质地这 10 个指标纳入模型。

(2) 当学习样本数 1000 时，剔除灌溉保证率、土地利用类型 2 个指标自变量后，消除了数据完全分离的现象，然后将 pH、农贸市场影响度、利用系数、地形坡度、排水条件、有机质、水土流失、海拔、田块形状、田面坡度、社会保障价、经济系数、耕层厚度、耕层质地、道路通达度这 15 个指标纳入模型。

(3) 当学习样本数 2400 时，剔除灌溉保证率、土地利用类型 2 个指标自变量后，消除了数据完全分离的现象，然后将 pH、农贸市场影响度、利用系数、剖面构型、地下水位、地形坡度、排水条件、有机质、水土流失、海拔、田块形状、田面坡度、社会保障价、经济系数、耕层厚度和耕层质地这 16 个指标纳入模型。

(4) 当学习样本数 5000 时，剔除灌溉保证率和土地利用类型两个指标自变量后，消除了数据完全分离的现象，然后模型将剩下的 19 个指标纳入模型。

模型的简化一方面减少了数据的冗余，另一方面也节省了数据采集与分析的成本。然而，这也不可避免地丢失了剔除部分指标自变量的信息，这是数据压缩中普遍存在的问题，如前面描述的主成分分析或因子分析。如何实现原数据的压缩数据重新构造而又保障数据信息的无损，这无疑是数据处理领域中一个急需解决的技术难题。

3. 基于无序多分类 Logistic 回归模型的土地质量分类

分别应用上述生成的保留了 19 个与 12 个指标自变量的 Logistic 回归模型（学习样本数为 350）对测试样本（包括学习样本，共 30281 个）进行分类，然后对分类结果的正确率进行统计。表 5.12 是学习样本数为 350 的在数据压缩前后 Logistic回归模型分类正确率的比较统计。从表中可以看出，数据压缩引起了数据信息的少量丢失，从整个数据块来看，由于信息丢失而导致的错判率上升了 2%，这在要求不是很准确的情况下是可以接受的。

表 5.12 数据压缩前后 Logistic 回归模型分类正确率比较统计

土地级别	学习后的样本数分布				学习结果	学习样本数
	1	2	3	4		
1	78(78)	3(3)	6(5)	0(1)	78(78)	87
2	2(5)	68(64)	2(3)	6(6)	68(64)	78
3	11(13)	1(2)	59(55)	2(3)	59(55)	73
4	0(0)	4(4)	5(4)	103(104)	103(104)	112
正确率	89.66% (89.66%)	87.18% (82.05%)	80.82% (75.34%)	91.96% (92.86%)	88.00% (86.00%)	

注:括号外数据为 19 个指标变量的未压缩数据分析,括号内为 12 个指标变量的压缩数据分析。

因此,采用数据压缩的方法对不同学习样本下的学习样本和测试样本的正确率进行评价,结果如图 5.5 所示。学习样本正确率表现出随着学习样本容量的增加呈现上升的趋势,这在一定程度上反映了采用抽样技术抽取土地质量评价单元的合理性,同时也反映了学习样本容量的增加并没有对学习样本集的正确率判断产生较大的影响。测试样本预测分类结果的正确率与学习样本容量表现出较好的关联性:当学习样本容量较小时(学习样本容量<2400),测试样本分类结果的正确率较为明显低于学习样本容量较大的分类结果;当学习样本容量>2400(正确率为 89.3%),测试样本分类效果开始趋同,分类正确率变化较小。因此,基于 Logistic 回归模型,采用学习样本容量为 2400 的数据集对研究区土地质量分类效果是比较好的,它基本能够满足实际工作的需要。然而,学习样本容量为 150 和 350 的分类正确率结果分别为 74.00%和 76.98%,分类精度相对较低。

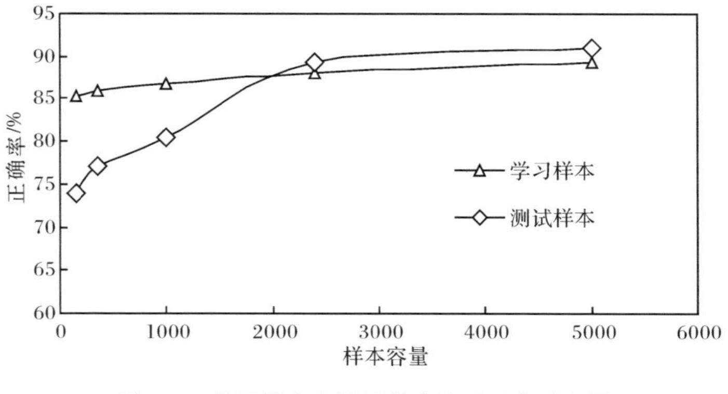

图 5.5 学习样本和测试样本的正确率对比图

上述是按照王济川等(2001)在《Logistic 回归模型——方法与应用》中的要求,应用 Logistic 回归模型时需要消除自变量数据结构中存在的完全分离现象的观点建立的模型。然而,如果不考虑自变量数据结构中存在的完全分离现象,分类结果是令人满意的。此处仍以学习样本容量为 350 的样本集建立无序多分类 Logistic 回归模型，将 21 个指标自变量全部纳入 Logistic 回归模型中，建模过程或步骤与前面描述的完全一致。分类结果显示(表 5.13)：学习样本判别正确率 100%，测试样本判别正确率 88.57%。这与前面 350 个学习样本判别正确率 86%、测试样本判别正确率 76.98%相比，分类准确率明显提高。这样的分类结果完全可以应用于农业生产实践活动，而且分类过程相当简单，且成果易更新，这在耕地地力调查与质量评价、土地利用调查和变更、农用地分等定级等工作中有着良好的应用前景。

表 5.13　学习样本和测试样本的正确率对比统计

学习样本容量	150	350	1000	2400	5000
学习样本正确率/%	100.00	100.00	100.00	100.00	100.00
测试样本正确率/%	77.48	88.57	96.19	98.81	99.38

5.6　小　　结

本章首先对因子分析、*K*-均值聚类分析、两步聚类分析、判别分析、Logistic 多元回归分析等统计学方法在土地资源评价中的应用进行了探讨。主要研究结果有：基于因子分析的土地质量分类结果显示，龙川县 1 级、2 级、3 级、4 级土地面积分别为 8365.93hm^2、14509.27hm^2、11645.53hm^2、4448.97hm^2，分别占耕地总面积的 21.47%、37.23%、29.88%、11.42%；基于 *K*-均值聚类分析的土地质量分类表明，应用指数综合权值计算的龙川县 1 级、2 级、3 级、4 级土地面积分别为 14728.70hm^2、16263.16hm^2、5328.97hm^2、2648.87hm^2，分别占耕地总面积的 37.80%、41.73%、13.67%、6.80%；基于两步聚类分析的土地分类结果显示，龙川县 1 级、2 级、3 级、4 级土地面积分别为 7129.33hm^2、24273.35hm^2、4988.78hm^2、2578.23 hm^2，分别占耕地总面积的 18.29%、62.29%、12.80%、6.62%。

以层次分析与 *K*-均值聚类分析相结合的方法制定的土地质量分类结果为标准，评判判别分析、Logistic 多元回归分析对土地质量分类效果，结果表明：学习样本为 350、2400、5000 的判别分析分类结果正确率分别为 97.42%、98.27%、99.38%；学习样本为 150、350、1000、2400、5000 的 Logistic 多元无序回归分析分类结果正确率分别为 77.48%、88.57%、96.19%、98.81%、99.38%。

第 6 章　土地资源评价模糊数学模型

影响土地质量的因素复杂、模糊，难以用明确的数学公式来表达。模糊数学作为数据挖掘技术中的一种方法，对边界不确定性问题进行了解释。在传统的土地质量评价方法中，融合模糊数学理论是近年来研究的热点，本章主要介绍模糊综合评判和模糊聚类分析在土地质量评价中的应用。

6.1　基于模糊综合评判方法的土地资源评价

模糊综合评判(fuzzy comprehensive evaluation，FCE)就是应用模糊集理论，根据多个评价指标，评判研究对象所属等级或类别并进行决策的过程。在土地质量评价中，应用模糊综合评判可以借助专家的先验知识构造评语集，计算评价单元指标集的综合隶属度值；然后，经过相容度(倪绍祥，2005)，或称为贴近度(聂艳，2004)，实质上就是基于择近原则的思想进行检验，实现评价单元的归类。

6.1.1　模糊综合评判的基本理论与主要步骤

模糊综合评判的基本理论是利用模糊数学理论的模糊集概念确定隶属函数以及模糊数学理论的分解定理和扩张原则。

在土地质量评价中，采用模糊综合评判方法的主要步骤如下：

(1) 建立评判对象指标集 $U=(u_1,u_2,\cdots,u_n)$，其中 u_n代表评价指标。

(2) 建立评语集 $V=(v_1,v_2,\cdots,v_m)$，评语集是等级的集合。

(3) 构造评价指标的隶属函数，隶属函数反映评价指标取值对应于土地质量各等级的模糊界限。评价指标对土地质量的效应大致可以分为 S 型、半梯型分布与梯型分布、抛物线型、高斯型等隶属度函数，指标隶属度函数的确定需要不断地调试，比较繁琐。在 MATLAB 软件环境下，调用隶属度函数的图形编辑界面，可视化调试指标隶属度函数较为方便。

(4) 建立综合评判函数。首先建立一个 $a:U\rightarrow V$ 的单因素评判函数，即模糊映射，得到单因素评判矩阵为

$$\boldsymbol{R}=\begin{bmatrix} r_{11} & r_{12} & \cdots & r_{1m} \\ r_{21} & r_{22} & \cdots & r_{2m} \\ \vdots & \vdots & & \vdots \\ r_{n1} & r_{n2} & \cdots & r_{nm} \end{bmatrix} \tag{6.1}$$

然后，构造模糊综合评判函数 $f((a(u_1), a(u_2), \cdots, a(u_n))$，并采用加和的形式计算评价单元综合隶属度值。

常用的综合评判函数总是与一个权向量有关，常涉及归一化权向量和正规化权向量，由此而构成加权平均型、几何平均型、单因素决定型和主因素突出型四种综合评判函数。不同的函数也决定了不同的算法，其中加权平均型采用矩阵算法，而单因素决定型和主因素突出型采用的是模糊算法（彭祖赠等，2007）。倪绍祥（2005）采用的就是加权平均型评判函数，实现了对研究区禹县的土地质量评价。本节采用的权向量是层次分析法 AHP 和 FAHP 得到的指标权值。

（5）评判对象的归类。引进相容度 π_0 概念，按照最大相容性原则，实现评价单元的归类。相容度 π_0 为

$$\pi_0(R_i) = 1 - \left| \sum_{i=1}^{m} R_i - V_i \right| \tag{6.2}$$

找出一个待分类样本 R_j，使

$$\pi_0(R_i) = \max_{1 \leqslant j \leqslant m} \pi_0(R_j) \tag{6.3}$$

将评价单元 R 归入参考对象 R_i 一类。

6.1.2　评价指标隶属函数的确定

评价指标隶属函数的建立综合借鉴聂艳（2005）和秦建成（2007）在其博士学位论文中的思想，将 21 个评价指标分为两类三种方式描述，分别采用不同的隶属函数。本小节以灌溉水田为例来介绍隶属函数的确定方式。

（1）语言型（离散型）。属于该类型的因子包括耕层质地、剖面构型、灌溉保证率、排水条件、土地利用类型、水土流失，这类因子直接用其分值正规化权值来描述其对土地级别的影响，隶属度值如表 6.1 所示。

表 6.1　离散型评价指标隶属度值

评价指标	特征描述	隶属度	评价指标	特征描述	隶属度
耕层质地	轻壤、中壤、重壤	1.0	排水条件	充分满足	1.0
	砂壤土	0.8		基本满足	0.9
	黏土	0.7		一般满足	0.8
	砂土	0.5		无	0.6
	砾质土	0.3	土地利用类型	菜地	1.0
剖面构型	通体壤、壤砂壤	1.0		灌溉水田	0.9
	壤黏壤	0.9		望天田	0.6
	砂黏黏、壤黏黏	0.8		旱地	0.5

续表

评价指标	特征描述	隶属度	评价指标	特征描述	隶属度
	砂黏黏、通体黏	0.7	水土流失	无	1.0
	砂黏砂、壤砂砂	0.6		轻微	0.9
	黏砂砂	0.5		一般	0.7
	通体砾、通体砂	0.4		严重	0.5
灌溉保证率	充分满足	1.0			
	基本满足	0.9			
	一般满足	0.8			
	无	0.6			

(2) 域值型(抛物线型)。土壤pH属于这种类型,曲线中转折点取值 $a_1 \sim a_4$ 分别为5.0,6.5,7.5,8.5。

$$f(x)=\begin{cases}0.1, & x<a_1\\ 0.1+[0.5+0.5\times\sin(\pi/(a_2-a_1)\times(x-(a_1+a_2)/2))]\times 0.9, & a_1<x\leqslant a_2\\ 1.0, & a_2<x\leqslant a_3\\ 0.1-[0.5-0.5\times\sin(\pi/(a_4-a_3)\times(x-(a_3+a_4)/2))]\times 0.9, & a_3<x\leqslant a_4\\ 0.1, & x>a_4\end{cases} \tag{6.4}$$

(3) 域值型(S型)。耕层厚度、土壤有机质、道路通达度、城镇影响度、农贸市场影响度、地下水位、田块形状、人均耕地、利用系数、经济系数、亩均社会保障价格等指标属于正S型,而海拔高度、地形坡度、田面坡度属于反S型,曲线中转折点的取值见表6.2。

$$f(x)=\begin{cases}0.1, & x<a_1\\ 0.1+[0.5+0.5\times\sin(\pi/(a_2-a_1)\times(x-(a_1+a_2)/2))]\times 0.9, & a_1\leqslant x<a_2\\ 1.0, & x\geqslant a_2\end{cases} \tag{6.5}$$

表6.2 评价指标的转折点取值

海拔/m	地形坡度/(°)	田面坡度/(°)	pH	有机质/%	道路通达度	…	社会保障价/(元/亩)
1000.00	24.97	14.96	7.12	5.50	92.00		25776.42
40.00	0.10	0.00	3.50	0.30	8.00		8256.55

6.1.3　应用模糊综合评判的土地资源评价

利用评价指标的隶属函数计算各个评价单元隶属度值，并生成单因素评判矩阵 $\boldsymbol{R}_{30281\times 21}$，然后分别与 AHP 法和 FAHP 法计算的权值相乘，并将评价单元的权值加和，依次生成基于两种不同权值的模糊综合评判矩阵 $f(\mathrm{a}(u_n))_{1\times 30281}$，同时，选择并确定评语集为 V-AHP=(0.9,0.85,0.78,0.75)和 V-FAHP(0.89,0.85,0.78,0.75)。评语集的制定需要反复调试，在这里以采用 AHP 法的土地质量评价结果为基础进行逼近的；然后，通过比较评价单元综合隶属度值对评语集 V 的相容度性，实现评价单元归类；最后，统计各类土地面积，如表 6.3 所示，并输出土地质量类别图，见附录 B。

表 6.3　模糊综合评判评价结果　（单位：hm^2）

地类	1		2		3		4	
	AHP	FAHP	AHP	FAHP	AHP	FAHP	AHP	FAHP
菜地	154.29	150.72	78.17	81.73				
灌溉水田	16344.26	16762.82	14183.25	14080.00	639.13	327.42	3.59	
旱地			90.55	138.32	3689.96	4135.56	3712.39	3219.02
望天田					15.07	16.48	59.03	57.62

注：表中 AHP、FAHP 分别表示权值向量为 AHP 和 a-截集-积分法的模糊综合评判。

应用模糊综合评判法对土地质量评价时，评价权值向量 W 和评语集 V 的选择直接影响到评价单元的归类。采用基于层次分析与模糊层次分析的分析结果来指导龙川县土地质量评价权值向量 W 和评语集 V 的制定，使它融合多极分层的思想，同时，避免了评语集制定的无的放矢，在某种程度上它是一种具备多级模糊综合评判的模型。

6.2　基于模糊聚类分析的土地资源评价

应用模糊综合评判方法时，隶属函数的选择需要评价者不断调试并确定，这种选择的灵活性带来的随意性，使得评价结果在很大程度上受到人为因素的影响。模糊聚类分析(fuzzy cluster analysis，FCA)是依据客观事物间的特征、亲疏程度和相似性，通过建立模糊相似关系，对客观事物进行分类的一种数学方法，其实质就是根据研究对象本身的属性来构造模糊矩阵，在此基础上按照一定的隶属度来确定其分类关系。目前，较为成熟的模糊聚类分析方法有系统聚类法、传递闭包法、动态直接聚类法、基于摄动的模糊聚类法(FCMBP)、模糊 C-均值聚类法、模糊 K-均值聚类法、模糊迭代自组织聚类法(ISODADA)、神经网络模糊聚类法，以及我国学者吴望名提出的最大树法模糊聚类法等。应用模糊聚类分析方法处理带有模糊性的聚类问题显得较为客观、灵活、直观。因此,本节采用最大树法模糊聚类对龙川县土地质量进行评价。

6.2.1 模糊聚类分析的主要步骤

利用模糊集理论进行聚类分析的具体步骤如下:

(1) 计算模糊相似矩阵。设论域 U 是需要被分类评价单元的全体,U 中元素为 $\boldsymbol{X}_{i,j}$($i=1,2,\cdots,n$,n 为待分类评价单元的个数;$j=1,2,\cdots,m$,m 为待分类评价指标变量的个数),通过计算指标间相似系数生成相应的模糊相似系数矩阵 $\boldsymbol{R}_{i,j}$,常用的相似系数有欧氏距离、夹角余弦距离、算术平均最大最小距离、相关系数等。

(2) 建立模糊等价关系矩阵。用相似系数建立起来的相似关系 $\boldsymbol{R}$,一般只满足反射性和对称性,不满足传递性,需要将 $\boldsymbol{R}$ 进行改造,用求传递闭包的方法,按照最短距离法的原则通过 $\boldsymbol{R}$ 自乘,建立了 U 到 U 自身的模糊等价关系矩阵 $\boldsymbol{R}^*=\boldsymbol{R}_{i,j}$,以 $\boldsymbol{R}^*$ 为分类标准。

(3) 进行模糊聚类分析。取模糊等价关系 $\boldsymbol{R}^*$ 的截集 $\boldsymbol{R}_a^*$($\boldsymbol{R}_a^*$ 为普通等价关系),则 $\boldsymbol{R}_a^*=(\boldsymbol{R}'_{ij})$。如果 $\boldsymbol{R}_a^*\geqslant a$,则$(\boldsymbol{R}''_{ij})=1$;如果 $\boldsymbol{R}_a^*<a$,则$(\boldsymbol{R}''_{ij})=0$。$\boldsymbol{R}_a^*$ 是一个以 0 和 1 为元素的普通矩阵,把 $\boldsymbol{R}_a^*$ 中元素相同的行归为一类,得到一个关于论域中全体评价单元的分类。不同的 a 值对应于不同的分类结果。根据问题给定的条件,确定一个关于聚类水平 a 的序列顺序:$1\geqslant a_1>a_2>\cdots>a_k\geqslant 0$,可以得到逐步归并的聚类图。

6.2.2 模糊相似矩阵的计算

采用 DPS 软件对龙川县土地质量进行模糊聚类分析。由于软件系统最多只能处理 30 个评价指标,150 个评价单元的数据块,因此,采用可靠性为 90%,估计精度为 99%条件下的重复抽样样本容量为 150 个(表 3.4),对应用抽样技术抽取的样本构造论域 $U_{21\times 30281}$。论域原始数据不转换,通过欧氏距离建立评价单元的模糊相似矩阵 $\boldsymbol{R}=r_{21\times 30281}$,通过模糊算子将模糊相似矩阵转换为模糊等价关系矩阵 $\boldsymbol{R}^*=r_{21\times 30281}$。

6.2.3 应用模糊聚类分析的土地资源评价

对模糊等价关系矩阵 $\boldsymbol{R}$ 在不同 a 截集水平下分类逐步归类,其聚类图谱如图 6.1 所示。取 $a=0.8947$,抽样样本分成 4 类,其中聚类类别号 98 为一类,117 为一类,106、112 和 64 为一类,其他类别号归为一类。然后,通过聚类样本的聚类类别号映射到原始评价数据库中,实现土地质量模糊聚类结果的传递。最后,统计各类土地面积，从表 6.4 可以看出，各地类面积在类别之间差异非常明显，但基本上都集中在第 1 类，没有很好地显示出地类类别以及地类之间的差异性，难以对土地质量进行合理的评价。

表 6.4　模糊聚类分析结果　（单位：hm^2）

类别	灌溉水田		旱地		菜地		望天田	
	FCA	FCA-AHP	FCA	FCA-AHP	FCA	FCA-AHP	FCA	FCA-AHP
1	31060.6	15260.5	7476.84		232.45	195.65	73.07	
2	109.66	15168.67	12.41	256.58		36.80		
3		741.06	2.91	4328.56			0.90	12.33
4			0.75	2907.77			0.13	61.77

注：FCA 表示传统模糊聚类分析，FCA-AHP 表示基于 AHP 权值的加权模糊聚类分析。

所以，直接应用基于最大树法的模糊聚类方法并不适合，需要对算法作一定的改进。这可能有两个方面的原因：

（1）论域 U 原始数据较为集中，评价指标过多（21 个），采用欧氏距离法相当于是在 21 维空间上通过计算指标间的欧氏距离来确定指标间的相似系数，淹没了论域 U 中有些元素 $X_{i,j}$ 空间坐标中某些维上的值较高或较低时与其他元素间的差异，使得指标间的这种差异难以很好地表现。彭祖赠等（2007）认为，不同的相似系数的计算方法对结果造成的差别有时是很大的，不同的计算方法将产生不同的效果。

（2）传统的模糊聚类方法中论域 U 中的指标采用的是统计学方法基于等权的假设，这对基于分层思想的系统是不适应的，同时，这需要论域 U 中原始数据质量较高，然而这种要求对任何一个复杂系统来讲都近乎苛刻。

因此，采用加权的思想能够较好地协调上述矛盾，将论域 U 改造为 $\boldsymbol{X}_{i,j}\boldsymbol{W}_{i,j}$，在对数据不转换的条件下采用相关系数法，计算模糊相似矩阵 $\boldsymbol{R}$ 和建立模糊等价关系矩阵 $\boldsymbol{R}^*$，以聚类图谱的形式表达（图 6.2），取 a=0.9855，将抽样样本分成 4 类，其中聚类类别号 12、29、66、72、117 为一类，17、95、97、… 为一类，其他的分类如图 6.2 所示。然后，通过聚类样本的聚类类别号映射到原始评价数据库中，实现土地质量模糊聚类结果的传递。从图 6.2 和表 6.4 中可以看出，各类土地面积已经分散到各个类别中，且结果与 AHP 或 FAHP 的分析结果相差不大。

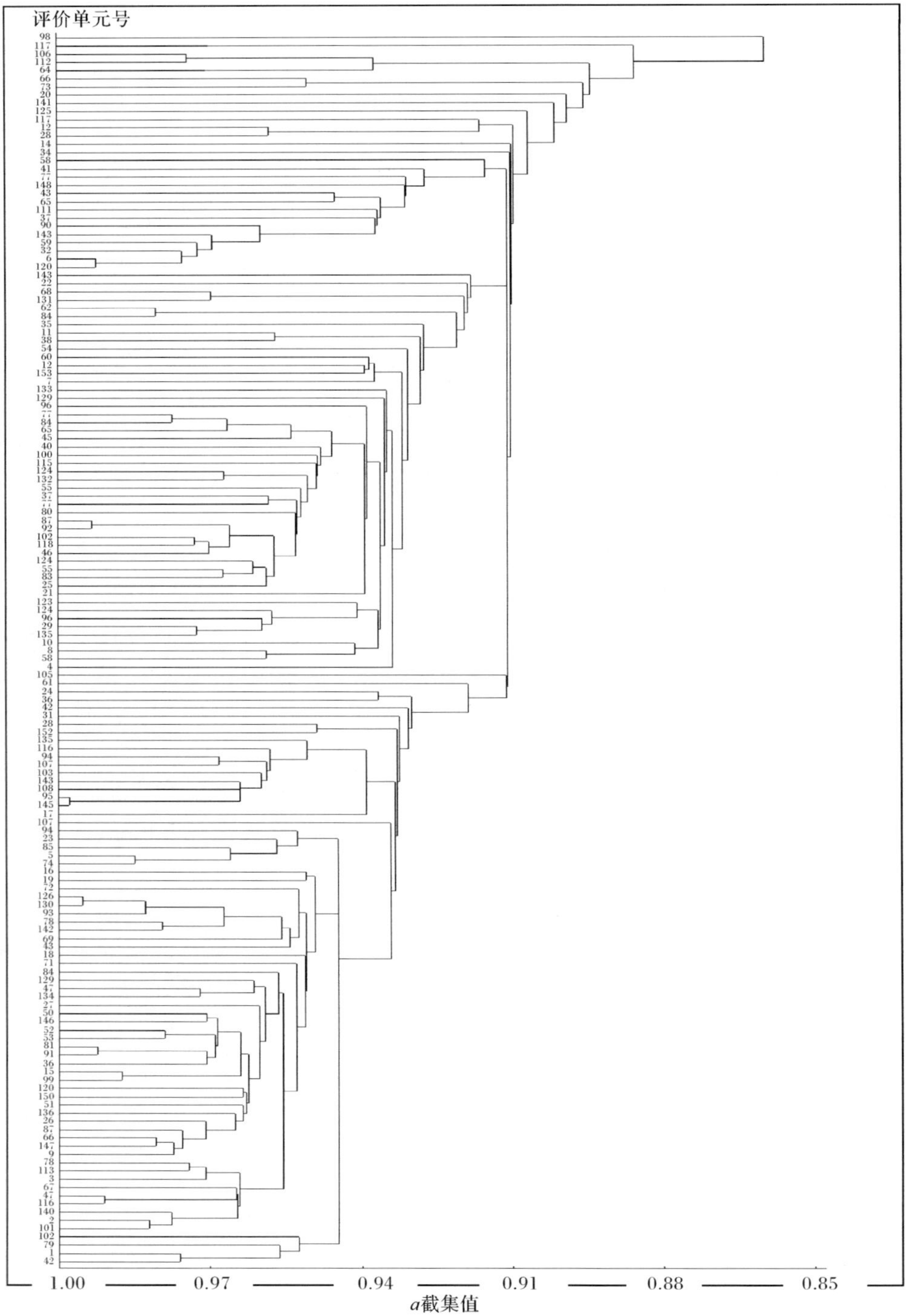

图 6.1　150 个评价单元的模糊聚类谱系图

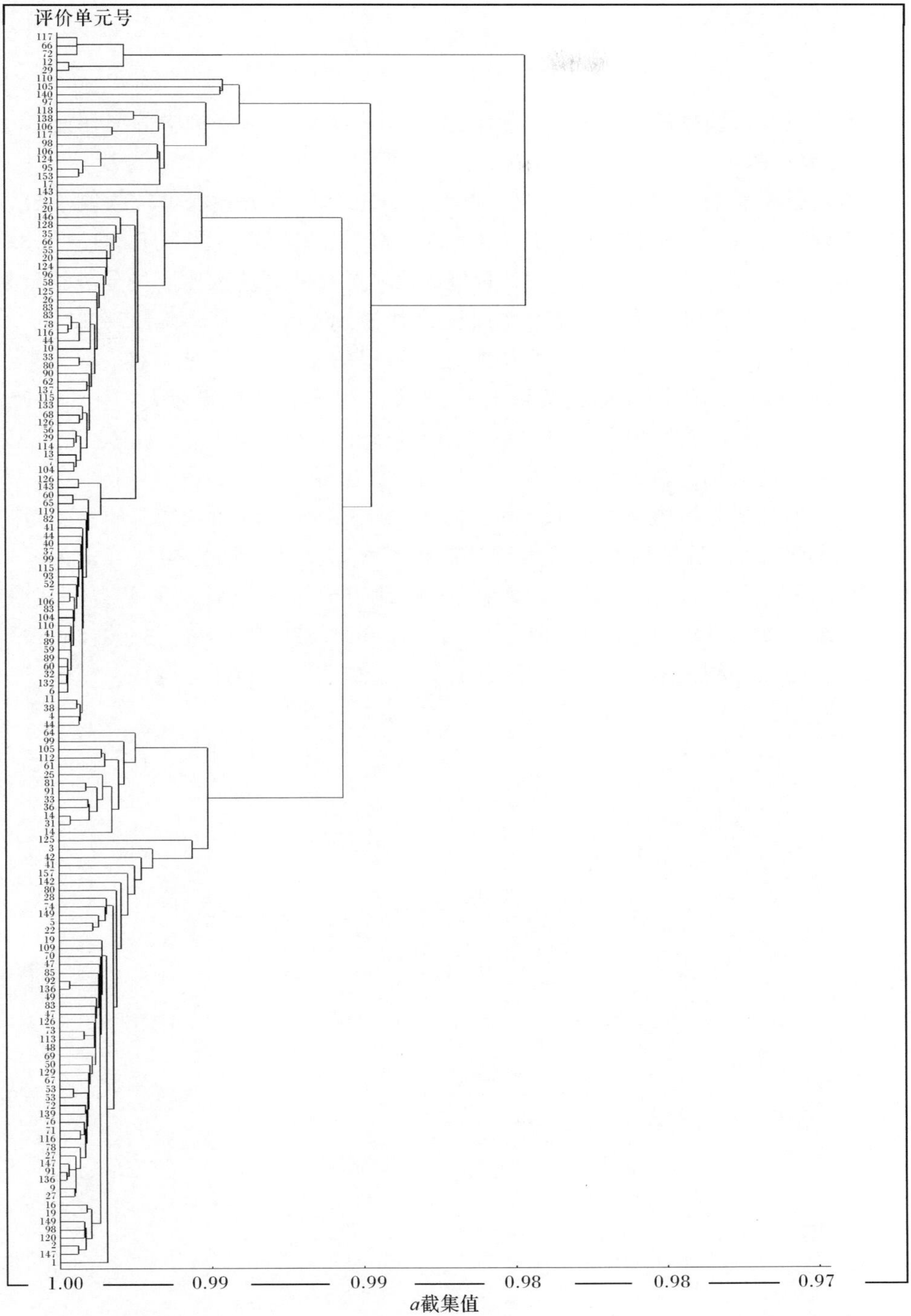

图 6.2　基于加权的模糊聚类谱系图

6.3 小　结

本章主要就模糊综合评判和模糊聚类分析在土地资源评价中的应用进行了研究，主要结果有：

(1) 模糊综合评判中基于 AHP 法和 FAHP 法计算各自权值的模糊综合评判矩阵，确定评语集分别为 V-AHP＝(0.9，0.85，0.78，0.75)和 V-FAHP(0.89，0.85，0.78，0.75)。其中，基于 AHP 权值的模糊综合评判的土地质量分类结果显示，龙川县 1 级、2 级、3 级、4 级土地面积分别为 16498.54 hm^2、14351.97 hm^2、4344.16 hm^2、3775.02 hm^2，分别占耕地总面积的 42.34％、36.83％、11.15％、9.69％；基于 FAHP 权值的模糊综合评判的土地分类结果显示，龙川县 1 级、2 级、3 级、4 级土地面积分别为 16913.54 hm^2、14300.06 hm^2、4479.45 hm^2、3276.65 hm^2，分别占耕地总面积的 43.40％、36.70％、11.49％、8.41％。

(2) 模糊聚分析中采用加权(基于 AHP 或 FAHP 制定的权值)的思想对论域 U 进行改造，然后采用相关系数法计算模糊相似矩阵并建立模糊等价关系矩阵，取 α 截集值 0.9855 对树进行剪枝，较好地实现了土地质量的分类。其中，1 级、2 级、3 级、4 级土地面积分别为 22760.67 hm^2、8928.05 hm^2、3509.55 hm^2、3771.43 hm^2，分别占耕地总面积的 58.41％、22.91％、9.01％、9.68％。

第 7 章　土地资源评价关联规则挖掘与决策树

关联规则和决策树是使用较为广泛的两种数据挖掘方法。应用关联规则挖掘不仅具有较强的分类功能，还能够刻画土地资源评价指标因素之间错综复杂的相互作用和影响；决策树以树形图的形式简捷地实现土地质量的分类，该类模型具有较好的可解释性。

7.1　基于关联规则分析的土地资源评价

关联规则(association rule)挖掘的研究是近几年研究较多的数据挖掘方法。在数据挖掘的各种方法中应用得也最为广泛(史忠植，2002)。在统计学领域，人们常常用相关系数等概念来刻画事物间线性相关程度。相关系数能够从一个宏观整理的角度来衡量事物间的相关性，但难以深层次地回答事物间是如何相关、在哪些地方相关、各个地方相关程度怎样等问题。然而，关联规则可以更具体、细致地刻画这些信息。关联规则是数据中一种简单但很实用的规则，关联规则模式属于描述型模式，发现关联规则的算法属于无监督学习的方法。因此，借鉴关联规则的挖掘思想来研究土地资源评价指标因素间的关联特性是很有意义的，也是可行的。

7.1.1　关联规则分析的基本原理与主要步骤

假设 $I=\{i_1,i_2,\cdots,i_m\}$ 是项的集合，任务相关的数据 D 是数据库事务的集合，其中每个事务 T 是项的集合，使得 $T\subseteq I$。每一个事务有一个标识符，称作 TID。设 A 是一个项集，事务 T 包含 A 当且仅当 $A\subseteq T$。

关联规则是形如 $A\Rightarrow B$ 的蕴涵式，其中 $A\subset I, B\subset I$，并且 $A\cap B=\varnothing$。规则 $A\Rightarrow B$ 在事务集 D 中成立，具有支持度 s，其中 s 是 D 中事务包含 $A\cup B$(即 A 和 B 两者)的百分比，它是概率 $P(A\cup B)$；规则 $A\Rightarrow B$ 在事务集 D 中具有可信度 c，如果 D 中包含 A 的事务，同时也包含 B 的百分比是 c，这是条件概率 $P(B|A)$。支持度 s 和可信度 c 可以分别表达为

$$\text{support}(A\Rightarrow B) = P(A \cup B) \tag{7.1}$$

$$\text{confidence}(A \Rightarrow B) = P(B \mid A) = \text{support}(A \cup B)/\ \text{support}(A) \times 100\% \tag{7.2}$$

支持度度量关联规则在数据库中出现的频率，而可信度度量规则的强度，通

常只有支持度和可信度均较高的关联规则才可能是用户感兴趣的。同时满足最小支持度 (min_sup)和最小可信度(min_conf)的规则称作强规则。

项的集合称为项集,包含 k 个项的项集称为 k-项集。项集的出现频率是包含项集的事务数,简称为项集的频率、支持计数或计数。如果项集的出现频率大于或等于 min_sup 与 D 中事务总数的乘积,项集满足最小支持度 min_sup,则称它为频繁项集。

关联规则挖掘问题就是通过用户指定最小支持度和最小可信度来寻找强关联规则的过程。我们可以将关联规则挖掘划分为两个过程:①发现频繁项集,根据用户给定的最小支持度,寻找所有频繁项集,这些项集出现的频繁性至少和预定义的最小支持计数一样,这是关联规则的基础;②由频繁项集生成关联规则,通过用户给定的最小可信度,在每个最大频繁项集中,寻找可信度不小于最小可信度的关联规则。

7.1.2 应用关联规则分析的土地资源评价

应用关联规则分析,可以以规则集的形式较为精细地表达土地资源评价指标因素间以及指标因素与目标集间的关联程度;也可以以 Web 图的形式形象地描述它们间的一般关系。

1. GRI 算法模型的应用

实现关联规则挖掘的算法较多,其中 Apriori 算法是一种最有影响的挖掘布尔关联规则频繁项集的算法。该算法是采用迭代的方法来产生频繁项集的,算法的基本思想是生成特定规模的候选项集,然后扫描数据库并进行计数,以确定这些候选项集是否是大的,逐步完成频繁项集的发现。之后,人们又提出了一些优化的方法,如分割(partition)、散列(hash)、抽样(sampling)等算法,这些算法主要集中在如何提高项集的生成效率和降低计算代价方面的改进。

广义关联规则归纳(generalized association rule induction,GRI)也称泛化关联规则挖掘($A \Rightarrow B$),它与常规关联规则类似,但要求 B 中不存在比 A 中任何项目更高层的项目。在 SPSS/Clementine 8.1 软件中,采用 Apriori 算法创建演绎规则集时,需要指定一个或多个输入字段和输出字段,这些字段必须是符号型的,演绎方法对可保留的规则在数量上没有限制。GRI 算法模型可以处理数值型和符号型号的输入和输出,同时,GRI 从数据中抽取规则集,从中选取带有最大信息量的规则(基于支持度和可信度的综合考虑),规则之间可以重叠,某些样本可能触发多条规则,这就使得规则集可以产生比决策树更通用的规则。因此,采用 GRI 模型比 Apriori 模型要简单、方便。

若在土地资源评价中保留过多的关联条件和关联规则数,实际评价工作会过于详细而显得复杂。因此,我们事先指定土地资源评价规则集中规则的最小支持度$s>0\%$和最小可信度值 $c=50\%$,扫描符合要求的强关联规则集,关联条件中保留前 3 个指标变量以及只保留前 50 个关联规则,使得规则简单且相对容易理解。本小节以分数表达的样本容量大小为 2400 的数据集*为例,采用关联规则数据挖掘指标因素之间相互作用和影响。表 7.1 是基于 GRI 指标间关联规则的挖掘结果,保留所有评价指标(21 个)作为模型输入与输出指标变量,以 $s\times c$ 的值的大小来降序排列。

表 7.1　基于 GRI 指标间关联规则挖掘结果

序号	支持度计数/个	支持度/%	可信度/%	目标变量	条件变量 1	…	条件变量 3
1	1227	51.12	100	灌溉保证率 100	利用类型 90		
2	1227	51.12	100	灌溉保证率 100	田面坡度 100		
3	1246	51.92	98	利用类型 90	灌溉保证率 100		
4	1246	51.92	98	利用类型 90	田面坡度 100		
5	1149	47.88	99	利用类型 90	剖面构型 100		
6	1149	47.88	99	利用类型 90	田面坡度 100		灌溉保证率 100
7	1132	47.17	100	灌溉保证率 100	剖面构型 100		
8	1132	47.17	100	灌溉保证率 100	田面坡度 100		利用类型 90
⋮							
50	542	22.58	100	耕层质地 95	地下水位 100		pH 55

注:指标变量中的数值表示指标得分。

从表 7.1 可以发现,第 1 条规则记录显示,在 2400 个学习样本记录中,有 1227 个样本的属性表现为当土地利用类型为灌溉水田(利用类型分值为 90 分)时,其灌溉条件可以得到充分保证(灌溉保证率分值为 100 分)的可能性是最高的,也就是说两者关联程度是最高的,出现这种规则判断的可信度为 100%;……;第 50 条规则记录显示,在 2400 个学习样本中,有 542 个样本的属性表现为当耕地地下水位条件好(地下水位分值为 100 分)且耕层厚度条件较为优越(耕层厚度分值为 90 分),但土壤酸碱性条件并不适宜耕种时(pH 分值为 55 分),土壤耕层质地条件优越的可能性是高的(耕层质地分值为 95 分),表现这一规则的可信度也是高的(100%)。通过关联规则的这种表达方式,我们可以挖掘出指标间较为深层次的关联性,细致地刻画出指标属性值间关联程度,这是通过规则在数据集中出现的频率进行统计分析的,它表示的并不是一种由此及彼的关系,而是表达它们之间同时出现的关联程度。

---

* 访数据集采用基于层次分析法与抽样技术相结合的方法抽取。

然而,在土地资源评价中,我们通常最关心的是评价指标与土地质量级别之间的关联程度。在土地质量评价规则集中,设置评价指标为输入变量,土地质量级别为规则目标集,仍然指定土地资源评价规则集中规则的最小支持度 $s>0\%$ 和最小可信度值 $c=50\%$,保留关联条件只有 3 个指标变量的前 50 个关联规则。其中,土地质量分类级别选择的是层次分析法的评价结果(见表 9.3 和表 9.4),表 7.2是基于 GRI 指标与级别间的关联规则挖掘结果,以规则集中 $s\times c$ 值的大小降序排列。

表 7.2　基于 GRI 指标与级别间的关联规则挖掘结果

序号	支持度计数/个	支持度/%	可信度/%	目标变量	条件变量 1	…	条件变量 3
1	442	18.42	97	1 级	耕层厚度 100		水土流失 100
2	401	16.71	97	1 级	地下水位 100		灌溉保证率 100
⋮							
7	481	20.04	90	2 级	耕层质地 70		利用类型 90
8	360	15	90	2 级	海拔 80		灌溉保证率 100
⋮							
27	368	15.33	89	4 级	灌溉保证率 60		
28	359	14.96	89	4 级	地下水位 100		利用系数 60
⋮							
38	531	23.21	76	3 级	利用类型 50		
39	523	23.21	76	3 级	排水条件 100		水土流失 100
⋮							
50	664	27.67	74	2 级	田面坡度 100		灌溉保证率 100

注:指标变量中的数值表示指标得分。

从表 7.2 可以比较清晰地看出土地质量分类级别与评价指标变量间的关联程度。表 7.2 中,第 1 条规则记录显示,在 2400 个学习样本中,有 442 个样本的属性表现为当土壤耕层厚度条件适宜(耕层厚度分值为 100 分),耕地灌溉条件能够得到充分保证(灌溉保证率分值为 100 分),当地无水土流失现象(水土流失分值为 100 分)时,土地耕作质量最好(1 级)的可能性是最高的,也就是说它们的关联程度是最高的,出现这种规则判断的可信度是 97%;第 7 条规则记录显示,在 2400 个学习样本中,有 531 个样本的属性表现为当土地利用类型为灌溉水田(利用类型分值为 90 分),土壤耕层厚度条件良好(耕层厚度分值为 90 分),耕层质地条件一般时,土地质量较好(2 级)的可能性是最高的,出现这种规则判断的可信度是 90%;第 27 条规则记录显示,当土地的灌溉保证率难以保证(灌溉保证率为 60 分),土地利用系数较低时,土地质量最差(4 级)的可能性是最大的(最小支持度为

15.33%，可信度是 89%）；……；第 38 条规则记录显示，在 2400 个学习样本中，有 531 个样本的属性表现为当土地利用类型为望天田（利用类型分值为 50 分），且无水土流失现象（水土流失分值为 100 分）时，土地质量一般（3 级）的可能性是最大的（最小支持度为 23.21%，可信度是 76%）。

2. 土地资源评价信息的 Web 图表达

应用 Web 图节点来显示两个指标变量属性值之间关系的强度，关系被显示在一个图中，并通过各种不同类型的线条来指示强度渐增的关联。由于评价指标数量过多，在一个 Web 图内难以清晰地表达指标间所有的关联关系，因此通过调整阈值（指标出现的对应的样本数的频数），以剔除样本频数小于阈值的指标间的关联关系，经过多次反复调整，能够寻找到较好满足研究需要的有意义模式。如图 7.1 所示，Web 图阈值为 500 时，19 个指标变量纳入 Web 关联图中，指标属性值间关联连线丰富，显得错综复杂。当阈值调整≥1000 时，部分指标属性值间的关联关系逐渐清晰：在阈值为 1500 时，如果以地下水位（分值为 100）为始节点，可以观察到它与剖面构型（分值为 100）和排水条件（分值为 100）的关联程度是很高的，其次是田面坡度（分值为 100）和水土流失（分值为 100），而与海拔（分值为 80）的关联性是最弱的；在阈值为 2000 时，剩下的指标属性值间关联性只有 3 个，这种关联性能够深刻地刻画出三者的关系，其中地下水位（分值为 100）与剖面构型（分值为 100）的关联程度最高，其次是与排水条件（分值为 100），而剖面构型（分值为 100）与排水条件（分值为 100）的关联程度相比是最弱的。

然而，用户关心的可能是如何应用 Web 图再现评价指标与土地质量级别之间的关联程度。在关联规则参数设置中，将评价指标设置为输入变量，土地质量类别为规则目标集，然后应用 Web 图节点来显示它们之间关系的强度，并以线条的形式来表达。本学习样本（样本容量大小为 2400）中，指标变量与土地级别之间的最大阈值为 632，通过调整阈值，可以发现一些能够较好地满足实际需要的有意义模式。图 7.2 显示的是不同阈值设置下的 Web 关联图。从图中可以比较直观地发现，当阈值较小时，指标变量与土地级别间的 Web 关联图线条较多，关联关系丰富；当阈值为 500 时，两者之间的关联关系较为简单清晰。如果以土地质量最好的土地（1 级）为始节点，可以发现它与土地利用类型（分值为 90）、田面坡度（分值为 100）和灌溉保证率（分值为 100）的关联程度是最高的，其次是剖面构型（分值为 100）、耕层质地（分值为 100）和水土流失（分值为 100），而与地下水位（分值为 100）的关联程度是相对较弱的；……；而如果以土地质量最差的土地（4 级）为始节点，可以发现它与地下水位（分值为 100）、灌溉保证率（分值为 60）和剖面构型（分值为 100）的关联程度是较高的，而与排水条件（分值为 100）和耕层厚度（分值为 90）的关联程度相对较弱。

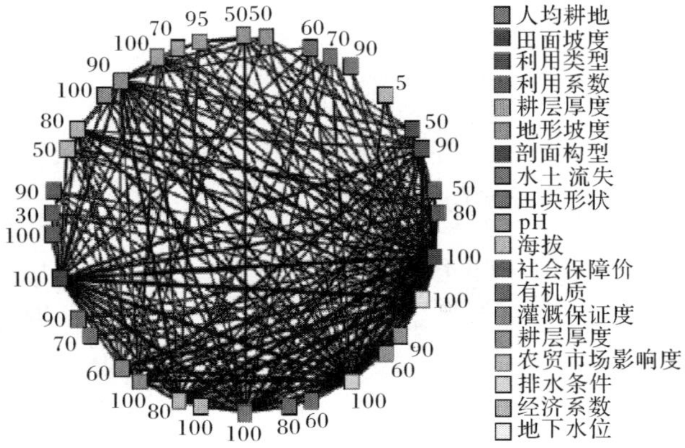

(a) 阈值为 500

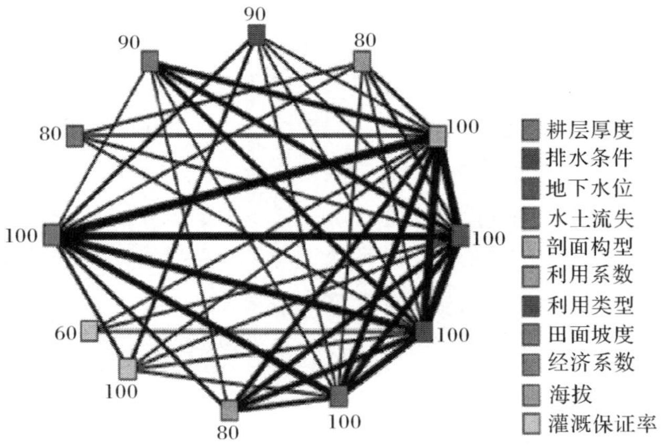

(b) 阈值为 1000

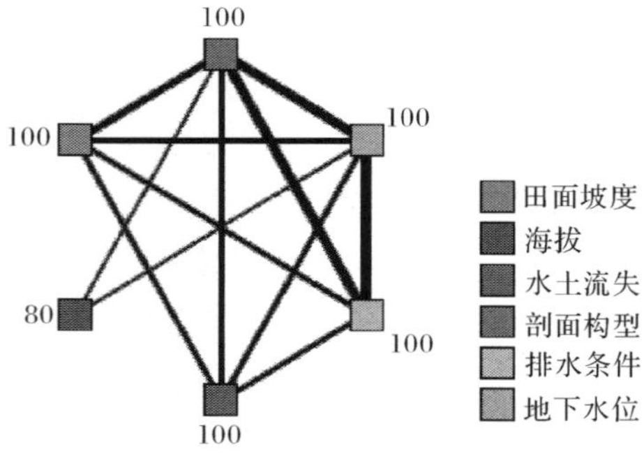

(c) 阈值为 1500

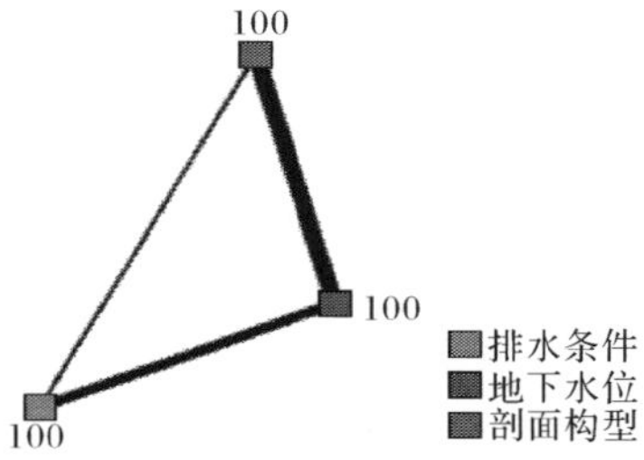

(d) 阈值为 2000

图 7.1　不同阈值下评价指标变量间的 Web 图

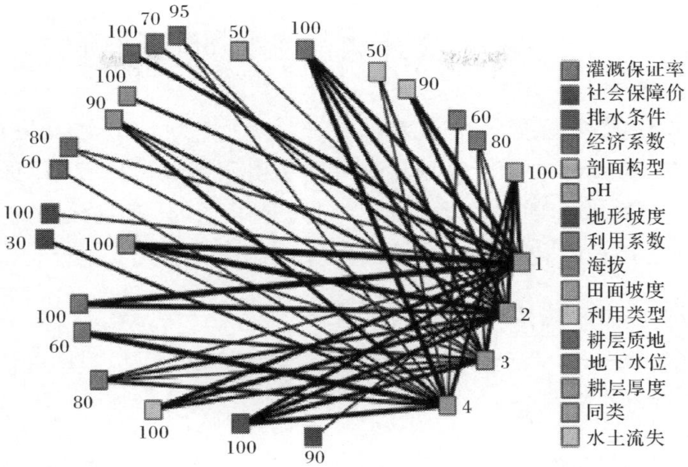

(a) 阈值为 300

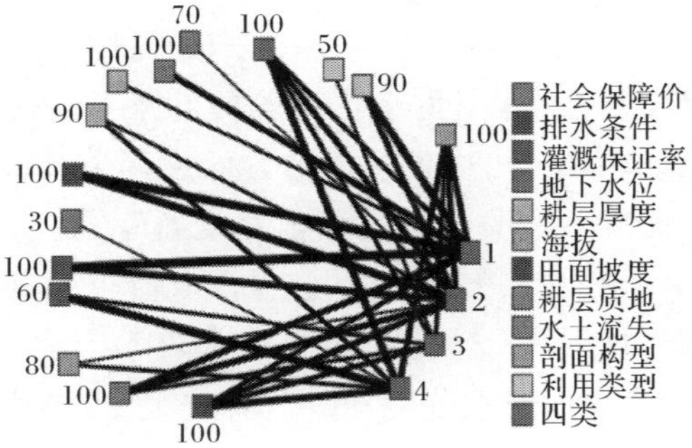

(b) 阈值为 400

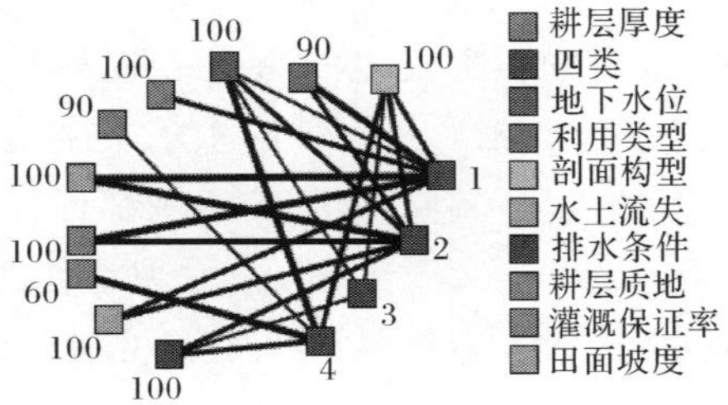

(c)阈值为 500

图 7.2　不同阈值下评价指标变量与土地质量类别间的 Web 图

7.2 基于决策树的土地资源评价

决策树是数据挖掘技术中最常采用的一种分类与预测模型(焦李成等,2006)。近年来,已有不少学者开始将决策树法引用到地学研究中,研究结果表明应用决策树法解决地学中的分类与预测问题是可行的,而且效果不错(田剑等,2007;Henderson et al.,2005;Debeir et al.,2002)。

7.2.1 决策树的基本算法与主要步骤

1. 决策树的基本算法

决策树法是通过确定一系列 if-then 的逻辑(分枝)关系,形成一套分层规则,将所有可能发生的结果的概率分布用树形图来表达,生成决策树,实现对研究对象的正确分类或精确预测。在树的生成,即学习算法的生成过程中,决策树的基本算法是贪心算法,它以自顶向下递归的各个击破方式构造决策树;随后,基于信息论构建决策树的 ID3 算法,试图最小化比较的期望数。C4.5 算法是对 ID3 算法的改进,针对 ID3 算法的缺点,主要在两个方面进行了改进:①修正分类评价函数,C4.5 算法对 ID3 算法最大的改进是用信息增益率取代信息增益作为分类评价函数,这样就解决了 ID3 算法容易倾向于选择取值较多的属性的特点;②增加处理分类属性是连续性的情况,这种算法利用比较各个属性的信息增益值的大小,来选择信息增益值最大的属性分类。C5.0算法是 C4.5 算法的一个商业版本,它已被广泛应用于许多数据挖掘软件包中(如 SPSS/Clementine 和 Rule Quest)。C5.0 算法主要在生成规则和精度方面得到了改进,生成规则的速度比 C4.5 算法快 5.7~240 倍,并且生成的规则更加准确;C5.0 算法在精度方面的改进主要表现在采用了 boosting 方法,大量的数据集上的测试结果表明 C5.0 算法的误差率比 C4.5 算法的一半还低。另外,CART 是一种产生二叉决策树的技术;SPRINT 算法强调可伸缩性,以保证无论获得多少主存,CART 都可以应用,同时它易于并行化,使用最小吉尼指数(least gini index,Gini)来发现最佳的分裂;Rainforest 方法关注于提高决策树算法的伸缩性,不需要训练集就可以分裂属性进行选择(Margaret,2005)。

根据分裂方法的不同,上述决策树算法可归纳为两类:基于信息论的方法和基于最小距离的 Gini 指标方法。属于前者的有 ID3、ID4、ID5、C4.5、C5.0 等算法,属于后者有 CART、SLIQ 和 SPRINT、Rainforest 等算法。

2. 决策树的主要步骤

决策树通常分为决策树生成和决策树剪枝两个步骤。

1）构建决策树——决策树的生成

（1）决策指标的选择。包括两个基本步骤：①提出所有可能的分枝规则，即可能的决策指标及其所分类别或分类阈值；②在以上候选的分枝规则中选择最佳者，选择的标准是使产生的 n 个子结内个体间有最大的相似程度，即使 n 个子结内“纯度”达到最大，通过熵（即平均信息量）的减少量、Gini 指数、χ^2 检验、方差分析等方法来实现。

（2）指标“权值”确定，即事前概率的估计。

2）决策树剪枝

当创建判定树时，由于数据中的噪声和孤立点，许多分枝反映的是训练数据中的异常。可以采用剪枝方法处理这种过分适应的数据问题（即过学习）。通常，应用的是统计度量，剪去最不可靠的分枝，这将加快分类的速度，提高独立于测试数据的树的正确分类的可靠性。

常用的树剪枝方法有两种：先剪枝和后剪枝方法。

（1）在先剪枝方法中，通过提前停止树的构造而对树剪枝，例如，通过决定在给定的节点上不再分裂或划分学习样本的子集。一旦停止，节点成为树叶，该树叶可能持有子集样本中最频繁的类，或这些样本的概率分布。在构造树时，如统计意义下的度量有信息增益、Gini 指数、χ^2 检验等，可以用于评估分裂的优良性。如果在一个节点划分样本将导致低于预定义阈值的分裂，则给定子集的进一步划分将停止。然而，选取一个适当的阈值是困难的。较高的阈值可能导致过分简化的树，而较低的阈值可能使树简化的太少。

（2）后剪枝方法，它由“完全生长”的树剪去分枝。通过删除节点的分枝，剪掉树节点。代价复杂性剪枝算法是后剪枝方法的一个实例。最下面的未被剪枝的节点成为树叶，并用它先前分枝中最频繁的类标记。对于树中每个非树叶节点，算法计算该节点上的子树被剪枝可能出现的期望错误率。然后，使用每个分枝的错误率，结合沿每个分枝观察的权值评估，计算不对该节点剪枝的期望错误率。如果剪去该节点导致较高的期望错误率，则保留该子树；否则剪去该子树。逐渐产生一组被剪枝的树之后，使用一个独立的测试集评估每棵树的准确率，就能得到具有最小期望错误率的决策树。

3. 基于信息论的决策树剪枝方法

决策树生成的过程是不断对样本数据进行分裂的过程。每次分裂对应着一个节点，在 C5.0 算法中采用属性增益率最大作为节点，基于信息论（或称信息熵)的方法递归形成决策树。其中,决策树C5.0算法是在C4.5算法的基础上采用了boosting方法对其进行了改进,C5.0算法的主要思想是:每个新模型的建立基于前面模型的结果,最后一个模型集中于正确分类前面模型未正确分类的那些实例,通常是通过为各个实例指定权值来完成的,对未正确分类的样本进行更频繁的取样,使决策树在分类训练数据的能力上彼此补充。基于信息论方法的基本思想是:在构造树的每层时,选择一个具有最高信息增益(或最大熵压缩)的属性作为当前节点的测试属性,该属性使得对结果划分中的样本分类所需的信息量最小,并将样本集分裂成几个不相交的子集,其中每个子集表示树的一个子节点,并以该属性的相应值标识到这些子节点的弧,每个子树依次持续递归下去。

下面以计算评价属性 A 为例,计算信息增益 GainRatio(A),设 S 是 s 个样本的集合。假定类别属性具有 m 个不同的值定义的 m 个不同类 $B_i(i=1,2,\cdots,m)$。设 S_i 是类 B_i 中的样本数。对一个给定的样本分类所需要的期望信息为

$$\text{Info}(s_1, s_1 \cdots, s_m) = -\sum_{i=1}^{m} p_i \log_2(p_i) \tag{7.3}$$

式中,P_i 是任意样本属于 B_i 的概率,用 S_i/S 计算。

设属性 A 具有 v 个不同值 $\{a_1, a_2, \cdots, a_v\}$,利用 A 将 S 划分为 v 个子集 $\{S_1, S_2, \cdots, S_v\}$,其中 S_j 为 S 中在 A 中具有 a_j 的样本,s_{ij} 是子集 S_j 中类 B_i 的样本数。由 A 划分成子集的熵或期望值为

$$E(A) = \sum_{j=1}^{v} \frac{s_{1j} + s_{2j} + \cdots + s_{mj}}{s} \text{Info}(s_{1j}, s_{2j}, \cdots, s_{mj}) \tag{7.4}$$

式中,项 $\frac{s_{1j} + s_{2j} + \cdots + s_{mj}}{s}$ 充当第 j 个子集的权,并且等于子集(即 A 值为 a_j)中样本个数除以 S 中的样本总数。熵值越小,子集划分的纯度越高。对于给定的子集 S_j,有

$$\text{Info}(s_{1j}, s_{2j} \cdots, s_{mj}) = -\sum_{i=1}^{m} p_{ij} \log_2(p_{ij}) \tag{7.5}$$

式中,P_{ij} 是 S_j 中样本属于 B_i 的概率,用 s_{ij}/S_j 计算。

分裂信息 SplitInfo(A)是 S 关于属性 A 的各值的熵,用以消除具有大量属性值属性的偏差。分裂信息 SplitInfo(A)、信息增益 Gain(A)、信息增益率 GainRatio(A)分别由下列对应的公式计算:

$$\text{SplitInfo}(A) = -\sum_{i=1}^{m} \frac{|S_i|}{|S|} \log_2\left(\frac{|S_i|}{|S|}\right) \tag{7.6}$$

$$\text{Gain}(A) = \text{Info}(s_1, s_2 \cdots, s_m) - E(A) \tag{7.7}$$

$$\text{GainRatio}(A) = \text{Gain}(A)/\text{SplitInfo}(A) \tag{7.8}$$

7.2.2　应用决策树法的土地资源评价

1. 学习样本容量的确定

学习样本数据质量的好坏对决策树的性能影响很大。本小节对学习样本确定的具体步骤是：首先，采用层次分析法计算各个样本（即评价单元）的综合指标，并以抽样技术抽取学习样本数量分别为 150、350、1000、2400、5000 的数据集*；然后，应用 C5.0 算法的决策树法对它们进行分析，筛选满足一定分类精度的最小数据集的学习样本数量；最后，对测试样本的质量等级进行分类并验证模型分类的准确性。另外，我们还采用机器随机抽样分别抽取上述相同数量的样本，目的是比较两种不同抽取方法对分类结果的影响。

2. 基于聚类抽样的样本容量的决策树的建立

决策树算法是从学习样本中训练规则，即建立决策树，然后用建立的决策树对总体样本进行分类，这是一种有监督学习分类的方法。在土地资源评价中，应用决策树时将评价指标变量（21 个）设置为决策树的输入变量，土地质量分类等级设为输出变量。为了提高决策树的学习精度，引入决策误差代价，即在进行样本等级识别归类时，学习结果发生误判时所应承担的代价，如表 7.3 所示。由表可知，当 1 级土地误判为 2 级、3 级和 4 级时，设置其误判代价权值分别为 0.35、0.70 和 1；当 2 级土地误判为 1 级、3 级和 4 级时，其误判代价权值分别设置为0.35、0.35 和 0.70；当 3 级土地误判为 1 级、2 级和 4 级时，其对应的误判代价权值分别为 0.70、0.35 和 0.35；当 4 级土地误判为 1 级、2 级和 3 级时，其对应的误判代价权值分别为 1.00、0.70 和 0.35。

表 7.3　决策代价权值表

土地级别	1	2	3	4
1	0.00	0.35	0.70	1.00
2	0.35	0.00	0.35	0.70
3	0.70	0.35	0.00	0.35
4	1.00	0.70	0.35	0.00

在 Clementine8.1 数据挖掘软件环境下，采用 C5.0 算法生成土地资源评价的决策树，首先分别对容量为 150、350、1000、2400、5000 的学习样本进行训练，建立学习样本相对应的决策树；然后应用创建的模型对测试样本**进行分类，并对模型

* 为了研究的需要和阐述的方便，学习样本数量参照了第 4 章中多种方法确定的样本容量。

** 测试样本为全体样本，即所有土地评价单元。

分类结果的准确率进行统计，结果见图 7.3。从图 7.3 中可以看出，学习样本容量较小时，分类的效果并不是十分理想；当学习样本容量≥1000 时，测试样本的判别正确率≥88.59%。对于大型数据库的分类结果能够达到如此准确度，尤其是对土地这样一个复杂的多指标评价系统，完全可以很好地满足日常土地资源评价工作的需要。因此，采用样本容量大小为 2400 的学习样本对测试样本进行分类是较好的选择。

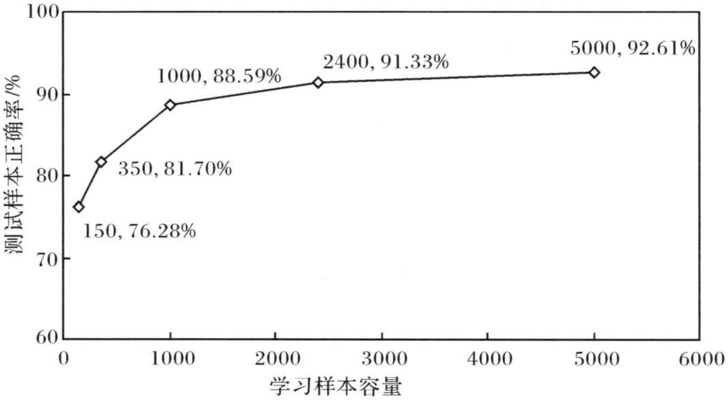

图 7.3　不同学习样本下的模型预测测试样本分类的正确率

3. 基于机器随机抽样的样本容量的决策树的建立

采用机器随机抽样抽取相同的学习样本容量，比较两种不同抽样方式下的学习样本对测试样本分类结果的差异。机器随机抽样是以样本记录号(评价单元 ID 号)为依据，样本等间隔抽取，对抽取的学习样本进行决策树分析时，设置输入变量与输出变量同上。然后分别对抽取的容量为 150、350、1000、2400、5000 的学习样本进行训练，并用测试样本对建立的模型进行验证，图 7.4 为各个模型相对应的分类精度。

比较图 7.3 与图 7.4 可以发现，两种不同抽样方法下的分类精度的变化趋势是相同的，即随着抽样样本容量的增大，测试样本的分类精度也随着提高。但是，随机抽样下的学习样本对测试样本的分类正确率普遍比基于聚类抽样的要高，其原因，可能来自两个方面：

(1) 聚类分析是通过计算样本指标变量间的空间距离实现样本的分类，它研究的是样本数据集本身的数据特性，不能反映出指标变量对土地质量影响程度的差异。然而，龙川县土地质量评价结果是基于层次分析法得来的，这是一种充分分化指标变量对研究对象影响程度差异性的较好方法。因此，采用聚类抽样的样本学习来分类由层次分析法得到的分类结果，出现误判的可能性未必会比其他传统抽样方

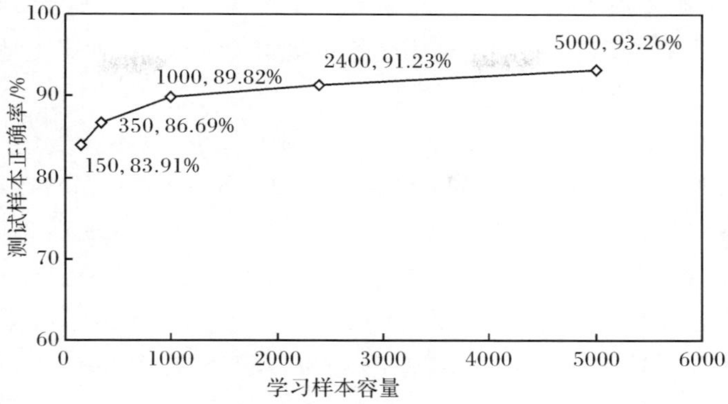

图 7.4　基于机器随机抽样的不同学习样本下测试样本分类的正确率

法的低。也就是说，在实际研究中，不能由此薄彼，更不能因为采用了某种方法而又不去比较其他方法的研究效果，就断定该方法的优越性，这是相当不严肃的。

(2) 采用机器随机抽样方法，抽取的样本在测试样本集中是以等间隔样本记录的形式均匀分布的，这就要求测试样本集中样本的土地质量分布相应的需以样本记录号的形式均匀分布，否则，误判的可能性会更高。

4. 决策树的剪枝

基于聚类分析抽取样本容量为 2400 的数据集，对其学习生成的决策树进行剪枝处理。

学习样本生成的决策树有 11 层，对决策树进一步剪枝是必要的，但是，首先需要判断决策树是否满足剪枝的条件，即剪枝程度高或低对样本正确率的影响程度。从表 7.4 中可以看出，剪枝对样本正确率影响不大，实施剪枝是可行的；但是，从决策树层数来看，剪枝程度高或低对树的层数影响很小。因此，本书中对 C5.0 算法的决策树实施剪枝意义不大。

表 7.4　剪枝程度影响

剪枝程度/%	0	50	75	80	90	95
树层	12	11	11	9	9	9
正确率/%	100	96.67	94.54	92.75	92	91.40

5. 基于决策树的土地质量评价

从建立的决策树评价模型中可以提取规则，由于决策树有 11 层，相应地生成了 10 个规则集，规则数较多，以决策树的树形来表达虽为直观，但相当庞大。应用规则集(rule set)的形式来表达这些信息显得简单得多，规则集树深只有 2 层，生成的 10 个规则集有 463 条规则，其中判定土地为 1 级的规则有 92 条，判定土地为 2 级的规则有 96 条，判定土地为 3 级的规则有 164 条，判定土地为 4 级的规则有 111 条。

其中，第一规则集中表达土地为 1 级的规则有 4 条，具体表达有：

(1) if 耕层厚度＝100 and 灌溉保证率＝100 then 1(493，0.941)；

(2) if 灌溉保证率＝ 100 and 经济系数＝ 100 then 1(309，0.830)；

(3) if 地形坡度＝90 and 耕层质地＝100 and 耕层厚度＝90 and 灌溉保证率＝100 and 水土流失＝100 then 1(67，0.826)；

(4) if 耕层质地＝100 and 耕层厚度＝ 90 and 灌溉保证率＝100 and 经济系数＝ 80 and 水土流失＝100 then 1 (73，0.773)。

规则表达式中括号内的两个数字分别表示支持度计数和可信度，在第一规则集中，可以通过 4 条规则判定 1 级土地中指标变量的重要性。判定结果为：指标变量灌溉保证率最为重要，其次是耕层厚度，然后是经济系数、耕层质地、水土流失状况等。

综合考虑规则集中规则的表达，可以得到土地资源评价中某些评价指标对该区域土地质量的影响。其中，1 级土地中，部分土地的有机质量在 1.0％～2.0％，应增加该类土地有机质的投入，以改善土壤肥力状况，防止土地质量的下降；从判断为 2 级土地和 3 级土地的规则来看，灌溉保证率因素对土地质量有着重要的影响，同时 pH 和有机质含量也是土地质量的限制因子，另外，地形坡度和田面坡度因子的变化对土地质量也产生较大的影响；从 4 级土地的评价规则看，田面坡度基本上是大于 8°，耕作区不平整，田面坡度较大，且该区域内主要土地利用类型是旱地和望天田，灌溉条件难能保证，该区域土地不宜耕种，应将该区域的土地利用类型调整为林地或园地，以提高该区域内土地利用的效益和满足环境保护的需要，避免地区性的水土流失现象。

7.3 小　　结

首先，本章应用关联规则分析较好地挖掘了评价指标间及指标与土地质量级别间的关联性，并描述了它们之间可能存在的某种联系和相互作用；然后，采用了决策树对土地资源评价单元进行了有监督学习分类，其中基于机器随机抽取学习样本数量为 150、350、1000、2400、5000 的分类正确率依次分别为 83.91％、86.69％、89.82％、91.23％、93.26％，而基于聚类抽样方法抽取相同容量的样本的分类正确率分别为 76.28％、81.70％、88.59％、91.33％、92.61％。

第8章　土地资源评价神经网络模型与支持向量机

神经网络是一类模拟人脑神经网络结构及其功能，可进行非线性分类和预测的模型，具有自组织、自学习、自适应性、容错能力强等特点，它是一种通过训练来学习并具有联想记忆功能的模式识别。土地资源评价是一个受多因素影响的复杂系统，有时人们难以应用传统的基于规则的方法来构建土地资源评价体系，也难以从复杂的土地各要素之间抽取清晰、明确的评价规则来表达确定的因果关系。然而，应用神经网络技术能够较好地解决这些问题，这已成为近年来土地资源评价方法研究中的一个重要的研究方向。支持向量机作为机器学习的最新发展，近年来越来越受到人们的关注。本章将介绍其中3种重要的方法：BP神经网络、径向基函数神经网络和支持向量机，并对它们在土地资源评价中的应用进行探讨。

8.1　基于BP神经网络的土地资源评价

8.1.1　BP神经网络的基本原理与主要步骤

1. BP神经网络的结构

BP神经网络是一种在理论和应用方面发展都较为成熟的逆向传播算法的多层前馈式网络。该网络模型具有三层或三层以上（含多个隐含层）的多层神经网络结构，每一层都由若干个神经元组成，其拓扑结构如图8.1所示。标准的BP网络模型由3个神经元层次组成，即输入层、中间层（又称为隐含层）、输出层。

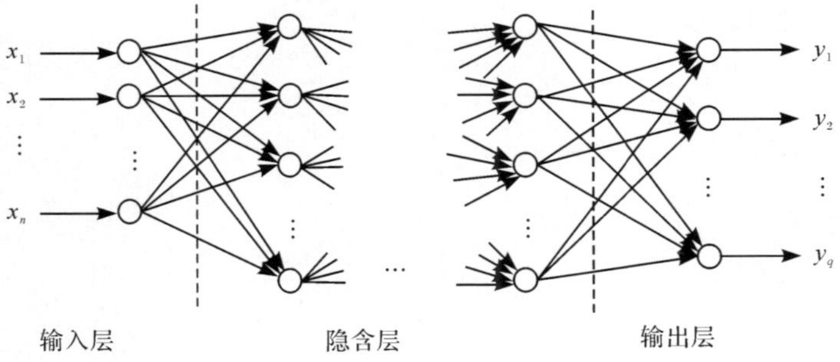

图8.1　BP神经网络拓扑结构

BP 神经网络结构中每个层次都包含若干个神经元，同一层各神经元之间没有相互的连接，相邻层的神经元之间通过权值连接。输入层和输出层的单元数是由具体问题的输入层参数和输出层参数来确定的，而隐含层的单元数则由具体问题的复杂程度、误差下降情况等来确定。BP 算法的实质是前向多层网络的实际输出与期望输出之间最小均方差的一种迭代梯度算法，即用网络的实际输出和目标输出之间的误差来修正其连接权值，使网络输出的误差平方和在所要求的范围内。

2. BP 神经网络的学习过程

为了使 BP 网络具有某种学习功能，完成某项任务，需要调整层间连接权值和节点阈值，使所有样本的实际输出和期望输出之间的误差达到最小。标准 BP 网络的学习过程如下：

1）输入模式的正向传播

这一过程主要利用输入模式求出它所对应的实际输出。

（1）确定输入向量 $\boldsymbol{X}_k$：

$$\boldsymbol{X}_k = [x_1^k, x_2^k, \cdots, x_n^k], \quad k = 1,2,\cdots,m \tag{8.1}$$

式中，m 是学习模式个数；n 是输入层单元数。

（2）确定期望输出向量 $\boldsymbol{Y}_k$：

$$\boldsymbol{Y}_k = [y_1^k, y_2^k, \cdots, y_q^k], \quad k = 1,2,\cdots,m \tag{8.2}$$

式中，q 是输出层单元数。

（3）计算中间层各神经元的激活值 s_j：

$$s_j = \sum_{i=1}^{n}(W_{ij} \cdot x_i) - \theta_j, \quad j = 1,2,\cdots,p \tag{8.3}$$

式中，W_{ij} 是输入层至中间层的连接权值；θ_j 是中间层单元的阈值；p 为中间层单元数。

由于 s 型函数是连续可微分的，而且更接近生物神经元的信号输出形式，所以通常激活函数采用 s 型函数，即

$$f(x) = \frac{1}{1 + \exp(-x)} \tag{8.4}$$

（4）计算中间层 j 单元的输出值。

将式(8.3)的激活值代入激活函数[式(8.4)]中可得中间层 j 单元的输出值为

$$b_j = f(s_j) = \frac{1}{1 + \exp\left[-\sum_{i=1}^{n}(W_{ij} \cdot x_i) - \theta_j\right]}, \quad j = 1,2,\cdots,p \tag{8.5}$$

式中，W_{ij} 是输入层至中间层的权值；θ_j 是中间层单元的阈值；f 是 s 型激活函数。

（5）计算输出层第 t 个单元的实际激活值 O_t：

$$O_t = \sum_{j=1}^{p}(W_{jt} \cdot x_j) - \theta_t, \quad t = 1,2,\cdots,q \tag{8.6}$$

式中，W_{jt} 是中间层至输出层的权值；θ_t 是输出层单元的阈值。

（6）计算输出层第 t 个单元的实际输出值 c_t：

$$c_t = f(O_t), \quad t = 1,2,\cdots,q \tag{8.7}$$

式中，O_t 是输出层第 t 个单元的实际激活值；f 是 s 型激活函数。

2）输出误差的逆传播

在输入模式正传播计算中得到了网络的实际输出值，但这些实际输出值与希望的输出值不一样或者误差大于限定的数值时，就要对网络进行校正。由于这里的校正是从后向前进行的，所以叫误差逆传播，计算时是从输出层到中间层，再从中间层到输入层。

（1）输出层的校正误差为

$$d_t^k = (y_t^k - c_t^k) f'(o_t^k) \tag{8.8}$$

式中，$t=1,2,\cdots,q$，q 为输出层单元数；$k=1,2,\cdots,m$，m 为学习模式总数；y_t^k 是期望输出；c_t^k 是实际输出；$f'(\cdot)$是输出层函数的导数。

（2）中间层各单元的校正误差为

$$e_j^k = (\sum_{t=1}^{q} W_{jt} \cdot d_t^k) f'(s_j^k) \tag{8.9}$$

式中，$j=1,2,\cdots,p$，p 为中间层单元数；$k= i=1,2,\cdots,m$。

（3）输入层至中间层的连接权和输出层阈值的校正量为

$$\Delta V_{jt} = x \cdot d_t^k \cdot b_j^k \tag{8.10}$$

$$\Delta \gamma_t = x \cdot d_t^k \tag{8.11}$$

式中，b_j^k 是中间层 j 单元的输出；d_t^k 是输出层的校正误差；$j= i=1,2,\cdots,p$；$t= i=1,2,\cdots,q$；$k= i=1,2,\cdots,m$；$0<\alpha$（学习系数）。

（4）中间层至输入层的校正量为

$$\Delta W_{ij} = \beta \cdot e_j^k \cdot x_i^k$$

$$\Delta \theta_{ij} = \beta \cdot e_j^k \tag{8.12}$$

式中，e_j^k 是中间层 j 单元的校正误差，$j= i=1,2,\cdots,n$，n 是输入层单元数；$0<\beta<1$（学习系数）。

3）循环记忆训练

为使网络的输出误差趋向最小值，对于 BP 网络输入的每一组训练模式，一般要经过几百次甚至上万次的循环记忆训练，才能使网络记住这一模式。这种循环记忆训练实际上就是重复上述输入模式的计算过程。

4）学习结果的判断

当每次循环记忆训练结束后，都要进行学习结果的判断。判断的目的主要是检查输出误差是否已经小到可以允许的程度。如果小到允许的程度，就可以结束整个学习过程，否则还需进行循环训练。

8.1.2 土地资源评价 BP 神经网络模型的设计

在进行 BP 神经网络的设计时候，一般从网络的层数、每一层的神经元数、初始值、学习速率等几个方面来考虑。

1. BP 神经网络结构的确定

在一般设计 BP 神经网络结构情况中，增加隐含层数可以更进一步地降低误差，提高 BP 网络的非线性映射能力，但同时也使网络复杂化，从而增加网络权值的训练时间和出现“过拟合”的倾向。实际确定隐含层节点数的基本原则是：在满足一定精度要求的前提下，尽可能取紧凑的结构，即取尽可能少的隐含层节点数。根据 Kolmogorov 定理（也称为映射网络定理）可知：给定一个连续函数 $f:R^r\to R^m$，$f(x)=Y$，f 可以精确地用一个三层前馈网络来实现。随后的研究工作不断证明：只要选择合适数量的神经元，神经网络可以以任意的精度逼近任意一个连续函数（Hornic，1991；Hornic et al.，1989）。本书中 BP 神经网络结构由输入层、隐含层和输出层组成。

2. 数据预处理

采用 Sigmoid 激励函数的 BP 神经网络的输入必须在[0，1]之间，才能达到较高的精度，否则网络的性能会很差。同时为了消除各特征分量幅度差异的影响，防止小数值信息被大数值信息淹没，有必要对各输入量进行预处理。预处理公式为

$$\overline{x_i}=\frac{x_i-x_{\min}}{x_{\max}-x_{\min}},\quad i=1,2,\cdots,m \tag{8.13}$$

式中，x_i 为输入数据；$x_{\min}$ 为输入数据中的最小值；$x_{\max}$ 为输入数据中的最大值；$\overline{x_i}$ 为变换后的数据。

3. BP 神经网络输入层和输出层神经元数的确定

BP 神经网络的输入层、输出层的神经元数根据研究的需要来决定。输入层的神经元数由影响因素确定，由于评价工作选择了 21 个评价指标，即所建立的 BP 神经网络的输入层设置为 21 个神经元；根据土地资源评价结果所表达的识别要求，一个输出神经元能对其对应的土地质量进行有效区分，考虑输出向量，土地质

量分为 4 个级别，采用“n 中取 1”表示法来表示输出向量，即令输出向量的分量数等于类别数，输入样本被判为哪一类，对应的输出分量取 1，其余 $n-1$ 个分量全取 0，该方法的优点是直观。因此，输出神经元土地的 1、2、3、4 级分别用 0001、0010、0100、1000 来表示，即输出层节点数 4 个。

4. 隐含层神经元数的确定

BP 网络训练精度的提高，可以通过采用一个隐含层而增加神经元数（或称节点数）的方法来获得（廖宁方等，1998），这在结构的实现上要比增加更多的隐含层简单得多。但由于所解决问题的复杂性无法量化，以至于不能很好地用解析式来确定隐含层节点取多少合适，BP 神经网络隐含层节点数的确定方法目前尚无成熟的理论可依。一般采用试算法，即从较少隐含层节点数的简单神经网络开始训练，依次增加神经元数，扩大网络的规模，从多次训练的结果中按节点数和训练次数较少，又能满足拟合精度要求的原则确定隐含层神经元数。在具体设计时，可根据如下经验公式来初步确定隐含层节点数：

$$j = \sqrt{n+m} + a \tag{8.14}$$

式中，j 为隐含层节点数；n 为输入层节点数；m 为输出层节点数；a 为 1～10 的常数。

由于输入层节点数为 21，输出层节点数为 1，根据式(8.14)初步确定隐含层节点数为 6～15 中的一个。为了从中选择一个作为隐含层节点数，对不同隐含层节点数的 BP 神经网络进行测试，确定网络误差最小或是预测正确率最高的隐含层节点数。在这里，选择样本容量为 2400* 的数据集作为学习样本，测试样本为所有土地评价单元，在 Clementine 软件环境下驱动类神经网络模块，设置学习速率为 0.9。为了避免过学习，随机抽取样本容量的 50%作为学习样本，采用快速神经网络学习算法进行学习，训练与分类结果如表 8.1 所示。从表中可以看出隐含层节点数的增加并没有在它们之间产生较大的差异，选择分类精度相对较高的包含 11 或 13 个节点数的隐含层的效果相对较好，本节选择节点数为 13 个。在 Clementine 软件环境中，系统的数据结构和隐含层节点数按上述设置，同时，系统以随机的方式产生节点间连接初始权值并不断调整，使得所有样本的实际输出和期望输出之间误差较小。

5. 初始权值的选取

由于系统是非线性的，初始值的选取对学习是否达到局部最小、是否能够

* 该样本容量是基于因子分析与抽样技术计算确定的。

收敛以及训练时间的长短有很大影响。初始值过大、过小都会影响学习速度，因此，权值的初始值应选取均匀分布的小经验值，初始权值在(－1,1)之间取随机数。

表 8.1　不同隐含层神经元数的学习与分类正确率

隐含层神经元数	学习样本正确率	测试样本正确率
6	93.96%	94.43%
7	93.61%	92.62%
8	92.83%	93.64%
9	91.84%	93.90%
10	92.96%	93.82%
11	93.90%	95.08%
12	92.96%	94.85%
13	93.56%	95.26%
14	92.98%	94.65%
15	93.94%	94.64%

6. 学习速率的选取

同初始权值的选取过程一样，在一个神经网络设计中，网络要经过几个不同的学习速率的训练，通过观察每一次训练后的误差平方和的下降速率来判断所选定的学习速率是否合适。如果误差平方和下降很快，则说明学习速率合适；如果误差平方和出现震荡现象，则说明学习速率过大。对于每一个具体的网络都存在一个合适的学习速率，但对于较复杂的网络，在误差曲面的不同部位可能需要不同的学习速率。

学习速率决定了每一次循环训练中所产生权值的变化量，快的学习速率可能导致系统的不稳定，但慢的学习速率导致较长的训练时间，可能收敛很慢，不能保证网络的误差值跳出误差表面的低谷而最终趋于最小误差。所以，在一般情况下，倾向于选取较慢的学习速率，以保证系统的稳定性，学习速率的范围一般选取0.1～0.8(杨淑莹，2008)，而在 DPS 或 Clementine 软件中通常取 0.9。

7. 网络学习方法的选取

标准 BP 算法是基于误差梯度降的权值调整原则，即贪心算法，每一步求解都取局部最优学习过程，可以以任意精度逼近任何非线性函数，这也是 BP 网络得到广泛应用的原因所在。然而，标准 BP 算法在应用中存在一些缺陷，主要有：易形成局部极小而得到全局最优；训练次数多使得学习效率低，网络收敛速度慢;隐节点的选取缺乏理论指导;训练时学习新样本有遗忘旧样本的趋势。因此,国内外提出了不少有效的改进算法,如增加动量项法、自适应调节学习速率、拟牛顿法、Levenberg-Marquardt 等。在 Clementine 软件中,系统提供了 Quick(快速神经网络算法)、Dynamic(动态神经网络算法)、Multiple(多输入神经网络算法)、Prune(剪枝神经网络算法)、RBF(径向基神经网络算法)等网络学习方法。

8.1.3　应用 BP 神经网络模型的土地资源评价

应用神经网络对输入样本的分类,实际上是在样本空间找出符合分类要求的分割区域,每个区域内的样本属于一类。而传统分类方法适合解决同类相聚、异类分离的识别和分类问题。在土地资源评价中,耕地图斑在空间上的区域分割曲面是十分复杂的,相近或相邻的图斑可能属于不同的类,而远离的图斑可能同属一类。应用神经网络可以很好地解决对非线性曲面的逼近,这也是神经网络广泛应用于信号处理、模式识别、智能控制等领域的原因。

本小节依然选择样本容量为 150、350、1000、2400、5000(采用决策树中样本数量计算方法获取)的数据集作为学习样本,测试样本为全体评价单元(30281 个),在 Clementine 软件环境下,驱动类神经网络模块,设置学习速率为 0.9,随机抽取样本集的 80%作为学习样本,分别采用 Quick(快速神经网络算法)、Dynamic(动态神经网络算法)、Multiple(多输入神经网络算法)、Prune(剪枝神经网络算法)4 种神经网络学习方法进行训练和分类。由于学习样本是随机抽取的,每次学习的结果可能有所不同,因此,采用多次(取 10 次)机器学习的方法,选择前五次学习正确率最高的网络模型进行分析。在 CPU 为 P4 且内存为 768MB 的计算机上,学习样本从训练开始到收敛所消耗的时间表现为:Quick $<$Multiple$<$Dynamic$<$Prune。其中 Prune 网络学习时间最长,当学习样本为 2400 时,需要 4808s 的学习时间,网络才能收敛;而 Quick 网络学习能够快速收敛,几乎不需要耗时就能完成大样本的网络学习,如图 8.2 所示。

BP 神经网络模型是一种非显式的模型,具有记忆的功能,应用学习样本网络学习建立的 BP 模型对测试样本进行分类。在学习样本$\geqslant$1000 时,测试样本正确率在 90%以上;当样本容量$\geqslant$2400 时,测试样本正确率在 94%以上,这样的分类正确率是非常高的,如表 8.2 所示。结合学习样本所耗时间,选择样本容量为 350 的 Prune 剪枝神经网络学习,学习样本训练时间为 471s,正确率为 89.80%,完全可以便捷地实现待测样本的分类。

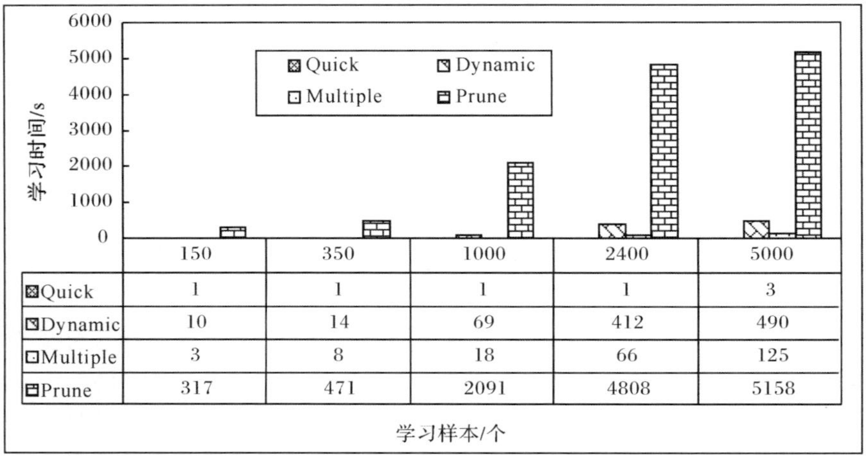

图 8.2　4 种 BP 神经网络学习算法收敛时间

表 8.2　4 种 BP 神经网络学习下的分类精度

学习样本容量	Quick	Dynamic	Multiple	Prune
150	83.23%	83.44%	84.91%	87.12%
350	86.18%	88.74%	89.75%	89.80%
1000	91.06%	91.35%	92.60%	94.40%
2400	94.34%	95.24%	95.55%	96.97%
5000	94.64%	96.38%	97.17%	97.26%

8.2　基于径向基函数神经网络模型的土地资源评价

径向基函数神经网络(radial basis function neural network,RBF)是另外一种重要的多层(三层)前馈式神经网络。该网络模型网络结构简单、训练简洁而且学习速度快,可以以任意精度全局逼近一个给定的非线性函数,这也是它比标准 BP 网络模型先进的地方。因此,RBF 神经网络已被广泛地应用于高维空间的插值、模式识别、智能控制等方面,近年来也开始被应用于地学领域,主要用来解决空间插值、地学评价中的分类与预测等问题。

RBF 神经网络主要包括正规化神经网络(regularization NN)、泛化回归神经网络(generalized regression NN)和概率神经网络(probabilistic NN,简称 PNN)三种。通常采用的 RBF 神经网络是正规化神经网络,前两种径向基神经网络主要应用于函数的逼近,而概率神经网络模型常用来模式分类与预测(周开利等,2005;葛哲学等,2007)。本节所提及的概率神经网络是基于径向基函数的,它具有传统 RBF 神经网络与一般概率神经网络的优点，同时又克服了这两种网络模型的缺点。国内学者薛月菊等(2006)将一般概率神经网络模型应用于土壤资源质量评价，研究表明其评价结果比标准 BP 网络更加切合实际。目前，国内外基于径向基的概率网络模型的研究并不多(陈重阳等，2000；黄德双，1998a，1998b)，因此，本节应用径向基函数的概率网络模型对土地质量分类进行研究。

8.2.1　径向基概率神经网络的结构与创建

1. 径向基概率神经网络的结构

径向基概率神经网络由输入层、径向基层和竞争型网络层 3 层网络结构构成(董长虹，2007)，严格来讲，应该包括 4 层，其中输出层包含于竞争层内。图 8.3 为径向基概率神经网络拓扑结构。

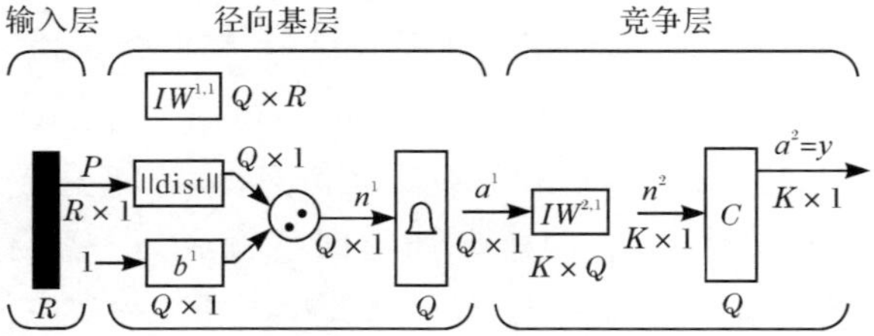

图 8.3　径向基概率神经网络拓扑结构

图 8.3 中，R 为输入向量元素的数目；Q 为输入目标样本数目，也是第二层神经元的数目；K 为输入向量类别的数目，也是第三层神经元的数目。

$$a_i^1 = \text{radbas}(\|{}_iIW^{1,1} - \boldsymbol{p}\|) \tag{8.15}$$

$$a^2 = \text{compet}(IW^{2,1} - a^1) \tag{8.16}$$

式中，P 为输入向量矩阵；a_i^1 为向量 a^1 的第 i 个元素；$IW^{1,1}$ 为输入权值矩阵；${}_iIW^{1,1}$ 为权值 $IW^{1,1}$ 的第 i 行向量；radbas 为径向基函数，一般采用高斯函数：radbas$=\exp(-n^2)$。高斯径向基函数具有光滑性好、径向对称和形式简单等特点，其效果如图 8.4 所示。

2. 径向基概率神经网络的创建

概率神经网络第一层为输入向量，网络首先计算输入向量与学习样本之间的距离；第二层的输出向量表示输入向量与学习样本之间的接近程度；第三层将与输入向量相关的所有的类别综合在一起，网络输出为表示概率的向量，最后通过第三层的竞争传递函数进行取舍，概率最大值的那一类为 1，其他类别用 0 表示。

假设输入期望值样本向量的数目为 Q，期望值为 K 维向量，表示类别只有一

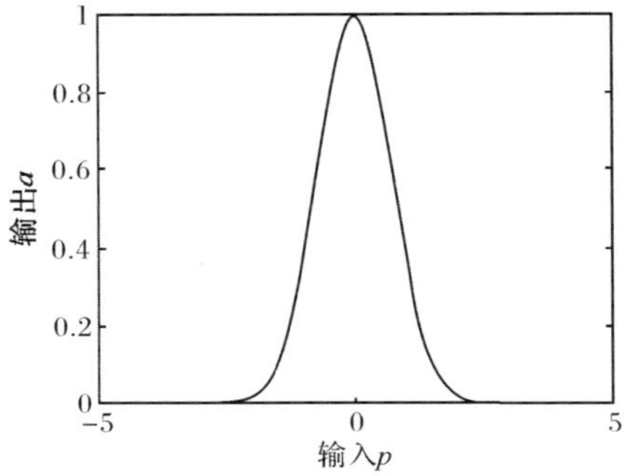

图 8.4　高斯径向基传递函数 radbas

个元素为 1，其余均为 0。径向基概率神经网络工作原理主要如下：

(1) 径向基概率神经网络结构第一层输入层将输入样本完全不变地传给径向基层，径向基层神经元数目等于输入样本容量，其权值等于输入向量的转置，即 $IW^{1,1}=P^{\mathrm{T}}$；其径向基神经元的阈值 $b=\sqrt{[-\log(0.5)]}/\mathrm{spread}$。式中，spread 为径向基函数的扩展系数，Matlab 软件系统默认值为 1。合理选择 spread 是很重要的，当 spread 接近于 0 时，对应的概率神经网络就成为一个最邻域分类器；当 spread 值越大，其输出结果越光滑，但太大的 spread 值会导致数值计算上的困难，通常需要其值足够大，使径向基神经元能够对输入向量所覆盖的区间产生响应。经过 ‖dist‖ 计算，第二层输出向量表示输入向量与学习样本向量接近的程度，然后与阈值向量相乘，再经过径向基传递函数计算。输入向量与哪个输入样本最接近，则神经元输出 a^1 对应元素就为 1；如果输入向量与几个类别的输入样本均接近，则 a^1 相对应的几个元素均为 1。

(2) 径向基概率神经网络第三层竞争层的神经元数等于分类模式数，其权值 $IW^{2,1}$ 为期望向量 T，每个行向量只有一个元素为 1，代表相对应的类别，其余元素均为 0，然后计算乘积 Ta^1。最后，通过第三层的竞争型传输函数竞争得到 n^2，较大的元素取为 1，其余为 0。

8.2.2　应用径向基概率神经网络模型的土地资源评价

本小节选择样本容量为 2400* 的数据集作为学习样本，测试样本为全体评价单元(30281 个)，在 Matlab 软件环境下调用概率神经网络函数 newpnn，并编写相应的程序加以实现。

龙川县土地资源评价概率神经网络拓扑结构的设计，包括 21 个输入指标变

---

* 该样本容量是采用决策树中样本容量的获取方法计算确定的。

量、与样本容量大小相等的径向基神经元数目、4 个输出单元的概率神经网络。其中扩展系数 spread 需要反复调试，并将各类的输入样本作为输入层与竞争层的权值，经过机器学习得到土地资源评价的概率神经网络模型，然后选择其中分类效果较好的一个。

设：学习样本文件名为 Learned. txt（以 ANSI 码格式存储），期望输出分类向量为 Type. txt，训练好的神经网络模型存储为 Learned_result，测试样本为 Tested. txt；扩展系数 spread 分别取 0. 3、0. 5、0. 7、1. 0、1. 2、1. 5、1. 8、2. 1、2. 5、3. 0、…、60，共 35 个数值。

调用概率神经网络函数 newpnn，在 Mablab 软件环境下编写程序如下：

```
%加载输入、输出和测试样本数据
load Learned.txt;
load Type.txt;
load Tested.txt;
%设计概率神经网络
p=Learned';
tc=Type';
t=ind2vec(tc);
spread=0.3;
t1=clock;       %计时开始
net=newpnn(p,t,spread);
datat=etime(clock,t1);    %计算设计网络所用的时间
%存储训练好的神经网络模型
save Learned_pnn net;
%加载训练好的神经网络模型
load Learned_pnn net;
%神经网络仿真，对学习样本进行分类
y=sim(net,p);
yc_learned =vec2ind(y);
%神经网络仿真，对测试样本进行分类
p_test=Tested';
t2=clock;     %计时开始
y=sim(net,p_test);
yc_tested =vec2ind(y);
datat2=etime(clock,t2);      %计算神经网络分类所用的时间
```

不同扩展系数 spread 下的学习样本训练时间约为 1s，测试样本（30281 个）的

测试时间约为 250s，将经学习样本训练建立的径向基概率神经网络模型应用于学习样本(2400 个)和测试样本的分类，其分类的正确率如图 8.5 所示。从图中可以看出，学习样本的测试结果表明，样本分类正确率 c 随着扩展系数 s^* 的增加，呈现降低的趋势。当 $s \leqslant 9$ 时，样本测试正确率 $c=100\%$；然后随着 s 的增加，样本测试结果的正确率 c 在缓慢地降低；当 $s=60$ 时，样本测试正确率仍然较高($c=83.50\%$)。测试样本测试结果表明，当 $s \leqslant 1$ 时，样本分类的正确率 c 快速地拉升；当 $s \in [1,15]$ 区间时，正确率 c 有一个缓慢提高的过程；随后，测试样本的正确率 c 缓慢地降低，当 $s=60$ 时，样本测试正确率仍然较高($c=80.84\%$)。这一方面说明了径向基概率神经网络模型训练简洁且学习速度快，同时，径向基函数也表现出了高精度的全局逼近的能力；另一方面也说明了径向基概率神经网络与其他神经网络模型一样，容易陷入过学习的状态，使得网络模型的移植性较差，例如，当 $s=0.3$ 时，学习样本的训练结果正确率为 100%，但是用它建立的网络模型来分类测试样本的正确率时，测试样本的正确率只有 32.00%，出现过拟合现象。

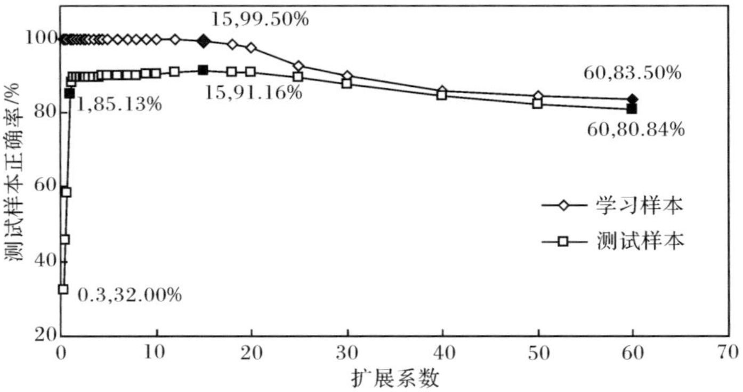

图 8.5　不同扩展系数下的学习样本和测试样本的正确率比较

综合考虑学习样本与测试样本的正确率，径向基概率神经网络模型对龙川县土地质量分类的较好的结果是当扩展系数 $s=15$ 时，学习样本训练分类正确率 $c=99.50\%$，测试样本分类正确率 $c=91.16\%$。此时，1 级地、2 级地、3 级地、4 级地的分类正确率分别为 91.59%、91.91%、92.07%、88.19%，相邻级别间出现了一定数量的误判：1 级地误判为 2 级地占 1 级地图斑数的 8.41%，2 级地误判为 1 级地和 3 级地分别占 2 级地图斑数的 7.48%和 0.62%，3 级地误判为 2 级地和 4 级地分别占 3 级地图斑数的 1.16%和 6.78%，4 级地误判为 3 级地占 4 级地图斑数的 11.81%；而较为严重的跨级误判现象没有出现如表 8.3 所示。91.16%的分类正确率，分类结果没有出现跨级误判，这样的分类或分类效果基本能够满足

* 扩展系数 spread 用字母 s 表示，$s \in [0.3,60]$。

土地质量评价的需要,然而该分类正确率均低于上述改进的 BP 神经网络模型(学习样本数量为 2400)的分类结果。

表 8.3　土地分类预测正确率比较统计

土地级别	1	2	3	4
1	91.59%	8.41%	0.00%	0.00%
2	7.48%	91.91%	0.62%	0.00%
3	0.00%	1.16%	92.07%	6.78%
4	0.00%	0.00%	11.81%	88.19%

注:纵向土地级别是基于 AHP 的分类结果,以它来评价横向径向基概率神经网络的分类结果。

8.3　基于支持向量机的土地资源评价

传统统计学方法采用的是渐近理论,该理论的不足有:研究样本趋于无穷多时的性质在实际应用研究中受到了限制;基于风险最小化的学习机器,在样本有限时其推广能力不高;神经网络存在隐层节点的确定、过学习、局部极小等问题,而且没有数据理论支撑。近年来发展的支持向量机(support vector machine,SVM)是解决上述问题的重要工具,并逐渐发展形成了支持向量分类机(support vector classification machine,SVC)与支持向量回归机(support vector regression machine,SVR)两个分支。

在土地资源评价中,基础数据的获取并不容易,数据量的大小也只是相对而言,应用支持向量机可以很好地克服这些问题。

8.3.1　支持向量机的理论背景

简单地讲,支持向量机是这样的一种学习机器,它利用核函数,将低维的样本输入空间映入高维甚至无穷维的特征空间中,然后在特征空间里寻求极大化的最优超平面,并建立相应的线性决策函数。其中,特征空间的线性决策函数在原始的输入空间中为非线性的决策函数,支持向量机巧妙地把复杂的非线性决策问题转化为高维空间里的线性决策问题,获得了良好的推广能力(马儒宁,2003)。

1. 统计学习理论

20 世纪 90 年代逐渐完善的统计学习理论(statistic learning theory,SLT)是一种专门针对有限样本情况下非参数估计问题的机器学习理论(侯媛彬等,2007)。该理论针对小样本统计问题建立了一套新的理论体系——VC 维理论和结构风险最小化归纳原理,在这种理论体系下的统计规则不仅考虑了对渐近性能的要求，并且追求在有限的信息条件下获得最优的结果，克服了传统的统计模式识别方法对样本数目要求足够多的弊端。为此，它能将很多方法融合起来，解决许多原来难以解决的问题，如神经网络结构选择问题、局部极小点问题等。同时，在这一理论的基础上发展了一种新的通用支持向量机学习方法。目前，SLT 和 SVM 已经成为继神经网络研究之后另一个重要的研究热点，它将推动机器学习理论和技术的进一步发展。

2. 支持向量机的基本原理

SVM 是建立在统计学习理论的 VC 维理论和结构风险最小化原则基础上的新型机器学习方法，它根据有限样本信息在模型的复杂度和期望风险之间寻求最佳折中，能够获得更好的泛化性能。SVM 方法的基本思想是基于 Mercer 核展开定理，通过非线性映射把特征空间映射到 Hilbert 空间，在 Hilbert 空间中用线性学习机方法解决非线性分类和回归，它是从线性可分情况下的最优分类面提出的。对于二维线性的可分情况，支持向量机的基本原理是寻找一个最优分类面，并使其两侧的分类间隙最大。图 8.6 展示了二维线性可分情况下的最优分类超平面。图中实心点和空心点分别表示两类学习样本，H 为把两类没有错误地分开的分类线，H_1、H_2分别为过两类样本中离分类线最近的点且平行于分类线的直线，H_1和 H_2之间的距离称为分类空隙或分类间隔。所谓最优分类线就是要求分类线能够将两类无错误地分开，同时要使两类的分类间隙最大，其中无错误地分开是保证经验风险最小，而使分类间隙最大是使置信范围最小，保证结构风险最小。推广到高维空间，最优分类线就成为最优分类面。

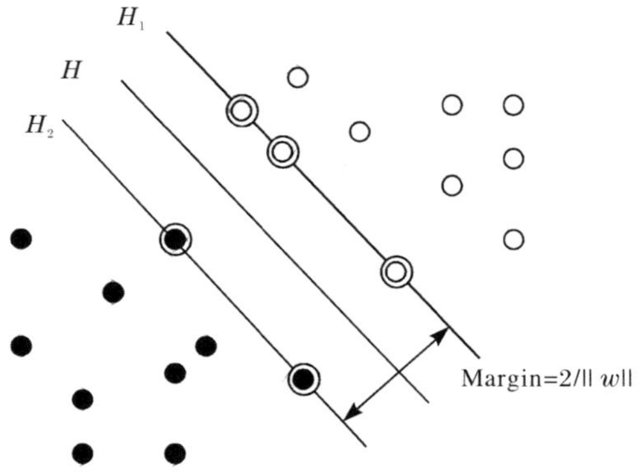

图 8.6　二维线性可分情况下的最优分类超平面

设线性可分样本集为$(\boldsymbol{x}_i, y_i)$，$i=1,2,\cdots,n$，$\boldsymbol{x}\in R^d$，即 $\boldsymbol{x}$ 是 d 维特征向量；$y\in\{-1,1\}$是类别标号，或者说对于不同的样本进行分类(两类情况)，可将样本标记为−1、+1，即 y 的取值为−1 或+1。d 维空间中线性判别函数的一般形式

为$g(\boldsymbol{x})=\boldsymbol{wx}+b$，分类面方程为

$$\boldsymbol{w}\,\boldsymbol{x}+b=0 \tag{8.17}$$

式中，$\boldsymbol{w}$ 是超平面的法线方向，$\boldsymbol{w}/\|\boldsymbol{w}\|$ 为单位法向量，其中 $\|\boldsymbol{w}\|$ 是欧氏模函数。

将判别函数归一化处理，使两类样本满足$|g(\boldsymbol{x})|\geqslant 1$，即使离分类面最近的样本的$|g(\boldsymbol{x})|=1$，即分类间隔等于 $2/\|\boldsymbol{w}\|$，使得间隔最大等价于使 $\|\boldsymbol{w}\|$ 或 $\|\boldsymbol{w}\|^2$ 最小。若要求分类线对所有样本正确分类，应满足不等式：

$$y_i(\boldsymbol{wx}_i+b)-1\geqslant 0,\quad i=1,2,\cdots,n \tag{8.18}$$

当分类面满足上述条件且使 $\|\boldsymbol{w}\|^2$ 最小，它即为最优分类面，其中过两类样本中离分类面最近的点且平行于最优分类面的超平面 H_1、H_2 上学习样本是式(8.18)中等号成立的那些样本，此时 H_1、H_2 上的学习样本点称为支持向量，由它们支撑了最优分类面，如图 8.6 中用圆圈标出的点。

3. 支持向量机求解

求解支持向量机问题实际上是一个约束最优化问题，确切地说是一个带有线性约束的凸二次规划问题，可以利用非常成熟的二次规划求解方法，也可以把它转化为一个或一系列无约束最优化问题。在实际处理问题时，由于要考虑存储和计算量两方面的要求，可将大规模的原问题分解成若干小规模的子问题，按照某种迭代策略，反复求解子问题，构造原问题的近似解，并使该近似解逐渐收敛到原问题的最优解。本章根据这些思想对支持向量机的常用求解方法进行较系统的理论分析和研究。

在式(8.18)中，用最大间隔法对线性可分问题进行了分类，为了求取最优分类面，将最优分类面问题表示成如下的约束优化问题，即在式(8.18)的约束下，求函数 $\varphi(\boldsymbol{w})$的最小值。

$$\varphi(\boldsymbol{w})_{\min}=\frac{1}{2}\|\boldsymbol{w}\|^2=\frac{1}{2}\boldsymbol{w}^{\mathrm{T}}\boldsymbol{w} \tag{8.19}$$

然后，定义 Lagrange 函数：

$$L(\boldsymbol{w},b,\alpha)=\frac{1}{2}\boldsymbol{w}^{\mathrm{T}}\boldsymbol{w}-\sum_{i=1}^{n}\alpha_i\{y_i(\boldsymbol{w}x_i+b)-1\} \tag{8.20}$$

式中，$\alpha_i>0$ 为 Lagrange 系数，此处的问题是对 $\boldsymbol{w}$ 和 b 求 Lagrange 函数的极小值。

将式(8.20)分别对 $\boldsymbol{w}$ 和 b 求偏微分并令它们等于 0，将原问题转化为较为简单的对偶表示，即

$$\sum_{i=1}^{n}y_i\alpha_i=0 \tag{8.21}$$

$$\alpha_i\geqslant 0,\quad i=1,2,\cdots,n \tag{8.22}$$

在式(8.21)和式(8.22)约束条件之下对 α_i 求下列函数的最大值：

$$Q(\alpha) = \sum_{i=1}^{n}\alpha_i - \frac{1}{2}\sum_{i,j=1}^{n}\alpha_i\alpha_j y_i y_j(\boldsymbol{x}_i\boldsymbol{x}_j) \tag{8.23}$$

若 α_i^* 为最优解，则

$$\boldsymbol{w}^* = \sum_{i=1}^{n}\alpha_i^* y_i\boldsymbol{x}_i \tag{8.24}$$

即最优分类面的权系数向量是学习样本向量的线性组合。

这是一个在不等式约束下的二次函数极值问题，存在唯一解，且根据 Kuhn-Tuker 条件，这个优化问题的解须满足条件：

$$\alpha_i(y_i(\boldsymbol{w}\boldsymbol{x}_i + b) - 1) = 0, \quad i = 1,2,\cdots,n \tag{8.25}$$

任取 $\alpha_i \neq 0$，可求得 b。由式(8.25)可知，大部分 α_i 为零。将 α_i 不为零所对应的样本称为支持向量(support vector，SV)，这通常只是全体样本中的很少一部分。

所求向量中，α_i^* 和 w^* 可以被训练算法显式求得。选用一个支持向量样本 x_i，计算 b^* 为

$$b^* = y_i - \boldsymbol{w}\boldsymbol{x}_i \tag{8.26}$$

求解上述问题后得到的最优分类函数为

$$f(\boldsymbol{x}) = \operatorname{sgn}\{\boldsymbol{w}^*\boldsymbol{x} + b^*\} = \operatorname{sgn}\{\sum_{i=1}^{n}\alpha_i^* y_i\boldsymbol{x}_i\boldsymbol{x} + b^*\} \tag{8.27}$$

式中，sgn{ }为符号函数。由于非支持向量对应的 α_i 均为 0，式(8.27)的求和实际上只对支持向量进行；而 b^* 是分类面的域值，用式(8.18)可以由任意一个支持向量求得，或通过两类中任意一对支持向量取中值求得。

1）线性不可分分类面

最优分类面是在线性可分的前提下讨论的，在线性不可分的情况下，就是某些学习样本不能满足式(8.18)的条件，因此需要在条件中增加一个松弛项 $\xi_i \geqslant 0$，即

$$y_i(\boldsymbol{w}\boldsymbol{x}_i + b) - 1 + \xi_i \geqslant 0 \tag{8.28}$$

对于足够小的 $\sigma > 0$，只要使 $F_\sigma(\xi)$ 最小就可以使错分样本数最小。

$$F_\sigma(\xi) = \sum_{i=1}^{n}\xi_i^\sigma \tag{8.29}$$

对应线性可分情况下的使分类间隔最大，在线性不可分情况下可引入约束条件：

$$\|\boldsymbol{w}\|^2 \leqslant c_k \tag{8.30}$$

在约束条件式(8.28)和式(8.30)下对式(8.29)求极小，得到线性不可分情况下的最优分类面，称作广义最优分类面。为了方便计算，取 $\sigma=1$。

为了进一步简化计算，广义最优分类面问题可以进一步演化为在式(8.28)的约束下求下列函数的极小值：

$$\varphi(\boldsymbol{w},\xi) = \frac{1}{2}(\boldsymbol{w}^{\mathrm{T}}\boldsymbol{w}) + C(\sum_{i=1}^{n}\xi_i) \tag{8.31}$$

式中,C 为某个指定的常数,控制对错分样本惩罚的程度。

用与求解最优分类面时同样的方法求解这一优化问题,得到一个二次函数极值问题,其结果与线性可分情况下得到的式(8.21)～式(8.27)几乎完全相同,只是式(8.22)转换为

$$0 \leqslant \alpha_i \leqslant C, \quad i = 1,2,\cdots,n \tag{8.32}$$

2) 非线性可分分类面

分类判别函数[式(8.27)]中只包含待分类样本与学习样本中支持向量的点积运算($\boldsymbol{x}\boldsymbol{x}_i$)。非线性判别问题的思路是:先通过非线性变换将输入向量 x 映射到一个高维空间中,然后在此高维特征空间中进行分类运算,得到最优分类面。事实上,只需要定义变换后的内积运算,在统计学习理论中,凡满足 Mercer 条件的对称函数,都可以作为内积函数使用。

如果用内积 $K(\boldsymbol{x},\boldsymbol{x}^{\mathrm{T}})$ 代替线性分类面中的点积,得到式(8.23)的优化函数,即

$$Q(\alpha) = \sum_{i=1}^{n}\alpha_i - \frac{1}{2}\sum_{i,j=1}^{n}\alpha_i\alpha_j y_i y_j K(\boldsymbol{x}_i,\boldsymbol{x}_j) \tag{8.33}$$

而相应的判别函数[式(8.27)]表达为

$$f(x) = \mathrm{sgn}\,\{\sum_{i=1}^{n}\alpha_i^* y_i K(\boldsymbol{x}_i,\boldsymbol{x}) + b^*\} \tag{8.34}$$

算法的其他条件均不变,这就基本完成了支持向量机推理过程。

支持向量机求得的分类函数形式上类似于一个神经网络,其输出是若干中间节点的线性组合,而每一个中间层节点对应于输出样本与一个支持向量的内积,因此也叫做支持向量网络,如图 8.7 所示。

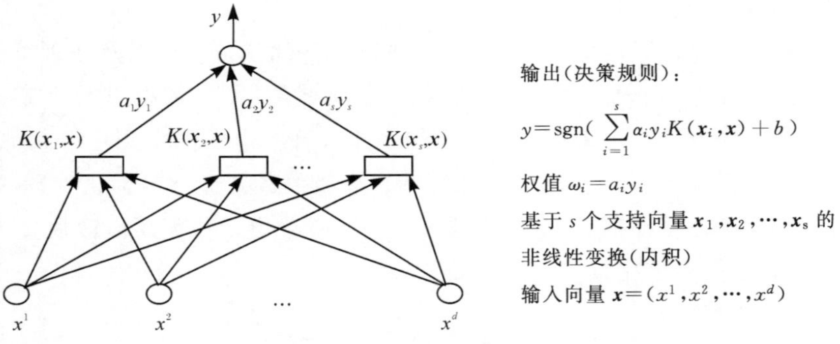

图 8.7　支持向量机示意图

3) 支持向量机分类求解方法

由于支持向量机方法的优越性能,许多学者致力于该方法的研究,并取得了

很好的成果，推动了支持向量机方法的发展。目前已形成 C-SVM 系列算法、v-SVM系列算法、LS-SVM 算法、W-SVM 算法、D-SVM、S-SVM、L-SVM 等 SVM 算法（任东，2007）；在台湾大学林智仁博士开发的 LIBSVM 软件包中，提供了 C-SVM和 n-SVM 算法。

4. 支持向量机核函数类型

合理地选择、设计核函数是支持向量机方法的重要部分，不同的核函数代表利用支持向量机解决非线性分类问题时进行不同的非线性映射。选择适当的核函数 $K(x,y)$代替内积，可以隐式地将学习样本数据非线性映射到高维特征空间，以增强线性分类器的计算能力。常用的核函数有 4 种，分别是线性核函数、多项式核函数、高斯径向基函数和 Sigmoid 核函数。

（1）线性核函数：

$$K(\boldsymbol{x},\boldsymbol{y}) = \boldsymbol{x}^{\mathrm{T}}\boldsymbol{y} \tag{8.35}$$

（2）多项式核函数：

$$K(\boldsymbol{x},\boldsymbol{y}) = [\gamma(\boldsymbol{x}^{\mathrm{T}}\boldsymbol{y}) + l]^{d} \tag{8.36}$$

（3）高斯径向基核函数：

$$K(\boldsymbol{x},\boldsymbol{y}) = \exp\left\{-\frac{||\boldsymbol{x}-\boldsymbol{y}||^2}{2s^2}\right\} \tag{8.37}$$

（4）Sigmoid 核函数：

$$K(\boldsymbol{x},\boldsymbol{y}) = \tanh\left(v(\boldsymbol{x}^{\mathrm{T}}\boldsymbol{y}) + c\right) \tag{8.38}$$

8.3.2 应用支持向量机的土地资源评价

1. 支持向量机的构建

1）基础数据预处理

为了避免一些特征值范围过大而另一些特征值范围过小，以及在训练时为了计算核函数而计算内积的时候引起数值计算困难，需要将数据进行一定的预处理。通常采用的方法是把数据划分为若干区间，每一个区间中用一个值来代替，在这里直接采用离散值 1，2，3，…对连续指标变量的数据进行等级化处理，这样获得的知识更容易理解和记忆，定性描述离散指标变量也转化为用离散值 1，2，3，…来记录，基础数据离散化具体见表 2.2 和表 2.3。

2）样本集特征表达

不论对分类问题还是对回归问题，支持向量机的输入向量（学习样本集）表达为

$$T = \{(\boldsymbol{x}_1, y_1), (\boldsymbol{x}_2, y_2), \cdots, (\boldsymbol{x}_l, y_l)\} \tag{8.39}$$

式中，$x_i \in R^n$，$y_i \in \{-1,1\}$，或 $y_i \in R$，$i=1,2,\cdots,l$。在土地质量分类中，选取一个合适的学习样本集是必要的，本小节选择样本数量为 2400* 作为学习样本集，测试样本为全体土地评价单元，应用支持向量机的输入 $x_i \in R^{21}$，由海拔、地形坡度、田面坡度、……、水土流失等 21 个评价指标组成，即输入包含 21 个特征分量。

支持向量机常用于二分类问题的研究，人们通常用 0,1 或 −1,1 或其他类似的两个标签数字来表示输出向量，而龙川县土地质量级别分为 4 类，因此需要应用增广矩阵来扩展二分类的表达。在 8.1.2 小节应用 BP 神经网络方法中采用的是用“n 中取 1”表示法，在这里对输出向量表示方法进一步简化，仍然采用数字 0，1 来标签，输出向量土地 1、2、3、4 级分别用 000、001、010、011 作为标签，其中每个标签的第一个数字是用来防止支持向量机算子运算结果的溢出。

设：学习样本文件名为 datatrain. xls，测试样本为 datatest. xls，在 Matlab 软件环境下将它们转换为二进制格式处理，文件名分别为 datatrain. mat 和 datatest. mat，然后编写下面的程序，通过对数据格式的转换以满足 libsvm 的格式要求。

```
function write4libsvm
% 为了使得数据满足 libsvm 的格式要求而进行的数据格式转换
% 原始数据保存格式为：[标签 第一个属性值 第二个属性值...]
% 转换后文件格式为满足 libsvm 的格式要求，即：[标签 1:第一个属性值 2:第二个属性值 3:第三个属性值 ...]
[filename,pathname] = uigetfile( {'*.mat', ...'数据文件(*.mat)'; '*.*','所有文件(*.*)'},'选择数据文件');
try
S=load([pathname filename]);
fieldName = fieldnames(S);
str = cell2mat(fieldName);
B = getfield(S,str);
[m,n] = size(B);
[filename,pathname] = uiputfile({'*.txt;*.dat','数据文件(*.txt;*.dat)';'*.*','所有文件 (*.*)'},'保存数据文件');
fid = fopen([pathname filename],'w');
if(fid~=-1)
for k=1:m
fprintf(fid,'%3d',B(k,1));
for kk = 2:n
fprintf(fid,'\t%d',(kk-1)) ;
```

---

* 该样本容量是采用决策树中样本数量计算方法获取的。

```
fprintf(fid,':') ;
fprintf(fid,'%d',B(k,kk));
end
fprintf(fid,'\n');
end
fclose(fid);
else
msgbox('无法保存文件!');
end
catch
msgbox('文件保存过程中出错!','出错了...','error');
end
```

3）SVM 类型与核函数选择及参数设置

SVM 模型的建立需要选择合适的 SVM 类型与核函数,同时需要设置一定的参数并进行反复的调试,这一过程繁琐且难以实现参数寻优,因此采用 n-重交叉验证法能够较好地实现参数寻优。SVM 类型求解算法较多,有 C-SVM 系列算法、v-SVM 系列算法、LS-SVM 算法、W-SVM 算法等供选择,在林智仁博士开发的 LIBSVM 软件包中,提供了 C-SVM 和 n-SVM 算法。本小节采用 C-SVM 类型求解支持向量机的非线性分类。

非线性映射的核函数类型分别采用线性核函数、多项式核函数、径向基核函数和 Sigmoid 核函数,比较不同核函数下分类样本的正确率,然后选择其中分类效果较好的一个。

SVM 类型中参数设置为:采用 4-重交叉验证法进行参数寻优,惩罚系数 C 为 15;终止准则中的可容忍偏差 e 为 0.00042。核函数参数设置为:采用 4-重交叉验证法进行参数寻优,多项式核参数 $\gamma=0.047619$, $l=0$, $d=3$;高斯径向基核参数 $s=0.047619$;Sigmoid 核参数 $v=0.047619$, $c=0$。

2. 支持向量机分析结果

采用林智仁博士开发的 LIBSVM 软件包,在 DOS 环境下调用并编写相关的程序,对龙川县土地质量评价样本进行训练和分类分析。

设:学习样本文件名为 datatrain. txt(以 ANSI 码格式存储),测试样本为 datatest. txt,将它们复制到 libsvm 软件包的 windows 目录下(假设 libsvm 软件存放 D 盘),训练好的支持向量机模型存储为 datatrain. model。

以下是采用 C-SVM 类型和选择高斯径向基核函数建立 SVM 模型编写的程序:

```
D:\>cd libsvm
D:\libsvm>cd windows
D:\libsvm\windows>svmscale -s datatrain.range datatrain.txt>datatrain.scale
D:\libsvm\windows>svmscale -s datatest.range datatest.txt>datatest.scale
D:\libsvm\windows>svmtrain -s 0 -c 15 -t 2 -g 0.047619 -e 0.00042 datatrain.scale datatrain.model
D:\libsvm\windows> svmpredict -b 0 datatest.scale datatrain.model rbf.txt
```

在 LIBSVM 环境下,算法迭代 1580 步收敛,系统求得 814 个支持向量,支持向量可以依次表达为

$$\boldsymbol{x}^{(1)}=(-0.333\ 0.333\ 1\ 1\ 0.333\ 1\ -0.5\ 0.333\ -1\ -1\ -1\ -1\ 1\ 1\ -1\ -1\ -1-1\ -1\ 0.333)^{\mathrm{T}}$$

$$\boldsymbol{x}^{(2)}=(-0.333\ 0.333\ 1\ 1\ 0.333\ 1\ -0.5\ 0.333\ -1\ -1\ -1\ -1\ 1\ 1\ -1\ -1\ -1\ -1\ -1\ 0.333)^{\mathrm{T}}$$

$$\vdots$$

$$\boldsymbol{x}^{(814)}=(1\ -0.3331\ 1\ 1\ 1\ 1\ -0.5\ -1\ -1\ -1\ -1\ 1\ 1\ -0.333\ 0.333\ 0.333\ -1\ -1\ -1\ 1\ 1)^{\mathrm{T}}$$

然后,根据高斯径向基核函数参数 $s=0.047619$,可以计算出相应的高斯径向基核函数为

$$K(\boldsymbol{x},\boldsymbol{x}^{(1)})=\exp\left\{-\frac{||\boldsymbol{x}-\boldsymbol{x}^{(1)}||^2}{2\times 0.047619^2}\right\}$$

$$K(\boldsymbol{x},\boldsymbol{x}^{(2)})=\exp\left\{-\frac{||\boldsymbol{x}-\boldsymbol{x}^{(2)}||^2}{2\times 0.047619^2}\right\}$$

$$\vdots$$

$$K(\boldsymbol{x},\boldsymbol{x}^{(814)})=\exp\left\{-\frac{||\boldsymbol{x}-\boldsymbol{x}^{(814)}||^2}{2\times 0.047619^2}\right\}$$

利用已求得的支持向量,对测试样本进行判别,系统输出结果为

Accuracy = 90.75% (27480/30281) (classification)

Mean squared error = 0.0925002 (regression)

Squared correlation coefficient = 0.915339 (regression)

该输出结果表明,基于高斯径向基核函数的支持向量机模型对测试样本的判别正确率为 90.75%。

四种核函数下的支持向量分类机分类结果见表 8.4。从表 8.4 可以看出,高斯径向基核函数的分类正确率最高($c=90.75\%$),但与线性核函数的分类正确率结果很接近($c=90.70\%$);而 Sigmoid 核函数和多项式核函数的分类正确率较低,

两种方法的分类结果没有较明显的差异。从基于高斯径向基核函数与线性核函数的土地各级别分类的正确率来看(表 8.5),与表 8.3 中反映的信息基本一致,样本误判没有出现跨级误判现象,且基于两种核的误判总体趋势一样,然而,基于高斯径向基核函数的 1 级地误判的百分比较线性核函数的误判更突出,而且,构建线性可分支持向量机模型比非线性的要简单得多。所以,综合考虑下,选择线性核函数的支持向量机对龙川县土地质量分类更为适宜。

表 8.4　四种核函数下的支持向量分类机的分类结果

核函数类型	线性核	多项式核	高斯径向基核	Sigmoid 核
支持向量个数	269	547	814	768
测试正确率	90.59%	86.98%	90.75%	85.67%

表 8.5　基于高斯径向基核函数与线性核函数的土地各级别分类正确率

土地级别	1	2	3	4
1	77.64%(81.25%)	22.36%(18.75%)	0%(0%)	0%(0%)
2	1.29%(1.60%)	96.03%(95.14%)	2.68%(3.26%)	0%(0%)
3	0%(0%)	0.64%(0.30%)	89.38%(88.37%)	9.98%(11.33%)
4	0%(0%)	0%(0%)	3.04%(4.50%)	96.96%(95.50%)

注:纵向土地质量级别是基于 AHP 的分类结果,用它来评价支持向量机对测试样本的分类结果,其中括号外、内的百分数分别为基于高斯径向基和线性核函数的分类正确率。

8.4　小　　结

本章主要应用改进 BP 神经网络、径向基概率神经网络和支持向量机 3 种数据挖掘方法对龙川县土地质量分类的效果进行了研究,具体表现如下:

(1) 应用改进的 BP 神经网络模型对容量为 150、350、1000、2400、5000 的学习样本进行土地质量分类,网络学习速率为 0.9。机器随机抽取上述样本容量的 80%作为学习样本,分别采用 Quick(快速神经网络算法)、Dynamic(动态神经网络算法)、Multiple(多输入神经网络算法)、Prune(剪枝神经网络算法)4 种神经网络学习方法进行训练和分类,采用机器 10 次学习的方法,选择前 5 次学习正确率最高的网络模型进行分析与分类。分类结果表明,应用 Quick 算法分类的正确率是 83.23%、86.18%、91.06%、94.34%、94.64%;应用 Dynamic 算法分类的正确率是 83.44%、88.74%、91.35%、95.24%、96.38%;应用 Multiple 算法分类的正确率是 84.91%、89.75%、92.60%、95.55%、97.17%;应用 Prune 算法分类的正确率为 87.12%、89.80%、94.40%、96.97%、97.26%。

(2) 应用径向基概率神经网络模型对学习样本为 2400 的数据集进行训练,

建立分类模型。在综合考虑学习样本与测试样本的正确率条件下，当扩展系数 s 为 15 时，模型的分类效果最好，此时学习样本训练分类正确率为 99.50%，测试样本分类正确率为 91.16%。

(3) 应用支持向量分类机实现了土地质量的多分类，采用 C-SVM 类型求解支持向量机的非线性分类和回归，应用 4-重交叉验证法进行参数寻优，确定惩罚系数 C 为 15；终止准则中的可容忍偏差 e 为 0.00042。采用 4-重交叉验证法进行参数寻优，核函数参数分别设置为：多项式核参数 $\gamma=0.047619$，$l=0$，$d=3$；高斯径向基核参数 $s=0.047619$；Sigmoid 核参数 $v=0.047619$，$c=0$。支持向量分类机基于线性核、多项式核、高斯径向基核、Sigmoid 核等核函数对学习样本为 2400 的数据集进行学习建模，模型分类正确率分别为 90.59%、86.98%、90.75%、85.67%。

综上所述，采用样本容量为 2400 的学习样本集对测试样本的分类进行正确率排序：支持向量机($c=90.70\%$)＜径向基概率神经网络($c=91.16\%$)＜改进 BP 神经网络($c>94.34\%$)。一方面说明了 BP 神经网络模型被广泛应用，研究人员不断地对 BP 网络进行改进和优化；另一方面也说明了支持向量机仍在发展当中，但它代表了神经网络未来发展的方向。

第 9 章　土地资源评价数据挖掘结果分析

本章从两个方面对全书的主要研究内容及结果进行分析：一是理顺评价方法的数学理论，阐述各种评价方法在土地资源评价应用中的优缺点；二是对多种方法制定的指标权值和评价结果进行归纳和分析。

9.1　评价方法的比较分析

土地资源评价指标体系的建立与指标权值的确定是土地资源评价工作的基础，它们直接决定了土地资源评价结果的好坏。同时，选择合适的评价方法也十分重要。只有较好地解决了这两个问题，评价工作才可能做出较为科学、准确的评判。在土地资源评价中，评价人员通常根据可获取的基础数据资料确定评价指标体系，然后采用一定的评价方法制定指标的权值并实现土地质量的分类。在这种情况下，评价人员的经验和知识、评价方法的理论体系都会影响着土地质量的评价结果，现实中许多评价结果的失效并导致决策错误大多是由于对具体评价方法的不适当运用而产生的。然而，要理顺某些甚至某种评价方法所采用的技术或理论体系并不是件容易的事情，因为很多理论体系之间没有严格的界线，或是某种评价方法可能涵盖了多种理论体系，同时理论体系或方法大多又有广义与狭义之分，这就难免导致了不同的研究者有着不同的理解和归类，例如，有的学者将决策树纳入基于统计学理论的范畴，也有学者将其纳入机器学习的方法。我们借鉴焦李成等(2006)在《智能数据挖掘与知识发现》中对知识发现数学理论的阐述，对书中运用的土地资源评价方法的理论基础及其特点作一归纳，具体见表 9.1。

9.1.1　统计学理论及应用分析

在统计学上，调查和实验数据可以看做是土地资源评价中评价单元过程的随机表现，是具有随机过程的性质。概率论是随机过程的基础，它是研究随机现象统计规律的一门数学学科；数理统计是以概率论为理论基础，研究随机现象的规律性，即样本数据的搜集、整理、分析、推断的各种统计学方法及其理论背景的一门新兴的数学学科。统计分析的本质是以数据为研究对象，从中获取规律信息并为事件的发展进行预测、决策、控制等提供据，它也是目前数据挖掘研究中应用最多、理论成果最为成熟的方法(马超群等，2007)。常用的分析方法有描述统计、方差分析、相关分析、回归分析、主成分分析、因子分析、聚类分析、时间序列分析等。

表 9.1　土地质量评价方法的理论基础及特点

评价方法	主要数学理论	模型的主要指标	在土地质量评价中的用途	存在的不足
PCA/FA	统计学理论	主分量或公因子、累积贡献率	指标降维、样本综合得分排序、指标权值制定	综合得分和指标权值离散性不强，结果趋于均化
FDA	统计学理论	特征根、判别函数	有监督学习分类	假设条件过于严格，要求自变量服从多元正态分布与自变量间不存在共线性等
TSC	统计学理论	BIC 值、最小类间距离比	有监督学习和无监督学习分类	数据量要求较大，受数据共线性影响较大
MLR	统计学理论	似然比检验、logit 模型	有监督学习分类	对数据结构要求严格，避免数据的过离散、完全分离、多元线性、特异值以及特殊影响
AHP	系统工程学理论	一致性检验，指标权值	指标权值确定	依赖专家先验判断
FAHP	模糊集理论	α-截集、乐观指数 λ	指标权值确定	运算量大，可能造成结果的非一致性
FCE	模糊集理论	评语集、相容度、隶属度函数	无监督学习分类	隶属函数选择、评语集确定、取小取大运算方法
FCA	模糊集理论	模糊等价关系矩阵、隶属度函数	无监督学习分类	隶属函数的选择
GRA	灰色系统理论	关联系数、分辨系数、关联度	指标关联度排序	关联度值的离散性不强，结果趋于均化
GRI	机器学习理论	支持度、可信度	指标间的关联分析	指标因素间关联关系复杂
DT	机器学习理论	最小 Gini 指数、信息熵、决策树	有监督学习分类	指标因素较多时，树深过大
BP	机器学习理论	学习速率、隐含层、隐节点	有监督学习分类	网络收敛速度慢、易出现过拟合和局部极小现象
RBF-PNN	机器学习理论	径向基函数、扩展系数	有监督和无监督学习分类	网络易出现过拟合现象
SVM	机器学习理论	最优分类面、核函数	有监督学习分类	模型参数的设置比较复杂

注：PCA/FA、FDA、TSC、MLR、AHP、FAHP、FCE、FCA、GRA、GRI、DT、BP、RBF-PNN、SVM 分别表示主成分分析/因子分析、判别分析、两步聚类分析、Logistic 回归分析、层次分析、模糊层次分析、模糊综合评价、模糊聚类分析、灰色关联分析、关联规则、决策树、BP 神经网络、径向基概率神经网络、支持向量机。

近年来发展起来的判别分析、Logistic 多元回归分析、二步聚类分析等方法进一步推动了统计学方法的发展和应用，严格地讲，它们不完全是统计学方法，它们已经融合了人工智能的思想。

应用统计学方法对土地资源评价时，要求土地资源评价基础数据满足正态分布，而对于非正态分布的数据，需要将其转换为正态分布；否则，应选择与数据分布类型相一致的分析方法。

(1) 主成分分析或因子分析：是使用数学方法建立起来的关于随机变量之间组合关系的方法，它是研究如何通过少数几个彼此相互独立的主分量或公因子来解释多个变量间的内部结构。在土地资源评价中，应用主成分分析或因子分析可以实现数据的降维或压缩；还可以通过计算评价单元的综合主成分或公因子得分实现各图斑土地质量的排序，如进一步结合分类方法（如聚类分析）可完成土地质量的分类；如果将主成分或公因子的方差贡献率和对应的特征根向量结合，可以制定评价指标的权值。然而，这是基于数理统计思想的分析结果，是否可以表达为这是一种在基于等权随机取样的假设条件下（因为每一次取样均视为随机概率事件），研究随机样本的评价指标间的组合关系，由此计算的指标权值反映的是指标变量在样本数据之间建立某种关系上的重要程度，而难以表现指标变量本身对土地质量影响程度的不同（这一假设还需要进一步的研究证实）。因此，对一个较为复杂的土地资源评价体系来讲，应用主成分分析或因子分析的方法制定土地质量评价结果或指标权值需要我们进一步考量。通常，在实际应用中，应该结合其他的数据挖掘方法来解决土地质量的综合评价。

(2) 判别分析：是根据所研究个体的某些指标的观测值来推断其他个体所属类别的一种统计方法，它是一种有监督学习的分类方法。用判别分析方法处理问题时，通常要给出一个衡量测试样本与各已知组别接近程度的描述指标，即判别函数，同时指定一种判别规则，借以判定测试样本的归属。判别规则可以是统计性的，决定测试样本所属类别时用到数理统计的显著性检验；也可以是经验性的，决定样本归属时，只需要考虑判别函数值的大小。

应用判别分析时，首先需要对研究对象是否具有适用性进行统计假设的检验，主要包括：自变量（学习样本各评价指标数据）和因变量（学习样本的分类结果）间的关系符合线性假定；因变量的取值是独立的，且必须是事先就已经确定；自变量服从多元正态分布；所有自变量在各组间方差齐，协方差矩阵也相等；自变量间不存在多重共线性。这样的假设检验条件过于苛刻，现实中很难能找到完全符合判别分析的案例，通常有些检验是被忽视的，其中多元正态分布、协方差矩阵相等几个条件很难同时满足。有趣的是，判别分析在违反这些适用条件时仍显得比较稳健，如果轻微违反，它们对结果的影响其实不大；变量的共线性问题在判别分析中的影响倒不是特别严重，这是因为判别分析关心的重心是对应变量的判别效果，而不是自变量的影响程度。

在 5.4 节中，有关检查学习样本数据是否适合做判别分析的结果表明，指标变量服从多元正态分布，在各类总体之间存在显著性差异(Sig. =0.00)，而其他的检验均为违反，如方差、协方差齐次性检验等，但从测试样本的分类效果来看，还是令人满意的。

(3) Logistic 多元回归分析：是基于发生概率 Logit 变换思想寻找合适的变换函数，实现分类变量与自变量间的线性关系的回归模型，它是目前分类因变量的标准建模方法。具体见 5.5 节的阐述。

在土地资源评价中，一个基本目的就是依据土地质量的好坏进行有序分类，同时，由于类别中评价指标的影响程度不同，因此，采用无序多分类 Logistic 回归模型对土地质量分类可能更为适宜。

(4) 聚类分析：是根据数据本身结构特征将数据分成若干个类别，使得类别内部的差异尽可能的小，类别间的差异尽可能的大。聚类分析(如 *K*-均值聚类分析)是一种探索性的统计分析方法，即是一种常规的无监督学习分类方法，它没有过多的统计理论支持，也没有很多的统计检验对聚类结果的正确性“负责”，仅仅是按照所定义的距离将数据进行归类，有的统计学家拒绝把它作为一种统计方法。从应用的角度来看，针对某一个特定问题，很难得出一个完全确定、能够得到理论完全支持的结论，更多的时候是依据聚类结果在问题中的“有用性”来判断模型效果的好坏。

近年来随着人工智能技术的发展，发展了一种智能聚类方法——两步聚类法，它是一种基于参数统计，同时具有有监督学习分类与无监督学习分类思想的聚类方法。两步聚类法的优点在于它允许变量可以是连续变量也可以是离散变量 ，利用统计量作为距离指标进行聚类，同时又可以根据一定的统计标准来“自动地”建议甚至确定最佳的类别数，结果的正确性更有保障。

本书中基于 *K*-均值聚类分析的土地质量分类其实质上也属于指数和法；两步聚类分析是通过贝叶斯信息准则 BIC 来智能建议并确定最佳的类别数。

9.1.2　灰色系统理论及应用分析

灰色系统理论的研究对象是“部分信息已知，部分信息未知”的“小样本”、“贫信息”不确定性系统。在灰色关联度分析中，邓氏关联度由于其算法较为成熟、有效、计算量小，容易与其他决策和优化方法联合应用，且便于对决策结果进行灵敏度分析而广泛被使用。它的弱点是关联度值的离散性不强，结果趋于均化，由此制定的指标权值也难以反映指标对土地质量的影响程度的差异，但是，人们对其改进显得容易得多。在 3.4 节中，应用 AHP 法和 FAHP 法制定的权值对关联度常权进行加权处理，然后应用改进的权值对龙川县土地质量进行灰色关联综合分析，分析结果更合理。

9.1.3 系统工程学原理及应用分析

系统工程是由许多不同的特殊功能部分组成，而这些功能部分之间存在着相互关系，但是每一个系统都是完整的整体，都要求有一个或若干个目标，系统工程则按照各个目标进行权衡，求得最优解，并使各组成部分能够最大限度地相互适应。它的理论基础是运筹学、控制论和信息论这3门技术科学。层次分析法是美国著名运筹学家Saaty提出的一种多层次权值解析法，它把复杂问题分解成各个组成因素，又将这些因素按照支配关系分组形成递阶层次结构，通过两两比较的方式，确定层次中诸因素的相对重要性，然后综合专家的判断，确定备选方案相对重要性的排序。整个过程体现了人的决策思维的基本特征，即分解、判断、综合。

在土地资源评价中，应用层次分析法获取评价指标权值简单易行，并且可以综合异质性的数据，不受基础数据的数量和质量的影响，制定的指标权值能够很好地刻画指标变量对土地质量影响程度的差异性，这也是它被广泛应用的主要原因。但是，也有人一直关注借助专家经验构建的两两比较矩阵，进而对其制定的权值及其理论上的功能产生质疑，他们希望建立一种没有或是尽可能少的人为因素影响的指标权值的制定方法，重要的是还必须保留有AHP法权值的特性，这对于任何一个多层次、多指标的复杂系统来讲都是困难的。

因此，通常情况下，应用层次分析法制定的土地资源评价指标权值比主成分分析、因子分析、灰色关联综合分析制定的权值能够更好地反映指标对土地质量的影响。这也是全书统一采用基于层次分析法的土地质量分类结果作为有监督学习分类方法，即判别分析、Logistic回归分析、决策树、BP神经网络、径向基概率神经网络、支持向量机等方法的学习样本和分类样本结果检验的重要原因。

9.1.4 模糊数学理论及应用分析

模糊理论是在模糊集合理论的数学基础上发展起来的，主要包括模糊集合理论、模糊逻辑、模糊推理、模糊控制等方面的内容。其中隶属函数是模糊集合的特征函数，直接影响着模糊数学模型的质量。

层次分析法简单实用，但构造的成对对比矩阵必须以绝对数值来表示，没有表达人为主观判断的不精确性和模糊性的特性，引进模糊理论可以较好地刻画这部分信息，即模糊层次分析法。模糊层次分析法是通过对层次分析法制定的指标权值进行模糊化处理，本书采用了三角模糊化处理的方式，然后再对模糊权值进行解模糊化处理。在某种程度上，模糊层次分析法制定的权值可视作层次分析法的改进，然而这一过程运算量较大，并且可能造成结果的非一致性；同时采用α-截集、乐观指数λ方法时，仍需借助专家的经验和知识进行甄别和选择。

传统的聚类分析把每个样本严格地划分到某一类，属于硬划分的范畴，但实际上样本并没有严格的属性，它们在性态和类属方面存在着中介性。模糊聚类的目的是将特征空间中一组没有类别标记的矢量按某种相似性准则划分到若干子集中，使得每个子集代表整个样本集的某个或者某些特征和性质。本书采用最大树法模糊聚类的方法，通过对模糊等价关系矩阵 $\boldsymbol{R}$ 在不同 a 截集水平下分类逐步归类，实现了对龙川县土地质量的评价。模糊综合评判是借助专家的先验知识构造评语集（基于层次分析法和模糊层次分析法的分类结果），计算评价单元指标集的综合隶属度值，然后，经过相容度，实质上就是基于择近原则的思想进行检验，实现评价单元的归类。

然而，隶属函数的确定、评语集的构造一般由专家直接给出或需要反复的调试，因此带有很强的主观意志。同时，模糊综合评价法存在其明显缺点，如取小取大的运算法使许多有用信息丢失，评价因素越多，丢失信息越多，误判的可能性增大。

9.1.5　机器学习理论及应用分析

机器学习是现代人工智能技术中的重要方面，它是从学习样本中寻找规律（亦称创建模型或学习机），并利用这些规律对测试样本数据分类或对无法观测的数据进行预测。机器学习的过程就是构建学习机的过程。机器学习含有多种方法，如决策树、神经网络、遗传算法等。迄今为止，关于机器学习还没有一种被共同接受的理论框架，关于其实现方法大致可以分为下述三种（侯媛彬等，2007）：

(1) 经典的（参数）统计估计方法，包括模式识别、神经网络等在内。现在机器学习方法共同的重要理论基础之一是统计学，参数方法正是基于传统统计学的。在这种方法中，参数的相关形式是已知的，学习样本用来估计参数的值。这种方法存在很大的局限性：首先，它需要已知样本分布形式，这需要花费很大的代价；其次，传统统计学研究的是样本数目趋于无穷大时的渐近理论，现有学习方法大多也是基于此假设，但在实际问题，样本数往往是有限的，因此一些理论上很优秀的学习方法在实际中的表现却可能不尽如人意。

(2) 经验非线性方法，如神经网络。这种方法利用已知样本建立的非线性模型，克服了传统参数估计方法的困难。但是，这种方法缺少一种统一的数学理论，神经网络普遍具有很强的自学习性、自组织性、容错能力、高的鲁棒性等功能，但它本身是一个“黑箱”，问题是如何训练网络，解决神经网络中普遍存在隐层节点的确定、过学习、局部极小等。

(3) 近几十年发展起来的统计学习理论，它是一种专门研究有限样本情况下非参数估计问题的机器学习理论基础。与传统统计学相比，该理论针对有限样本统计问题建立了一套新的理论体系，在这种体系下的统计推理规则不仅考虑了对渐近性能的要求，而且追求在现有有限信息的条件下得到的最优结果，因此统计学习理论较传统统计学理论有更好的实用性。

统计学习理论是建立在一套较坚实的理论基础之上的，为解决有限样本学习问题提供了一个统一的框架。这能将很多现有方法纳入其中，有望帮助解决许多原来难以解决的问题，如神经网络结构选择问题、过学习与欠学习的问题、局部极小点问题等；同时，在这一理论基础上发展了一种新的通用学习方法——支持向量机，它已初步表现出很多优于其他方法的性能。一些学者认为，统计学习理论和支持向量机正在成为继神经网络研究之后新的研究热点，并将推动机器学习理论和技术的重大发展。然而，支持向量机方法及其参数、核函数及其参数的选择，目前国际上还没有形成一个统一的模式，也就是说最优支持向量机算法、参数选择还只能是凭借经验、实验对比、大范围的搜寻进行寻优。

总之，若采用的评价方法的理论基础不同，评价过程存在较大的差异，都有各自的优缺点。在土地资源评价中，至今还没有形成一种比较统一、有效的土地质量评价方法，试图建立能够对所有土地都适用的单一模型或开发解决所有评价问题的技术或方法是不现实的，至少在目前条件下这一愿景还难以实现，这一问题的关键在于事先需要一个评判土地质量评价结果的标准，否则评价人员难以准确地比较不同评价方法下的土地资源评价的质量，也就难以比较各评价方法的优劣。

9.2　评价结果对比分析

撰写本书的根本目的是介绍现代科学技术的最新研究成果——数据挖掘技术，并将它应用于土地资源评价研究中，为当代土地资源评价工作提供一些新的思想和方法，并不是专注于研究一种比较通用的、高效的、便捷的评价方法。在模型构建中，常见的方法论错误有：混淆统计联系与因果关系、事后解释谬误、生态学谬误、还原论谬误、混淆统计检验显著性与实际显著性等问题（韦玉春等，2005；郭志刚，2001）。由于土地系统的地域性、开放性和特定用途性，人们还很难采用统一的评价指标体系和指标权值，以及采用统一的评价方法，所以执著追求评判哪种评价方法更适合于土地资源评价时可能会陷入方法论错误。这也是目前普遍存在这样一些现象的原因所在：对同一块土地进行评价，采用不同的评价方法甚至同一种评价方法，不同的研究人员对评价结果的判读可能完全不同；对不同区域的土地应用同一种评价方法评价时，不同的研究人员对评价结果的判读和模型的实用性判断也可能存在很大分歧，特别是有的评价方法灵活性很强（如Logistic多元回归分析模型），模型的适用性检验和参数设置在很大程度上依赖于研究人员的知识和甄别，而这些都直接影响着模型对土地质量分类的效果。

土地资源评价中不可能列举或收集所有的影响因素资料，而只能选取其中对土地质量有重要影响的指标因素。在对土地质量评价结果的合理性进行检验时，采用理论研究与经验研究(即实践检验)相结合的方法。然而，人们对土地质量的认识是一个不断完善、丰富、辨证的发展过程，任何的实践检验也只是对土地质量的一个逼近的认识，有时这种认识与实际情况可能相去甚远。应用计算机建模与仿真的方法来研究和评价土地资源这样一个复杂系统并不容易，因为这样的系统很难用一种准确的或抽象的数学模型来加以描述计算，也很难证明在实际中是否有效。

9.2.1　土地资源评价指标权值的比较

采用因子分析(FA)、层次分析(AHP)、模糊层次分析(FAHP)、灰色关联分析(GRA)、BP 神经网络(BP)和指标综合权值分析(CWA)方法制定的龙川县土地资源评价指标权值，它们从不同的角度反映了评价指标对土地质量的影响程度。具体指标权值排序见表 3.12。

FA 法和 GRA 法制定的指标权值是基于土地资源评价的基础数据，分别应用统计学和灰色系统理论挖掘指标变量间的组合关系。由此计算的指标权值反映的是指标变量在样本数据之间建立的某种关系上的重要程度，而不是指标变量本身对土地质量的影响程度，具体表现为：

(1) FA 法制定的指标权值在[0.0084,0.1064]区间内，指标权值排序表现为：水土流失(0.1064)＞田面坡度(0.0918)＞海拔(0.0752)＞地形坡度(0.0697)＞耕层厚度(0.0681)＞灌溉保证率(0.0657)＞土地利用类型(0.0645)＞剖面构型(0.0621)＞社会保障价(0.0575)＞农贸市场影响度(0.044)＞城镇影响度(0.0438)＞耕层质地(0.0435)＞经济系数(0.0428)＞利用系数(0.0345)＞道路通达度(0.0254)＞pH(0.0246)＞排水条件(0.0206)＞人均耕地(0.0189)＞地下水位(0.0164)＞有机质(0.0161)＞田块形状(0.0084)。对照土地资源评价基础数据，不难发现，水土流失与田面坡度指标变量的随机样本数量(指标分数为 100)出现的概率最高，直接导致指标水土流失、田面坡度的权值最大。尽管指标权值大小表现出较好的层次性，但层次间的离散程度不高，且这种层次性并不能表达评价指标对土地质量的影响程度。因此，FA 法制定的指标权值适合于评价指标对评价目标影响程度相当的评价系统，并不很适合于复杂的多层次土地资源评价系统。

(2) GRA 法中关联度的计算是在基于各指标等权假设条件下，简单地通过计算关联系数的算术平均值而得到的，即指标权值。然而，实际上各评价指标对土地质量的影响程度是不同的，甚至相差很大，由 GRA 法制定的指标权值在

[0.0132,0.0744]区间内,难以表达指标对土地质量影响程度的差异性。

然而,AHP法制定的权值能够很好地表现指标对土地质量影响程度的差异性。对一个比较复杂的土地资源评价系统,应用AHP法制定指标权值显然比FA法或GRA法要切实得多,因为通常情况下,专家的先验知识不太可能集体出现较大的偏差。AHP法制定的权值在[0.0052,0.2333]区间内,指标权值较好地表现了指标对土地质量的影响程度,而应用FAHP、层次灰色关联权值(GRA-AHP)、模糊灰色关联权值(GRA-FAHP)等方法计算的指标权值都是基于AHP法权值制定的,基本上表现了AHP法权值的特征,可以认为是对AHP法权值的改进。BP神经网络制定的权值是对AHP法评价结果的学习,反映的是一种非线性的指标权值。与AHP法制定的指标权值相比较,BP神经网络制定的权值在[0.0119,0.143]区间内,权值的离散程度降低,其中某些指标权值排序有较大的变化,特别是地下水位和剖面构型两个指标,但指标排序总体上的变异程度并不很大。

CWA法确定的指标权值排序也基本表现了评价指标对土地质量的影响程度。CWA法的特点避免了指标权值离散程度过大的现象,权值在[0.0148,0.1523]区间内,同时基本上保留了AHP法的指标权值排序的趋势,指标权值排序位置变化不大。

综上所述,采用AHP、FAHP、GRA(GRA-AHP、GRA-FAHP)、BP神经网络和CWA法制定的权值排序基本上符合龙川县土地资源评价指标重要性排序,哪一种排序能够更好地体现评价指标对土地质量影响程度,需要从土地质量评价结果与实践检验的吻合程度上加以判别。

9.2.2 有监督学习分类方法在土地资源评价中的比较

土地资源评价中采用有监督学习的分类方法是未来土地质量评价的一个方向,它改变着传统土地资源评价的模式,研究人员只需要从土地资源评价数据库中抽取一定数量有代表性的土地评价单元进行学习建模,就可以比较方便、准确地对数据库中其他评价单元(或是全体评价单元)的土地质量进行分类,这对大区域的土地质量评价有着独特的优势。近年来,随着GIS与地统计学分析的融合,人们普遍采用地统计学的方法来研究土壤或土地特性的空间变异性。这种特性可以是土壤或土地具体评价指标(或称区域化变量)数值,如土壤有机质含量、种植作物产量;也可以是评价指标的综合信息,如土地价格、土壤肥力等级、耕地质量等级。其实质也是基于研究区域内的有限样点的信息,根据样点信息构建区域化评价指标的半变异函数模型,然后采用空间插值的方式来推估区域内未知空间的区域化评价指标的空间分布,并以地图的形式直观地表达指标的空间关系。由于GIS与地统计学分析融合的实现,地统计学方法才显示了其强大的应用价值,这正是现代数据挖掘技术亟待解决的问题。关于GIS与数据挖掘技术融合(即空间数据挖掘技术)的研究已经引起了 GIS 领域专家的重视，它也将成长为未来 GIS、数据挖掘、土地科学等领域内的重要研究方向，在 ArcGIS 软件中早已融合了机器学习(如径向基神经网络插值)、模式识别、可视化等技术。当前土地资源评价数据挖掘技术的应用主要是对土地的属性数据进行挖掘，然后借助 GIS 工具实现属性数据挖掘的空间再现，这也是本书采用的方法。表 9.2 是采用统计学、神经网络、机器学习、人工智能等数据挖掘方法的土地质量分类结果正确率。从分类结果的正确率可以看出，以应用层次分析法分析结果和抽样技术相结合的方式确定的样本容量(样本容量大小分别为 150 和 350)，或直接应用层次分析法分析结果根据指定的样本容量(样本容量大小分别为 1000、2400、5000)作为学习样本，采用不同的学习方法对测试样本的分类结果的正确率随学习样本容量的增加而相应地提高。其中，学习样本的抽取方式对分类结果有较大的影响，过去人们通常采用机器随机抽取样本，抽取的样本不能保证学习样本的广泛代表性，同时，需采用加大样本容量的方法来规避学习样本可能出现的局部取样；采用抽样技术和聚类分析相结合的方法能够很好地克服这一问题，同时样本容量也大大减小。从本书研究的效果来看，小样本容量为 150 的分类结果的正确率均在 75%以上，容量为 350 的分类结果的正确率已经达到 86%以上(除了决策树中采用聚类抽样的结果为 81.70%)。小数目的样本容量的学习能够达到这样高的分类正确率，反映了抽样技术在土地资源评价中的应用前景，以对学习样本容量为 2400 数据集的分类结果来评判各方法的分类效果为：Logistic 多元无序回归分析(MLR)＞Fisher 判别分析(FDA)＞改进 BP 神经网络模型(BP)＞决策树(DT)＝径向基概率神经网络模型(RBF-PNN)＞支持向量分类机(SVM)。值得注意的是，这种分类效果的排序是基于特定的基础数据预处理和模型相关参数设置的综合表现，并不能以此作为评价各种模型方法的优劣。因为不同的数据预处理和参数的设置，分类结果往往不同，甚至可能相差很大，这在很大程度上取决于数据挖掘人员的专业素质和对土地资源评价的认识。

表 9.2　不同容量的学习样本的土地质量分类结果正确率

数据挖掘方法		150	350	1000	2400	5000
FDA	AHP		97.42%		98.27%	
	FA				93.90%	
	FDA					98.41%
MLR		77.48%	88.57%	96.19%	98.81%	99.38%
DT	机器随机抽样	83.91%	86.69%	89.82%	91.23%	93.26%
	聚类抽样	76.28%	81.70%	88.59%	91.33%	92.61%

续表

数据挖掘方法		150	350	1000	2400	5000
BP	Quick	83.23%	86.18%	91.06%	94.34%	94.64%
	Dynamic	83.44%	88.74%	91.35%	95.24%	96.38%
	Multiple	84.91%	89.75%	92.60%	95.55%	97.17%
	Prune	87.12%	89.80%	94.40%	96.97%	97.26%
RBF-PNN					91.16%	
SVM	线性核				90.59%	
	多项式核				86.98%	
	高斯径向基核				90.75%	
	Sigmoid 核				85.67%	

注:学习样本容量为 2400 的样本抽取,在 FDA 分析中是根据 FA 与抽样技术确定的,而在书中其他地方,如未作说明,样本的抽取都是根据 AHP 的分析结果聚类抽取的。

9.2.3 无监督学习分类方法在土地资源评价中的比较

基于无监督学习分类的土地质量分类方法可以分为两类:一类是先用加权求和法计算土地评价单元的综合得分(或称指数加和法),然后采用等间距法、数轴法或总分频率曲线法划分土地的综合分值分段,或是应用聚类分析的方法进行类别的划分,其中指标权值获取的方法除了书中采用的几种方法外,还有相关系数法、RSR 秩和比法、熵权法等;另外一类是一种相对简捷的分类方法,采用聚类分析(*K*-均值聚类和两步聚类)、模糊聚类分析、模糊综合评判和自组织特征神经网络(self-organizing feature map,SOM 或 SOFM)可以直接对预处理后的基础数据进行分类。

由上述 FA、AHP、FAHP、GRA-AHP、GRA-FAHP、BP 神经网络和 CWA 方法制定的权值计算评价单元的综合指数,然后结合 *K*-均值聚类分析对龙川县土地质量进行分类;同时,采用 TSC、FCA-FAHP、FCE-AHP、FCE-FAHP 等方法直接对土地资源评价基础数据(以分值记录)进行分类,具体各类别土地面积统计如表 9.3 所示。从表中可以看出,龙川县 1 级、2 级、3 级、4 级土地面积(统计单位为 hm^2)分别在[14728.7,22760.67]、[8928.05,16263.16]、[3509.55,6669.76]和[1891.76,3775.02]区间内,取每个类别的均值可以大致计算出龙川县 1 级、2 级、3 级、4 级土地面积分别占耕地面积的 48.10%、32.32%、13.06%和 7.27%,说明龙川县土地质量普遍较高,农业发展条件优越。

从表 9.3 与表 9.4 可以看出,基于 FA 方法的土地质量分类结果与其他方法的分类结果差别较大,说明应用 FA 方法的土地质量分类结果值得商榷,需要特别注意。因此，在土地资源评价中，应用 FA 方法需谨慎之，特别是评价指标较多且对评价目标的影响程度存在较大差异时，FA 方法可能失效。

根据龙川县已有的土地分等、定级成果图（附录 B-18、B-19）和实地勘察、调研等实践检验，指标综合权值评价的结果是众多评价方法结果中与实际情况最为吻合的一种，现以其作为参比对象，计算各评价方法下的评价结果所对应的土地质量评价单元的变化。如果评价单元的类别处在与其对应的综合评价分类结果的区域内，视为正确的分类结果。各种无监督学习分类方法的正确率排序表现为：指标综合权值分析（CWA）＞模糊层次分析（FAHP）＞层次分析（AHP）＞模糊综合评判（FCE-AHP、FCE-FAHP）＞模糊聚类分析（FCA-FAHP）＞灰色关联综合分析（GRA-AHP、GRA-FAHP）＞两步聚类分析（TSC）＞因子分析（FA）。

采用指标综合权值分析的方法，可以较好地对龙川县土地质量进行评价。从表 3.12 和指标综合权值分析结果的空间分布图（附图 B-15）中可以判读，土地利用类型或长期种植作物对龙川县土地质量的影响非常明显。菜地和灌溉水田绝大部分属于土地级别的 1 级和 2 级，占全县耕地面积的 79.53%，广泛分布于全县各个乡镇。其中，1 级土地主要分布于附城、佗城、鹤市、通衢、丰稔、铁场、龙母、车田等农业重镇，该级别的土地地势较平坦，农田基础设施好，灌溉条件优越，土壤肥力较高，土地经济效益较高，交通较为便利，路网密集，临近城镇和农贸市场较活跃，区位条件好，占全县耕地面积的 37.80%；2 级耕地主要分布于铁场、田心、黎咀、车田、麻布岗、上坪等农业发达的地区，该级别的耕地地势较平坦，农田基础设施好，灌溉条件优越，土壤肥力较高，土地经济效益较高，但耕地所在的交通条件、田间路网、临近城镇和农贸市场等条件较差，该类耕地面积最大，占全县耕地面积的 41.73%。旱地级别主要划分为 2 级、3 级、4 级，其中 3 级、4 级面积最大，分别占县域内旱地总面积的 55.67%与 34.48%，主要位于车田、丰稔、附城、回龙、麻布岗、佗城、细坳、紫市等地区，土壤有机质较低，水下水位深、灌溉难以充分保障，且部分地区存在严重的水土流失现象，交通条件、城镇影响度和农贸市场影响度分划得较为明显。全县望天田面积很少，仅占耕地面积的 0.19%，由于望天田灌溉条件差，土壤肥力低，直接影响着耕地质量，大部分处于 4 级水平（占该地类的 77.12%）；另外，交通条件较差，此类耕地耕作效益差，且易造成水土流失，在土地利用规划或实际农业生产中，可以改变其土地用途，改种果树或饲养畜禽。

因此，当地农户或政府可根据土地各级别的具体分布，在改善整体生境条件的同时，有目的、有重点地增加农业投入，改善土壤结构，提高土地质量，发挥土地的最大生产潜力，提高作物的产量，促进土地的可持续利用，防止土地生境条件退化。

表 9.3　土地质量评价中不同类别的土地面积　（单位：hm^2）

土地类别	FA	TSC	AHP	FAHP	FCA-FAHP	FCE-AHP	FCE-FAHP	GRA-AHP	GRA-FAHP	BP 神经网络	CWA
1 级	8365.93	24273.35	16175.53	16500.88	22760.67	16498.54	16913.54	15665.03	16799.99	11953.34	14728.70
2 级	14509.27	7129.33	14646.71	14763.05	8928.05	14351.97	14300.06	14542.30	14297.88	17042.58	16263.16
3 级	11645.52	4988.78	5240.69	5083.01	3509.55	4344.16	4479.45	6669.76	5980.06	6659.82	5328.97
4 级	4448.97	2578.23	2906.76	2622.75	3771.43	3775.02	3276.65	2092.60	1891.76	3313.95	2648.87

注：FA、TSC、AHP、FAHP、FCA-FAHP、FCE-AHP、FCE-FAHP、GRA-AHP、GRA-FAHP、BP 神经网络、CWA 分别表示因子分析、两步聚类分析、层次分析、模糊层次分析、基于模糊层次分析的模糊聚类分析、基于层次分析的模糊综合评判、基于模糊层次分析的模糊综合评判、基于层次分析的灰色关联综合分析、基于模糊层次分析的灰色关联综合分析、改进 BP 神经网络、指标综合权值分析。

表 9.4　土地质量评价中不同类别的土地质量评价单元个数及其正确率　（单位：个）

土地类别	FA	TSC	AHP	FAHP	FCA-FAHP	FCE-AHP	FCE-FAHP	GRA-AHP	GRA-FAHP	BP 神经网络	CWA
1 级	4778	7059	5836	5857	9276	5972	6015	5201	5478	5618	6363
2 级	10362	8863	9749	9827	6994	9631	9622	10122	10121	8659	9899
3 级	9959	8520	8736	8982	6391	7055	7867	10462	10433	7240	8367
4 级	5182	5839	5960	5615	7620	7623	6777	4496	4249	5572	5652
正确率	59.52%	72.38%	86.26%	86.56%	80.26%	82.43%	84.73%	80.11%	80.05%	89.46%	100.00%

注：1. FA、TSC、AHP、FAHP、FCA-FAHP、FCE-AHP、FCE-FAHP、GRA-AHP、GRA-FAHP、BP 神经网络、CWA 分别表示因子分析、两步聚类分析、层次分析、模糊层次分析、基于模糊层次分析的模糊聚类分析、基于层次分析的模糊综合评判、基于模糊层次分析的模糊综合评判、基于层次分析的灰色关联综合分析、基于模糊层次分析的灰色关联综合分析、改进 BP 神经网络、指标综合权值分析。2. 正确率是基于指标综合权值分析结果而言的。

9.3 小　　结

本章对土地资源评价结果进行了较为系统的分析。首先，对土地资源评价方法运用的数学理论、模型适用性检验和指标参数设置、主要用途、存在的不足等几个方面进行了分析；然后，阐述了 FA、AHP、FAHP、GRA（GRA-AHP、GRA-FAHP）、BP 网络模型、CWA 等方法制定权值的特点，并选择以指标综合权值分析的评价结果为参比对象，比较了 FA、TSC、AHP、FAHP、FCA-FAHP、FCE-AHP、FCE-FAHP、GRA-AHP、GRA-FAHP、BP 网络模型等方法获取的土地各分类级别的评价单元数、正确率及土地面积；最后，以层次分析法与聚类分析相结合计算的土地质量评价结果为参比对象，对有监督学习分类结果的正确率进行了比较。分类正确率排序表现为：Logistic 多元无序回归分析（MLR）＞Fisher 判别分析（FDA）＞改进 BP 神经网络模型（BP）＞决策树（DT）＝径向基概率神经网络模型（RBF-PNN）＞支持向量分类机（SVM）。

第 10 章　研究成果应用前景展望

全书围绕“样本容量和指标权值制定—土地质量无监督学习分类—土地质量有监督学习分类”这根主线，应用数据挖掘技术与 GIS 相结合的方式，探讨了土地资源评价基础数据预处理、指标权值制定、样本容量确定、土地质量分类方法的理论与应用等问题，从多个角度展现了土地资源评价方法及其分类的效果。

10.1　研究的主要特点与新颖之处

本书主要解决了土地资源评价中样本容量的确定和样本的自动化抽取问题，较好地实现了模式识别与统计学、神经网络、机器学习、人工智能等数据挖掘技术在土地资源评价中的应用。本书的主要特点与新颖之处具体体现在以下几个方面：

(1) 较为深入地研究了土地资源评价指标权值的制定方法，应用三角模糊化思想对层次分析法制定的权值进行了模糊化处理，然后对模糊化权值实现了解模糊化。分析了应用改进 BP 神经网络获取土地资源评价指标权值的问题，拓展了土地资源评价指标权值获取的方法或途径。

(2) 分别应用因子分析、层次分析和指标综合权值分析方法，结合抽样技术确定了土地资源评价中的样本容量。同时，应用聚类分析的方法，实现了样本容量记录的计算机自动化抽取。

(3) 在土地资源评价中引进两步聚类、关联规则、径向基概率神经网络模型等评价方法，并采用了近年来兴起的多种评价方法，如判别分析、Logistic 回归分析、决策树、改进的 BP 神经网络、支持向量机等方法，较好地实现了土地质量的有监督学习的分类，解决了支持向量机在土地质量评价中的多分类问题。

10.2　土地资源评价中存在的问题

研究人员一方面渴望用较为完整的评价指标体系来刻画土地质量，另一方面又希望用较少的、重要的指标来简化繁杂的评价指标，孰优孰劣，在实际的土地质量评价中，需要充分考虑土地质量评价的目的或用途。因此，不同研究人员基于不同的评价用途，其评价结果往往不同，甚至差异很大，这是完全可以理解的。然而，在特定的土地用途条件下(如用于农业生产)，无论土地质量评价者采用怎样的评价指标体系和指标权值及评价方法，土地质量评价结果应该保证差异性不大;否则,我们选择的评价指标体系,或确定的指标权值,或采用的评价方法存在一定的问题。另外,如何评判最终的土地质量评价结果又是一个很大的难题,因为我们难以应用数学的方法准确地量化评价结果,由于事先我们没有土地质量评价标准,我们无法准确地比较土地质量评价结果。然而,在实际的土地质量评价工作中,我们大多采用的方法是:

(1) 基础数据的修正。我们一方面强调要尊重原始数据,另一方面需要对原始数据进行预处理,这在海量数据的土地质量评价中显得非常必要。由于收集的原始数据资料中数据普遍存在杂乱、重复、缺失、维度高等问题,如果把握不当,没有较好的数据挖掘思想,易陷入篡改数据的危险,尤其严重的是,在农用地分等定级评价中,全国相当部分地区的土壤肥力指标的基础数据(如 pH、有机质、耕层质地等)沿用的是全国第二次土壤普查的资料,这是非常遗憾的,这样的在全国范围内耗费大量人力、物力、财力的农用地评价成果是值得让每一个土地工作者深刻反省的。其实,农业部开展的耕地地力调查与质量评价就能很好地解决这个问题,两项国内浩大的土地调查工作在本质上有着太多的相似或重叠的内容,然而在实际工作中,它们基本上又彼此相互孤立,独自开展调查和评价工作。如果将这两项庞大的土地调查和评价工作合二为一,或是先开展耕地地力调查工作,然后将其成果作为农用地分等定级估价珍贵的基础数据源,可能效果会好得多。

(2) 实用性原则。在土地资源评价中,需要充分考虑并尊重研究区的社会、经济、生态环境等因素,然而在实际的土地资源评价中,土地资源评价结果往往首先考虑的是如何满足国土部门或相关部门的政策制定和国民经济发展的需要。从促进当地经济发展的角度来考量,这是完全可以理解的,但是这带来的负面问题是我们的评价工作可能在满足这一需要的前提下,难以真实、客观地反映土地的质量和保护农民的切实利益。因此,土地资源评价人员即使具有土地评估的扎实的理论知识、丰富的实践经验,但如果没有良好的职业道德,不仅评估出的价值难以客观公正,会损害评估利害关系人的合法权益,而且会借着评价这种“公正”的外衣扰乱土地市场秩序,甚至与委托方“合谋”坑害第三方的利益。基于我国当前的国情,在这把双刃剑下,现实中土地资源评价工作者何去何从,一切不言而喻,这样的评价结果值得商榷。如何解决土地资源评价中这种普遍存在的不正当行为,需要从战略的高度拿出极大的勇气提出切实可行的解决方案。

(3) 区域性平衡的原则。为了保证区域内土地质量的相对一致,调整部分有较大差异地区的土地质量评价结果以适应整个地区的相对平衡的结果,这有其科学合理的一面,然而,这必须是基于地区整体土地质量评价工作较为科学准确的前提。但是,实际上往往并非完全如此,例如,全国范围内开展的耕地地力调查与质量评价、农用地分等定级估价工作、国土资源大调查等工作在实际操作中存在的问题不少,技术规程、刚性或灵活性太强,土地资源评价人员有时难以适从,同时,县、市甚至省级相关负责部门与承担土地质量评价任务的单位之间难以协调、互动,致使有些工作迟迟难以完成,重要的是承担土地质量评价项目的单位较多且技术水平良莠不齐,导致相邻县或市间的评价结果可能相差较大。

这就是理论与实际的背离,如果以科学严谨的态度解决好上述 3 个问题,土地质量评价结果才可能较好地真实、客观地反映研究区土地质量状况,才能更好地落实并实现“既要保护耕地,又要增加农民收入,实现农民的土地财产权益,同时还要满足经济建设用地对土地需求,并保障土地生态环境的可持续发展”这一远景目标。

10.3 研究成果的应用前景分析

土地资源评价是一项十分繁琐的工作,尤其在全国范围内每个县、区、市均要开展,然而这种做法本身也是值得商榷的,在尊重区域性平衡原则的前提下,其实就遵循了在一定区域内的各个县、市土地质量总体上的相对一致,当然落实到具体图斑上其地理位置不同,现在需要获知的是研究区内每一个图斑准确的土地质量等级,这也是这项工作开展或庞大的原因所在。其实,如果借助近年来发展起来的数据挖掘技术,或开发一些新的方法,或引进一些新的技术,这种局面会有所改观,土地资源评价工作会变得简单、实用得多。一方面我们可以把相对分散的从事土地资源评价的单位、科研究院所及部门集中起来对较大区域范围内的某个或某些有代表性的县、区或市的土地资源评价工作做细做实;另一方面,现代科学技术的发展为土地资源评价工作带来新的发展机遇,把模式识别与统计学、神经网络、机器学习、人工智能等先进思想和理论结合起来,能够较好地解决土地资源评价中的许多棘手问题,例如,在对某些试点的县、区或市土地质量评价时,应用抽样技术抽取少量、有代表性的学习样本并采用合适的数据挖掘技术,可以准确地实现较大区域范围内的测试样本(土地评价单元)的分类和预测。根据本书第 8 章的有关研究,选择容量为 2400 的学习样本集,并采用改进的 BP 神经网络模型训练,然后应用学习样本集建立的神经网络模型对龙川县土地质量(共 30281 个样本记录)进行预测,预测的正确率≥94.34%。这就为我们的土地质量评价工作提供了一种思路,可以尝试着对具有相同的耕作制度区的县、市土地区域,应用数据挖掘技术一次性实现土地质量的分类。例如,选择其中有代表性的县或市土地作为研究对象,采用较为严谨的科学态度获取土地资源评价基础数据,并对基础数据进行一定的预处理,选择合适的土地资源评价方法,并对土地质量进行分类(如采用层次分析法确定指标权值,采用聚类的方法确定土地质量的类别);然后将研究区的土地资源评价单元作为学习样本,应用数据挖掘方法对学习样本进行训练,将训练好的模型应用于整个区域的土地质量分类,通过比较多种数据挖掘方法的分类结果，可以准确地获知整个地区的土地质量状况及其分布。从本书研究的结果来看，采用数据挖掘技术对土地资源评价预测分类结果的正确率很高，完全可以满足土地资源评价的实际需要。以广东省 43 个县（不包括地级市、县级市、自治县、市辖区）的农用地分等定级估价项目为例，若以每个县 35 万元人民币的工程项目费用计算，全省县级农用地分等定级估价项目就需要耗资 1500 多万元；如果应用数据挖掘技术来实施这项工作，根据我们的经验判断，保守估计平均每个县最少可以节省 10 万元的费用，同时大大节约了工程实施的时间，另外制定的评价成果更加准确、实用，在成果更新方面更为便捷。

参 考 文 献

白淑英,张树文,宝音,等. 2003. 遥感和 GIS 在土地适宜性评价研究中的应用. 水土保持学报,17(6):18－22.

白雪梅,赵松山. 1995. 对主成分分析综合评价方法若干问题的探讨. 统计研究,68:47－51.

白雪梅,赵松山. 2001. 灰色关联判别分析模型及其应用. 南京经济学院学报,5:21－24.

毕硕本. 2008. 矢量图形特征的空间数据挖掘及其应用. 北京:科学出版社.

蔡运龙,李军. 2003. 土地利用可持续性的度量——一种显示过程的综合方法. 地理学报,58(2):305－313.

曹顺爱. 2007. 土地利用规划中的能值分析研究. 杭州:浙江大学硕士学位论文.

陈百明,张凤荣. 2001. 中国土地可持续利用指标体系的理论与方法. 自然资源学报,16(3):197－203.

陈健飞,刘卫民. 1999. Fuzzy 综合评判在土地适宜性评价中的应用. 资源科学,21(4):71－74.

陈亚新,史海滨,魏占民,等. 2005. 土壤水盐信息空间变异的预测理论与条件模拟. 北京:科学出版社.

陈重阳,蔡萍,施文康,等. 2000. 基于径向基函数概率网络模型的心律失常自动识别. 上海交通大学学报,34(11):1475－1477.

戴旭. 1995. 农业土地评价的理论与方法. 北京:科学出版社.

党安荣,贾海峰,易善桢,等. 2004. ArcGIS8 Desktop 地理信息系统应用指南. 北京:清华大学出版社.

董长虹. 2007. Matlab 神经网络与应用. 第二版. 北京:国防工业出版社.

杜红悦,李京. 2001. 土地适宜性评价方法研究与系统实现:以攀枝花为例. 资源科学,23(5):41－45.

付强,王志良,梁川. 2002. 自组织竞争人工神经网络在土壤分类中的应用. 水土保持通报,22(1):39－43.

付海英,郝晋珉,朱德举,等. 2007. 耕地适宜性评价及其在新增其他用地配置中的应用. 农业工程学报,23(1):60－65.

傅伯杰,陈利顶. 1997. 土地可持续利用评价的指标体系与方法. 自然资源学报,12(2):112－118.

傅伯杰,陈利项,马克明,等. 2001. 景观生态学原理及应用. 北京:科学出版社.

傅伯杰. 1989. 土地资源评价信息系统. 水土保持学报,3(1):1－9.

葛哲学,孙志强. 2007. 神经网络理论与 MATLAB R2007 实现. 北京:电子工业出版社.

顾绍红,王永生,王光霞. 2007. 主成分分析模型在数据处理中的应用. 测绘科学技术学报,24(5):387－390.

郭旭东,邱扬,连纲,等. 2003. 基于 PSR 框架的土地质量指标体系研究进展与展望. 地理科学进展,22(5):479－489.

郭志刚. 2000. 社会统计分析方法——SPSS 软件应用. 北京:中国人民大学出版社.

韩力群. 2007. 人工神经网络理论、设计及应用. 第二版. 北京:化学工业出版社.

贺昌政. 2005. 自组织数据挖掘与经济预测. 北京:科学出版社.

何德权,张明善.1999.Fuzzy AHP法在企业购并中的运用.陕西工学院学报,15(4):63－70.
何勇,张淑娟,方慈.2004.基于人工神经网络的田间信息插值方法研究.农业工程学报,20(3):120－123.
侯华丽,郧文聚,朱德举.2005.县域耕地的样地法评价.农业工程学报,21(11):54－59.
侯文广,江聪世,熊庆文,等.2003.基于GIS的土壤质量评价研究.武汉大学学报(信息科学版),28(1):59－64.
侯媛彬,杜京义,汪梅.2007.神经网络.西安:西安电子科技大学出版社.
胡兵,熊德祥,潘剑君.1998.农用地质量模糊综合评价模型的建立与检验.南京农业大学学报,21(3):64－59.
胡明星,郭达志,郭玲香.1998.模糊联想记忆神经网络在土地质量评价中的应用.南京农业大学学报,22(1):104－107.
胡月明,戴军,王人潮,等.1999 基于GIS的浙江省红壤资源质量评价.华南农业大学学报,20(4):80－85.
胡月明,吴谷丰,江华,等.2001a.基于GIS与灰关联综合评价模型的土壤质量评价.西北农林科技大学学报(自然科学版),29(4):38－41.
胡月明,万洪富,吴志峰,等.2001b.基于GIS的土壤质量模糊变权评价.土壤学报,38(3):265－274.
胡月明,赵小敏,吴启堂,等.2001c.土地信息系统.广东:华南理工大学出版社.
胡月明,薛月菊,李波,等.2005.从神经网络中抽取土地评价模糊规则.农业工程学报,21(12):93－97.
胡月明.2007.农产品安全监控与预警系统.北京:中国科学技术出版社.
黄德双.1998a.一种新的径向基概率网络模型(Ⅰ):基本理论.计算机研究与发展,35(2):118－121.
黄德双.1998b.一种新的径向基概率网络模型(Ⅱ):模型分析.计算机研究与发展,35(2):122－127.
黄方,刘湘南,张养贞.2003.GIS支持下的吉林省西部生态环境脆弱态势评价研究.地理科学,23(1):95－100.
黄海,祝国瑞.2006.基于模糊神经网络的土地合理储备量预测研究.武汉大学学报(信息科学版),31(6):561－563.
黄贤金,吴群,吴克宁,等.1998.不动产估价.北京:中国林业出版社.
贾泽露,刘耀林,张彤.2005.空间数据挖掘技术在土地定级估价中应用.地球科学与环境学报,27(3):72－77.
蒋良孝,蔡之华.2003.GIS数据库中的数据挖掘.计算机工程与应用,18:202－204.
焦李成,刘芳,缑水平,等.2006.智能数据挖掘与知识发现.西安:西安电子科技大学出版社.
金龙.2004.神经网络气象预报建模理论方法与应用.北京:气象出版社.
雷英杰,张善文,李续武,等.2006.MATLAB遗传算法工具箱及应用.西安:西安电子科技大学出版社.
冷疏影,李秀彬.1999a.土地质量指标体系国际研究的新进展.地理学报,54(2):177－185.

冷疏影，刘燕华. 1999b. 中国脆弱生态区可持续发展指标体系框架设计. 中国人口·资源与环境，9(2)：40－45.
黎夏，叶嘉安. 2005. 基于神经网络的元胞自动机及模拟复杂土地利用系统. 地理研究，26(1)：19－27.
李德仁，王树良，李德毅. 2006. 空间数据挖掘理论与应用. 北京：科学出版社.
李桂林，陈杰，孙志英，等. 2007. 基于土壤特征和土地利用变化的土壤质量评价最小数据集确定. 生态学报，27(7)：2715－2724.
李加林，张忍顺. 2003. 宁波市生态经济系统的能值分析研究. 地理与地理信息科学，19(21)：73－76.
李世华，牛铮，路鹏，等. 2007. 基于主成分分析红壤有效含水量估算模型. 农业工程学报，23(5)：92－94.
李新东. 2007. 基于 GIS 和 Fuzzy AHP 的水稻的土地适宜性评价. 广州：中国科学院广州地球化学研究所硕士学位论文.
李秀萍，杨德刚，韩剑萍. 2002. 应用主成分分析、聚类分析划分新疆绿洲生态经济类型的初步研究. 干旱区地理，25(3)：264－271.
李月芬，汤洁，李艳梅. 2004. 用主成分分析和灰色关联度分析评价草原土壤质量. 世界地质，23(2)：169－175.
廖宁方，高稚允. 1998. BP 神经网络用于函数逼近的最佳隐含层结构. 北京理工大学学报，18(4)：476－480.
林春泉. 2005. 模糊数学在土地利用更新调查质量评定中的应用探讨. 测绘与空间地理信息，28(6)：100－102.
林增杰. 1986. 土地管理的原理与方法. 北京：中国人民大学出版社.
林震岩. 2007. 多变量分析 SPSS 的操作与应用. 北京：北京大学出版社.
刘宏. 1996. 综合评价中指标权重确定方法的研究. 河北工业大学学报，25(4)：75－80.
刘建军，李春来，邹永廖. 2001. 贵阳市区土地资源评价模型的建立. 地质地球化学，29(2)：66－71.
刘进生，王绪柱，魏毅强. 1993. Fuzzy AHP 中的梯度法. 甘肃科学学报，18(3)：37－41.
刘黎明. 2007. 土地资源学. 北京：中国农业大学出版社.
刘西田. 2006. 河北省可持续发展研究. 天津：天津大学硕士学位论文.
刘湘南，黄方，王平，等. 2005. GIS 空间分析原理与方法. 北京：科学出版社.
刘鑫. 2005. 土地市场清查治理整顿及典型案例评析. 北京：中国建材工业出版社.
刘耀林，焦利民. 2005. 基于计算智能的土地适宜性评价模型. 武汉大学学报(信息科学版)，30(4)：283－287.
鲁明星，贺立源，吴礼树. 2006. 我国耕地地力评价研究进展. 生态环境，15(4)：866－871.
陆宏芳，蓝盛芳，李雷，等. 2002. 评价系统可持续发展能力的能值指标. 中国环境科学，22(4)：380－384.
陆宏芳，彭少麟，蓝盛芳，等. 2003a. 基塘农业生态工程模式的能值评估. 应用生态学报，14(10)：1622－1626.

陆宏芳,蓝盛芳,彭少麟.2003b.系统可持续发展的能值评价指标的新拓展.环境科学,24(3):150－155.

骆成凤,刘正军,王长耀,等.2006.基于遗传算法优化的BP神经网络遥感数据土地覆盖分类.农业工程学报,22(12):133－137.

骆东奇,白洁,谢德林.2002.论土壤肥力评价指标和方法.土壤与环境,11(2):202－205.

马超群,兰秋军,陈为民.2007.金融数据挖掘.北京:科学出版社.

马儒宁.2003.神经网络与支持向量机相关问题研究.上海:复旦大学硕士学位论文.

毛国君,段立娟,王实,等.2006.数据挖掘原理与算法.北京:清华大学出版社.

倪绍祥.2003.近10年来中国土地评价研究的进展.自然资源学报,18(6):672－683.

倪绍祥.2005.土地类型与土地评价概论.第二版.北京:高等教育出版社.

聂艳,周勇,于靖,等.2004.基于GIS和模糊物元分析法的农用地定级评价研究.农业工程学报,20(5):297－300.

聂艳.2005.耕地质量评价的模型方法与信息系统集成及应用研究.武汉:华中农业大学硕士学位论文.

潘江波.2007.基于Fuzzy AHP的管理类专业实验成绩评定各因素权重确定.实验技术与管理,24(5):125－129.

庞素琳.2005.信用评价与股市预测模型研究及应用——统计学、神经网络与支持向量机方法.北京:科学出版社.

彭建,王仰麟,宋治清.2003.国内外土地持续利用评价研究进展.资源科学,25(2):85－93.

彭祖赠,孙韫玉.2007.模糊(Fuzzy)数学及其应用.武汉:武汉大学出版社.

秦建成.2007.土壤适宜性评价方法研究——以重庆市彭水县植烟土壤为例.重庆:西南大学硕士学位论文.

邱炳文,池天河,王钦敏,等.2004.GIS在土地适宜性评价中的应用与展望.地理与地理信息科学,20(5):20－24.

邱炳文,周勇,李学垣.2002.地理信息系统支持下的区域土壤资源适宜性动态评价.土壤学报,39(3):301－307.

邱学军.1995.灰色聚类关联分析法及其应用.系统工程理论与实践,15(1):15－21.

曲福田.1997.可持续发展的衡量与评价.中国人口·资源与环境,7(3):50－53.

任东.2004.基于支持向量机的植物病害识别研究.长春:吉林大学博士学位论文.

单胜道,俞劲炎.1999.耕地模糊综合定级体系初探.浙江大学学报(理学版),26(3):99－104.

沈善瑞,陆宏芳.2004.三水市农业生态系统经济能值投入产出分析.生态环境,13(4):612－614.

沈掌泉,周斌,孔繁胜,等.2004.应用广义回归神经网络进行土壤空间变异研究.土壤学报,41(3):471－475.

史舟,李艳.2006.地统计学在土壤学中的应用.北京:中国农业出版社.

史忠植.2004.知识发现.北京:清华大学出版社.

孙霞,文启凯,尹林克,等.2004.层次分析法在塔里木河中下游退耕适宜性评价中的应用.干旱区资源与环境,18(6):72－75.

孙微微,胡月明,刘才兴,等.2005.基于决策树的土壤质量等级研究.华南农业大学学报,26(3):108－110.

唐南奇,潭明军.2004a.基于人工神经网络农用地分等研究Ⅰ:分别模型与精度检测.福建农林大学学报(自然科学版),33(2):241－244.

唐南奇,潭明军.2004b.基于人工神经网络的农用地分等研究Ⅱ:前置数据优化处理.福建农林大学学报(自然科学版),33(4):512－516.

唐启义,冯明义.2007.DPS数据处理系统——实验设计、统计分析及数据挖掘.北京:科学出版社.

田剑,胡月明,王长委,等.2007.聚类支持下决策树模型在耕地质量评价中的应用.农业工程学报,23(12):58－63.

王昌政.2005.自组织数据挖掘与经济预测.北京:科学出版社.

王宏.2006.基于粗糙集数据挖掘技术的客户价值分析.北京:经济科学出版社.

王洪波.2004.系统化耕地质量评价体系的构建与应用——以太原市万柏林区为例.北京:中国农业大学硕士学位论文.

王济川,郭志刚.2001.Logistic回归模型——方法与应用.北京:高等教育出版社.

王建国.2001.模糊数学在土壤质量评价中的应用研究.土壤学报,38(1):176－185.

王建国.1998.农用土地质量评价的理论与方法研究.南京:南京农业大学博士学位论文.

王珂,沈掌泉,John S B,等.2001.精确农业田间土壤空间变异与采样方式研究.农业工程学报,17(2):33－36.

王瑞燕,赵庚星,李涛,等.2004.GIS支持下的耕地地力等级评价.农业工程学报,20(1):307－310.

王树良,史文中,李德毅,等.2003.基于张力样条插值函数的土地数据挖掘.计算机工程与应用,(25):5－7.

王晓红,杨小雄,杜晓.2006.土地定级中因素权重的理想方法——拟合算法.山地农业生物学报,25(4):349－353.

王余沛.2006.基于模糊综合评判的西部城镇土地定级方法研究.西安:长安大学硕士学位论文.

韦玉春,陈锁忠,李云梅,等.2005.地理建模原理与方法.北京:科学出版社.

吴金华,祝国瑞.2004.空间数据仓库的认知过程.地球科学与环境学报,26(4):67－71.

伍世虔,徐军.2008.动态模糊神经网络——设计与应用.北京:清华大学出版社.

肖新平.1997.关于灰色关联度量化模型的理论研究和评论.系统工程理论与实践,8:76－81.

徐梦洁,梅艳,宋奇海.2007.国内基于GIS的土地评价研究进展.土壤,39(4):503－508.

薛月菊,胡月明,杨敬锋,等.2006.基于概率神经网络的广东省土地资源评价.华南农业大学学报,27(3):108－110.

严会超,杨海东,肖莉,等.2006.模糊SOFM-GIS空间聚类模型在农用地分等中的应用.农业工程学报,22(6):82－87.

杨国栋,王肖娟.2005.基于人工神经网络的土壤养分肥力等级评价方法.土壤通报,36(1):30－33.

杨国清.2006.土地利用景观时空变化研究——以广州市为例.武汉:武汉大学博士学位论文.

杨海东,胡月明,邓飞其. 2005. 基于DNA编码的人工免疫模型在土壤质量评价中的应用. 农业工程学报,21(6):40－44.

杨洪泉,高莉,李成名,等. 2003. 基于模糊聚类分析的1∶25万地形图数据挖掘. 测绘通报,8:14－20.

杨淑莹. 2008. 模式识别与智能计算——MATLAB技术实现. 北京:电子工业出版社.

余应刚,包世泰. 2000. 新型的GIS数据库——Geodatabase. 广西师范学院学报(自然科学版),17(4):65－69.

张凤荣,安萍莉,王军艳,等. 2002. 耕地分等的土壤质量指标体系与分等方法. 资源科学,24(2):71－75.

张凤荣. 1996. 关于持续土地管理的评价. 中国土地科学,10(4):30－38.

张海涛,周勇,汪善勤,等. 2003. 利用GIS和RS资料及层次分析法综合评价江汉平原后湖地区耕地自然地力. 农业工程学报,9(2):219－223.

张华,张甘霖,漆志平,等. 2003. 热带地区农场尺度土壤质量现状的系统评价. 土壤学报,40(2):186－193.

张继光,陈洪松,苏以荣,等. 2006. 喀斯特地区典型峰丛洼地表层土壤水分空间变异及合理取样数研究. 水土保持学报,20(2):114－118.

张文彤,董伟. 2006. SPSS统计分析高级教程. 北京:高等教育出版社.

张文修,吴伟志,梁吉业,等. 2006. 粗糙集理论与方法. 北京:科学出版社.

张晓林,和丽忠,陈锦玉,等. 2001. 土壤——烤烟矿质营养元素相互关系的主组分分析. 土壤学报,38(2):193－203.

张友焱,周泽福. 2003. 黄土丘陵沟壑区土地适宜性评价研究——以山西省中阳县圪针耳流域为例. 水土保持学报,17(1):93－99.

赵庚星,李玉环,李强. 1999. GIS支持下的定量化、自动化农用土地评价方法的探讨. 农业工程学报,15(3):219－223.

赵霈生,陈百明. 1998. 在土地评价中应用人工神经网络专家系统的理论与实践. 中国土地科学,12(2):28－34.

赵希男. 1995. 主成分分析法评价功能浅析. 系统工程,13(2):24－27.

赵玉国,张甘霖,龚子同,等. 2005. 海南岛不同地质背景下的土壤类型、质量特征和作物适宜性. 第四纪研究,25(3):389－395.

赵玉杰,师荣光,高怀友,等. 2006. 基于MATLAB6.x的BP人工神经网络的土壤环境质量评价方法研究. 农业环境科学学报,25(1):186－189.

郑宇,胡业翠,刘彦随,等. 2005. 山东省土地适宜性空间分析及其优化配置研究. 农业工程学报,21(2):60－65.

中华人民共和国国土资源部. 2003. 农用地分等、定级、估价规程. 北京:中国标准出版社.

周红艺,熊东红,杨忠,等. 2005. 长江上游典型地区基于SOTER数据库的耕地地力评价. 土壤通报,36(2):145－148.

周开利,康耀红. 2005. 神经网络模型及其MATLAB仿真程序设计. 北京:清华大学出版社.

周勇,田有国,任意,等. 2003. 定量化土地评价指标体系及评价方法探讨. 生态环境,12(1):

37－41.

Han J W,Kamber M. 2007. 数据挖掘:概念与技术. 范明,孟小峰,徐华,等译. 北京:机械工业出版社.

Margaret H. 2005. 数据挖掘教程. 郭崇慧,田凤占,靳晓明,等译. 北京:清华大学出版社.

Agrawal R,Srikant R. 1996. Mining quantitative association rules in large relational tables. Proceedings of the ACM-SIGMOD Conference on Management of Data,Montreal,2:1－12.

Agrawal R,Srikant R. 1994. Fast algorithms for mining association rules in large databases. Proceedings of the 20th International Conference on Very Large Databases (VLDB),Santiago:478－499.

Andrews S S,Flora C B,Mitchell J R,et al. 2003. Growers' perceptions and acceptance of soil quality indices. Geoderma,114(3-4):187－213.

Andrews S S,Karlen D L,Mitchell J P. 2002. A comparison of soil quality indexing methods for vegetable production systems in Northern California. Agriculture, Ecosystems & Environment,90:25－45.

Barzilai T. 1998. On the decomposition of value functions. Operations Research Letters,22(4-5):159－170.

Bending G D,Tumer M K,Rayns F,et al. 2004. Microbial and biochemical soil quality indicators and their potential for differentiating areas under contrasting agricultural management regimes. Soil and Biochemistry,36(11):1785－1792.

Black G A,Dewall S. 1993. Soil Fertility Evaluation and Control. Florida:CRC Press LLC.

Bram C,Ken D S,Jozef D. 2006. A minimum data set for soil quality assessment of wheat and maize cropping in the highlands of Mexico. Soil and Village Research,87(2):163－174.

Buia E N,Hendersonb B L,Viergeverc K. 2006. Knowledge discovery from models of soil properties developed through data mining. Ecological Modelling,191(3-4):431－446.

Debeir O,Van Den Steen I,Latinne P. 2002. Textural and contextual land-cover classification using single and multiple classifier systems. Photogrammetric Engineering and Remote Sensing,68(6):597－605.

Deng H P. 1999. Multicriteria analysis with fuzzy pairwise comparisons. International Journal of Approximate Reasoning,21:215－231.

Dumanski J,Onofrei C. 1989. Techniques of crop yield assessment for agricultural land evaluation. Soil Use Manage,5:9－16.

Edward L,Torbjörm R. 2003. Emergy evaluation of three cropping systems in southwestern Australia. Ecological Modelling,161(3):193－209.

Eswaran H,Kimble J. 2003. Land quality assessment and monitoring:The next challenge for soil science. Pedosphere,13(1):1－10.

Franchiniet J C,Crispino C C,Souza R A,et al. 2007. Microbiological parameters as indicators of soil quality under various soil management and crop rotation systems in southern Brazil. Soil and Tillage Research,92(1-2):18－29.

Giri C, Jenkins C. 2005. Land cover mapping of Greater Mesoamerica using MODIS data. Canadian Journal of Remote Sensing, 31(4): 274—282.

Groenigen V J. 2000. The influence of variogram parameters on optimal sampling schemes for mapping by kriging. Geoderma, 97 (3-4): 223—236.

Gupta R K, Mostaghimi S, Mcclellan P W, et al. 1997. Spatial variability and sampling strategies for NO_3-N, P and K determinations for site-specific farming. Transactions of the ASME, 40(2): 337—343.

Henderson B L, Bui E N, Moran C J. 2005. Australia wide predictions of soil properties using decision trees. Geoderma, 124(34): 383—398.

Hornic K, Stinchcombe M, White H. 1989. Multilayer feedforward networks are universal approximators. Neural Networks, 2: 359—366.

Hornic K. 1991. Approximate capabilities of multilayer feedforward networks. Neural Networks, 4: 251—257.

Hu S Y, Li D, Liu Y L, et al. 2007. Mining weights of land evaluation factors based on cloud model and correlation analysis. Geo-spatial Information Science, 10(3): 218—222.

Hu Y M, Dai J, Wang R C. 1999. GIS-based red soil resources classification and evaluation. Pedosphere, 9(2): 193—199.

Lahlou S, Mrabet R, Ouadia M. 2004. Soil physics: A moroccan perspective. Journal of African Earth Sciences, 39(3-5): 441—445.

Marcal A R S, Borges J S, Gomes J A, et al. 2005. Land cover update by supervised classification of segmented ASTER images. International Journal of Remote Sensing, 26(7): 1347—1362.

Odum H T. 2000. Emergy evaluation of an OTEC electrical power system. Energy, 25: 389—393.

Odum H T. 1998. Self-organization transformity and information. Science, 242: 1132—1139.

Raúl Z, Jorge M S, César G, et al. 2007. Evaluation of soil quality using multiple lineal regression based on physical, chemical and biochemical properties. Science of The Total Environment, 378 (1-2): 233—237.

Reganold J P. 1995. Soil quality and profitability of biodynamic and conventional farming systems: A review. American Journal of Alternative Agriculture, 10(1): 36—45.

Simon L. 1997. Soil quality, contaminated land and waste of utilization. Annual Report of MLUI, 28—37.

Smith J H, Stehman S V, Wickham J D, et al. 2003. Effects of landscape characteristics on land-cover class accuracy. Remote Sensing of Environment, 84(3): 342—349.

Wang Z, Chang A C, Wu I, et al. 2003. Assessing the soil quality of long-term reclaimed wastewater-irrigated cropland. Geodema, 114: 261—278.

Xue Y J, Hu Y M, Liu S G, et al. 2007. Improving land resource evaluation using fuzzy neural network ensembles. Pedosphere, 14(4): 429—435.

Yang H D, Hu Y M, Deng F Q, et al. 2005. Application of immune algorithm to evaluation of soil resource quality. Pedosphere, 5(5): 660—668.

Zha J M. 1995. Grey relational matrix analysis:Grey judgement model. The Journal of Grey System,7(4):323－330.

Zhao Y W,Zhang G X. 2002. A new integrated design method based on fuzzy matter-element optimization. Journal of Materials Processing Technology,129(1):612－618.

Zhu A X. 2000. Mapping soil landscape as spatial continua:The neural network approaches. Water Resources Research,36:663－677.

附录 A　主要数据挖掘软件简介

随着数据挖掘技术的发展和它在各个领域中的非凡表现，专业数据挖掘软件相继被推出，如 DBMiner Technology 的 DBMiner、IBM 的 Intenligent Miner、Information Discovery 的 Data Mining Suite、Thinking Machines 的 Darwin、NeoVista Solution 的 Decision Series、Angoss 的 knowledgeSEEKER 等。另外，很多数据库管理系统或者统计软件也增加了支持数据挖掘的功能，如 SQL Server 2000、Oracle、SPSS/ Clementine 、SAS/Enterprise Miner、国产数据分析软件 DPS 等。实际上，很多不同应用领域的优秀专业软件工具已经融合了数据挖掘的思想，并逐渐加载了数据挖掘功能模块，更好地实现了对数据的进一步分析和利用，如科学计算软件 Matlab、GIS 软件 ArcGIS、遥感影像处理软件 Erdas。本附录对本书中主要采用的数据挖掘软件 Clementine、Matlab、SPSS、DPS、ArcGIS 进行简单的介绍。

1. 专业数据挖掘软件 Clementine

Clementine 是一个优秀的数据挖掘工作平台，它将聚类、判别分析、Logistic 回归、关联规则、决策树、神经网络、序列分析等多种数据挖掘技术集成在一个直观的可视化图形界面中。Clementine 是一个功能强大、使用方便的数据挖掘产品，在 Gartner 的用户数据挖掘工具评估中，它在可伸缩性、预测分类准确率和数据处理时间方面都表现得很好。Clementine 最独特的特点是应用 GUI 方法进行数据挖掘，通过使用描述按钮，用户可以创建带有描述其功能使用的数据节点。每一个节点表示整个数据挖掘中的一个步骤，这些节点提供了数据访问、数据预处理、可视化、机器学习以及模型分析，通过在 Clementine 屏幕上拖放按钮，可以非常清晰地创建一个功能数据流。

Clementine 具有强大的数据存取能力，也可让建模的结果持续地写入到一个 ODBC 的 DBMS 中。数据输入的操作包含数据合并、衍生新字段等功能，数据可视化提供了散布图、交互式图形和 Web 分析。总的来说，Clementine 对小规模和大规模的数据挖掘都很合适。

官方网站：http://www. spss. com/clementine

国内网站：http://www. spssbj. com. cn

2. 科学计算软件 Matlab

Matlab 起源于矩阵运算，是一种面向科学与工程计算的高级语言，并已经发展成一种高度集成的计算机语言，被称为“第四代”计算机语言。Matlab 是目前国际科学界最具影响力、也是最有活力的可视化软件，它提供了强大的科学运算、灵活的程序设计流程、高质量的图形可视化与界面设计、便捷的与其他程序和语言接口的功能。Matlab 提供各类工具箱，包括神经网络工具箱、模糊数学工具箱、遗传算法工具箱、时间序列分析工具箱、小波分析工具箱、仿真工具箱、GIS 工具箱、数字图像处理工具箱等，在各国高校与研究单位发挥着重大的作用。

官方网站：http://www.mathworks.com

国内网站：http://www.Matlab-world.com

3. 统计分析软件 SPSS

SPSS 是目前世界上最为优秀的统计分析软件之一，它集数据整理、分析功能于一身。SPSS 采用电子表格的方式输入与管理数据，能方便地从其他数据库(如 dBase、Excel、Text File 等)中读取数据。它的统计过程包括描述性统计、均值比较、一般线性分析、相关分析、回归分析、聚类分析、数据简化、生存分析、时间序列分析、多重响应分析等几大类；每类中又包括同类多种统计过程，如回归分析中又分线性回归分析、非线性回归分析、曲线性回归分析等多个统计过程；而且在每个过程中都允许用户选择不同的方法及参数进行统计分析。因此，除了可以实现常规的各种统计外，还可用来做一些不常用的分析处理，在 SPSS13.0 中提供了多维量表法、决策树法、Logistic、时间序列分析等多变量分析技术。同时，SPSS 也有专门的绘图系统，可以根据数据绘制各种图形。

SPSS 具有易学易用，分析结果清晰、直观、交互性强等特点。在国际学术论文中，凡是使用 SPSS 软件完成的计算和统计分析，可以不必说明算法，由此可见其影响之大和信誉之高。

官方网站：http://www.spss.com

国内网站：http://www.spssbj.com.cn

4. 国产数据分析软件 DPS

DPS 数据处理系统是浙江大学唐启义和冯明光教授领导研制开发的优秀国产统计分析软件。DPS 的最大优点是功能齐全，包括了现代统计学 400 多种实验数据统计分析和模型模拟方法(在 DPS8.0 中)，将数据计算、统计分析、模型模拟、画线制表等功能较好地融为一体，并不断吸纳了新的统计方法和非统计分析技术，如投影寻踪回归、小波分析、层次分析、灰色系统方法、模糊数学方法、非线性规划、BP 神经网络、RBF 神经网络等。然而，与国外优秀软件相比，DPS 在可操作性、交互性、处理较大规模数据、系统的稳定性等方面还需要进一步完善。

官方网站：http://www.chinadps.net

5. 地理信息系统软件 ArcGIS

ESRI 公司整合了 GIS 与数据库、软件工程、人工智能、网络技术及其他多方面的计算机主流技术，开发了代表 GIS 最高技术水平的全系列 GIS 平台——ArcGIS 系列。ArcGIS 是一个统一的 GIS 平台，由 DeskTop、ArcIMS、ArcSDE 和 ArcInfo 4 个重要部分组成。ArcGIS 是对空间位置信息和其他属性类信息，以及空间信息挖掘和知识发现最优秀的 GIS 软件，提供了分析工具、数据管理、空间分析工具、3D 分析工具等强大的数据分析工具。其中，空间分析工具包括矢量数据空间分析、栅格数据空间分析、空间统计分析等。矢量数据空间分析提供了缓冲区分析、叠置分析和网络分析功能；栅格数据空间分析提供了表面分析、统计分析、重分类和距离制图功能；3D 分析工具提供了重分类、TIN 工具、表面生成、表面分析等功能。

官方网站：http://www.esri.com

国内网站：http://www.esrichina-bj.cn

附录 B　土地资源评价成果图

附录 B-1　学习样本为 150 个的样点分布图

附录 B-2　学习样本为 350 个的样点分布图

附录 B-3　学习样本为 1000 个的样点分布图

附录 B-4　学习样本为 2400 个的样点分布图

附录 B-5　学习样本为 5000 个的样点分布图

附录 B-6　基于因子分析(FA)的土地质量级别分布图

附录 B-7　基于两步聚类分析(TSC)的土地质量级别分布图

附录 B-8　基于层次分析(AHP)的土地质量级别分布图

附录 B-9　基于模糊层次分析(FAHP)的土地质量级别分布图

附录 B-10　基于模糊层次分析的模糊聚类分析(FAC-FAHP)的土地质量级别分布图

附录 B-11　基于层次分析的模糊综合评判(FCE-AHP)的土地质量级别分布图

附录 B-12　基于模糊层次分析的模糊综合评判(FCE-FAHP)的土地质量级别分布图

附录 B-13　基于层次分析的灰色关联综合分析(GRA-AHP)的土地质量级别分布图

附录 B-14　基于模糊层次分析的灰色关联综合分析(GRA-FAHP)的土地质量级别分布图

附录 B-15　基于指标综合权值分析(CWA)的土地质量级别分布图

附录 B-16　土地自然质量等别图

附录 B-17　土地利用等别图

附录 B-18　土地分等等别图

附录 B-19　土地定级级别图

附录 B-1　学习样本为 150 个的样点分布图

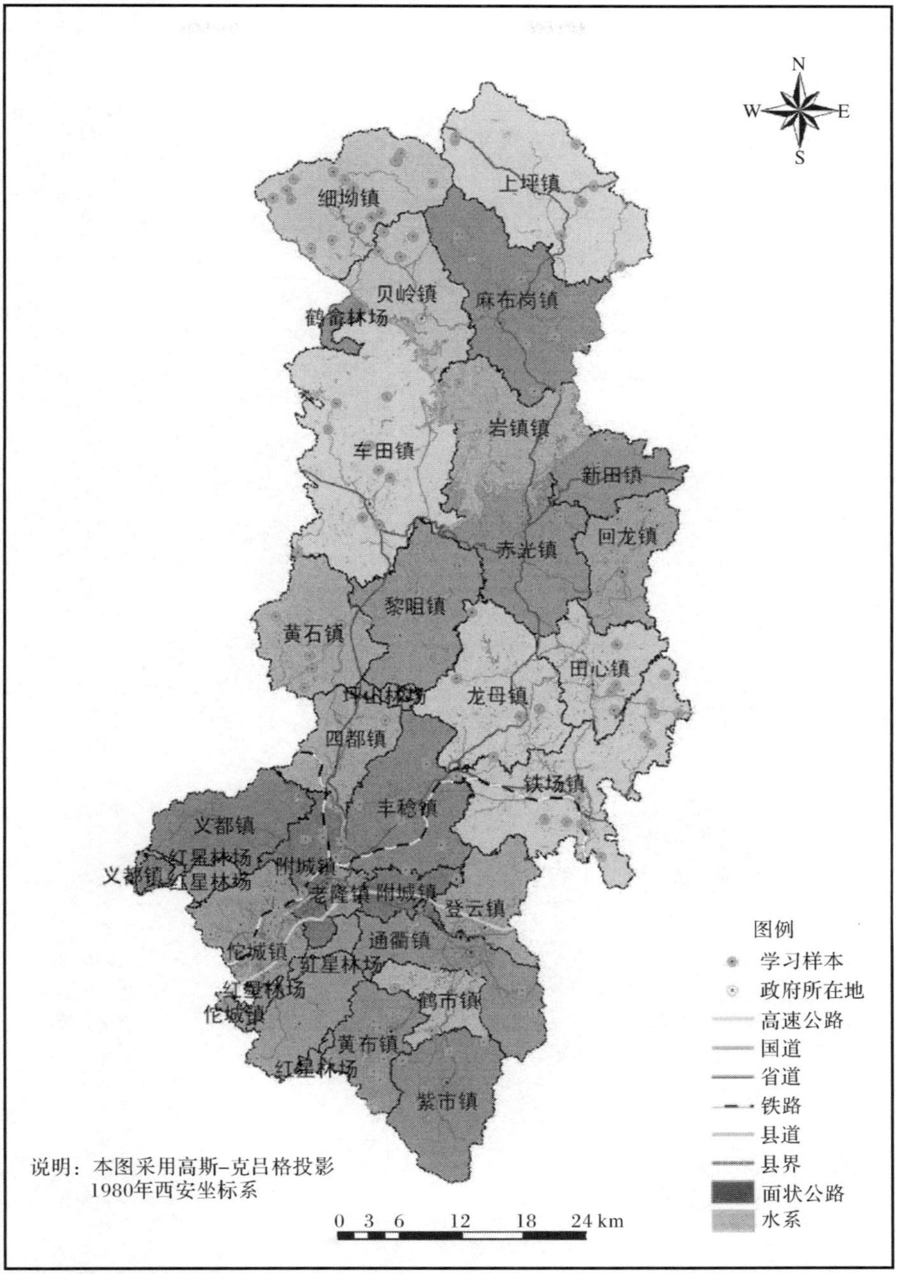

附录 B-2　学习样本为 350 个的样点分布图

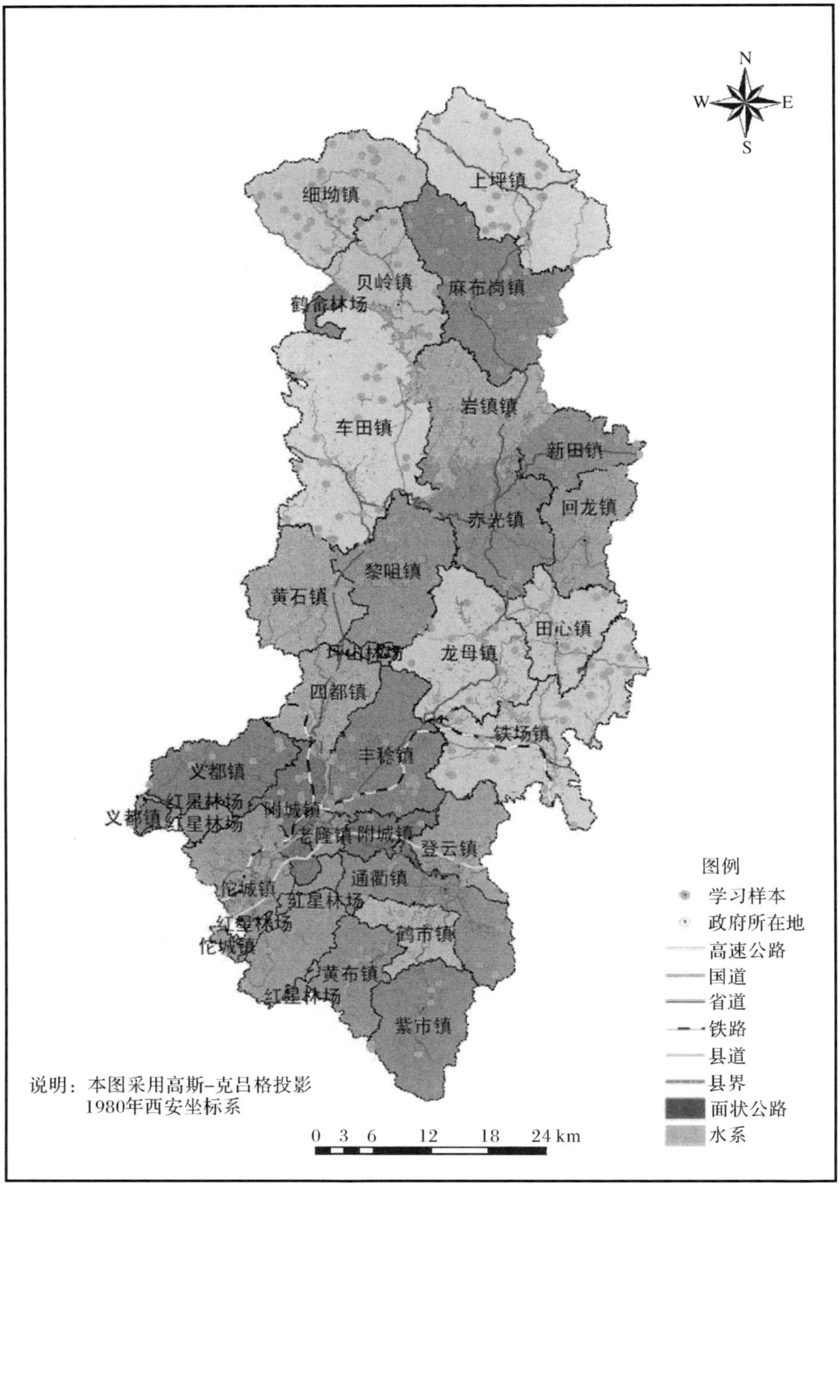

附录 B-3 学习样本为 1000 个的样点分布图

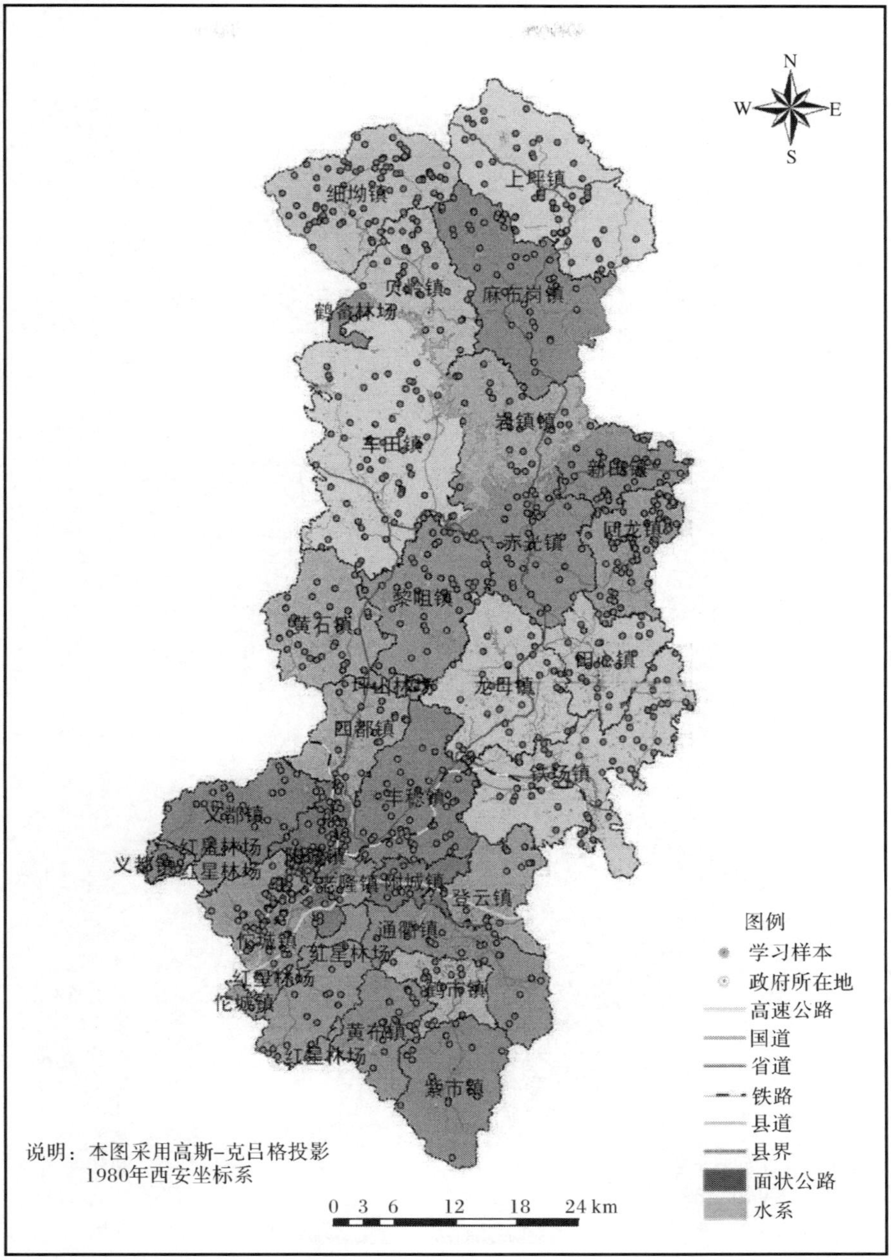

附录 B-4　学习样本为 2400 个的样点分布图

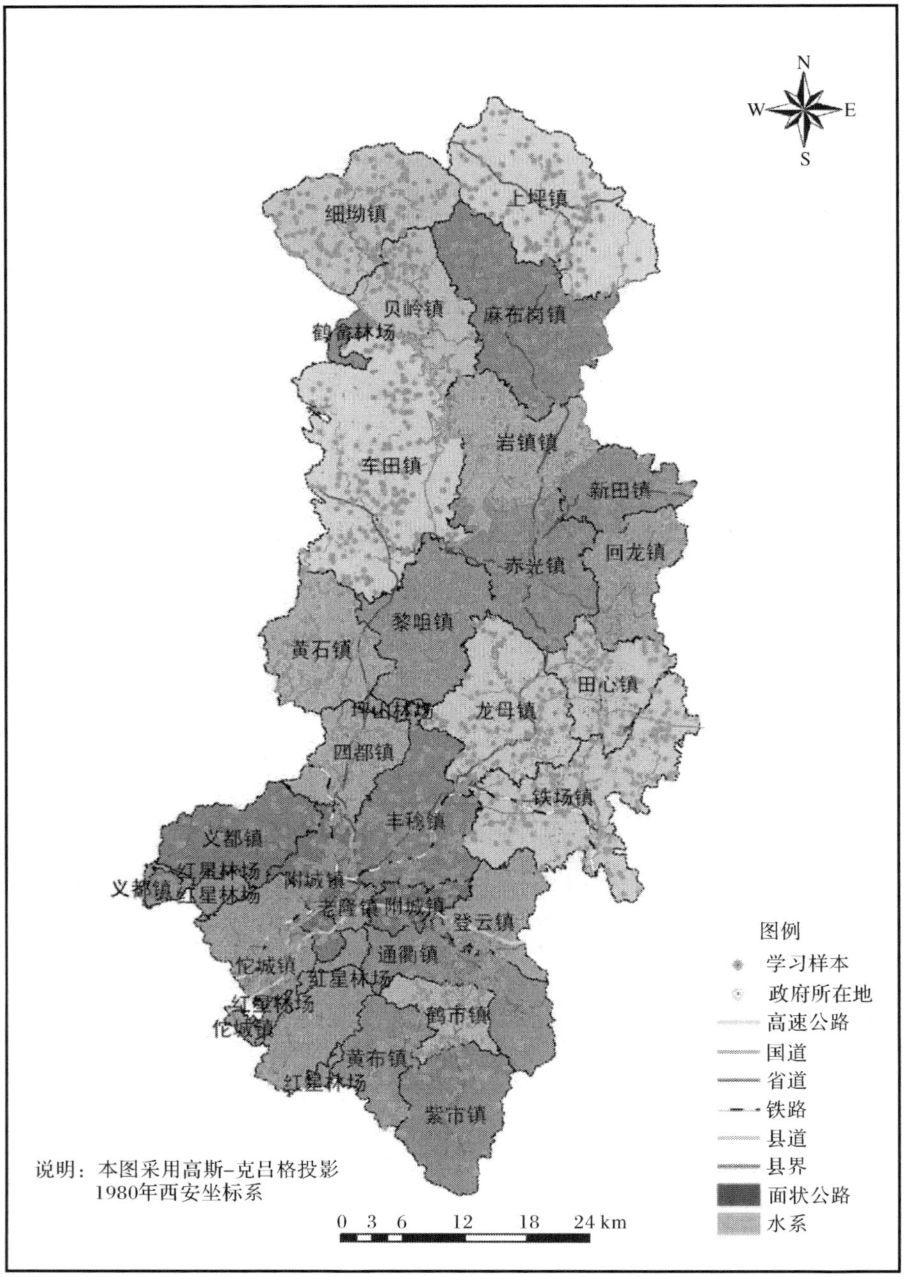

附录 B-5 学习样本为 5000 个的样点分布图

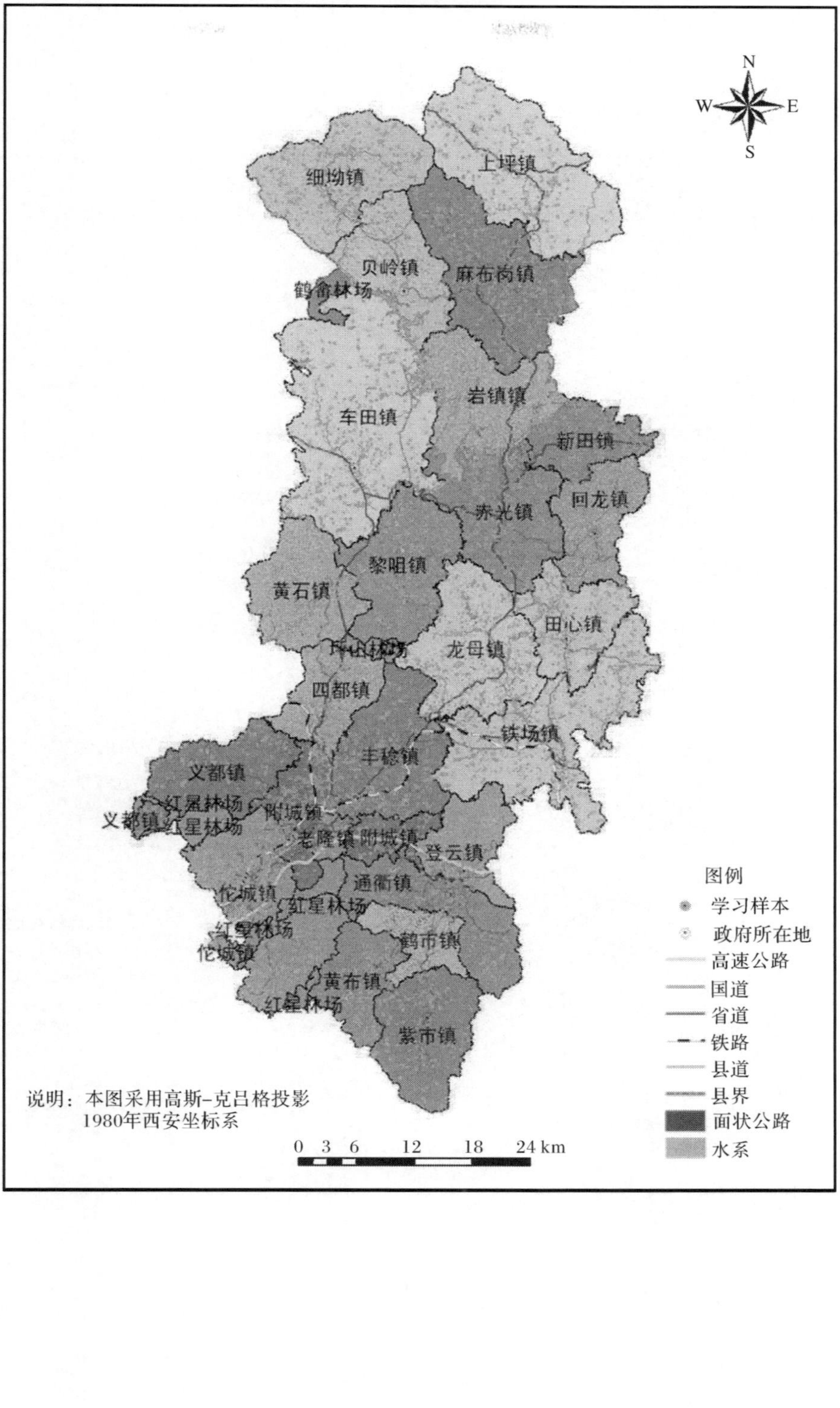

附录 B-6　基于因子分析(FA)的土地质量级别分布图

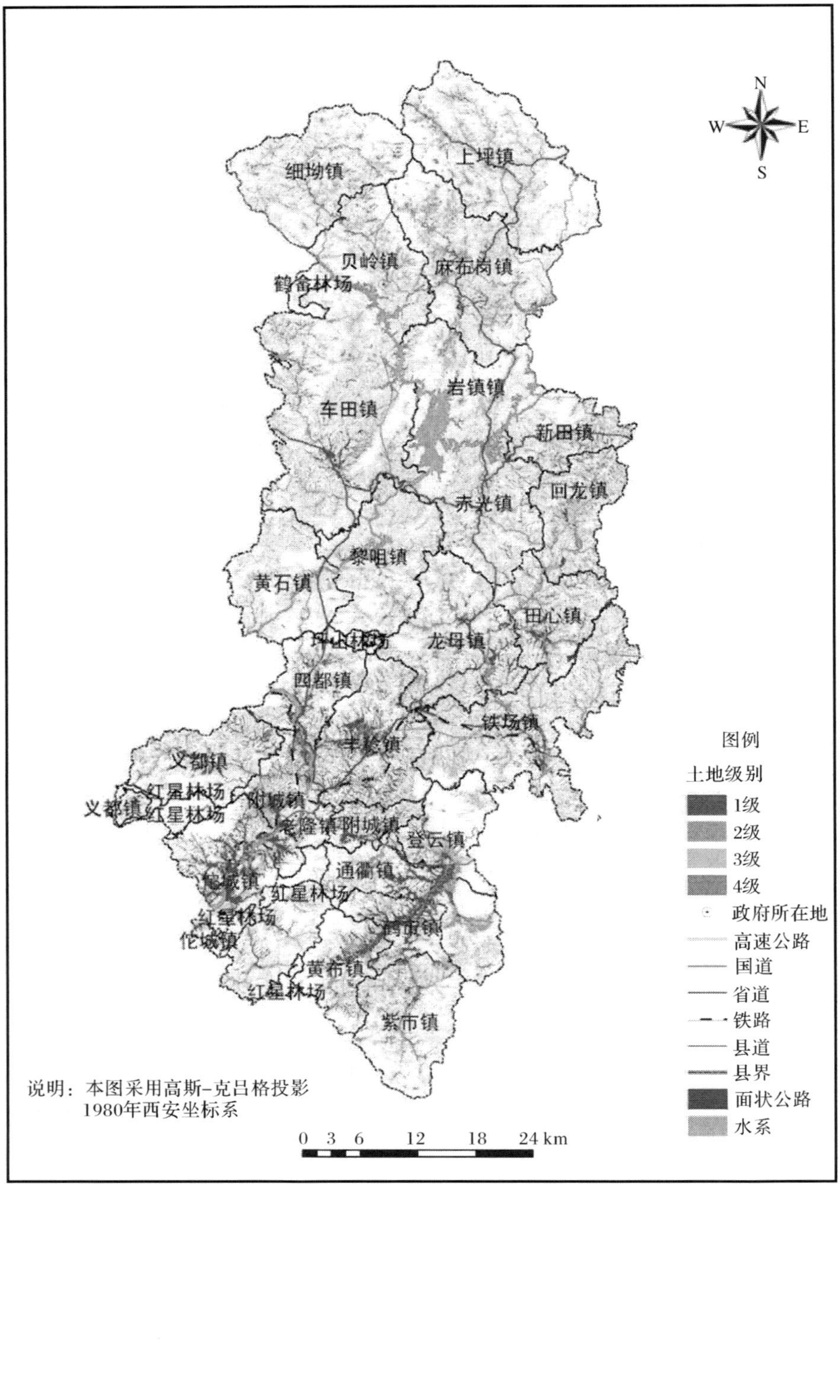

附录 B-7　基于两步聚类分析(TSC)的土地质量级别分布图

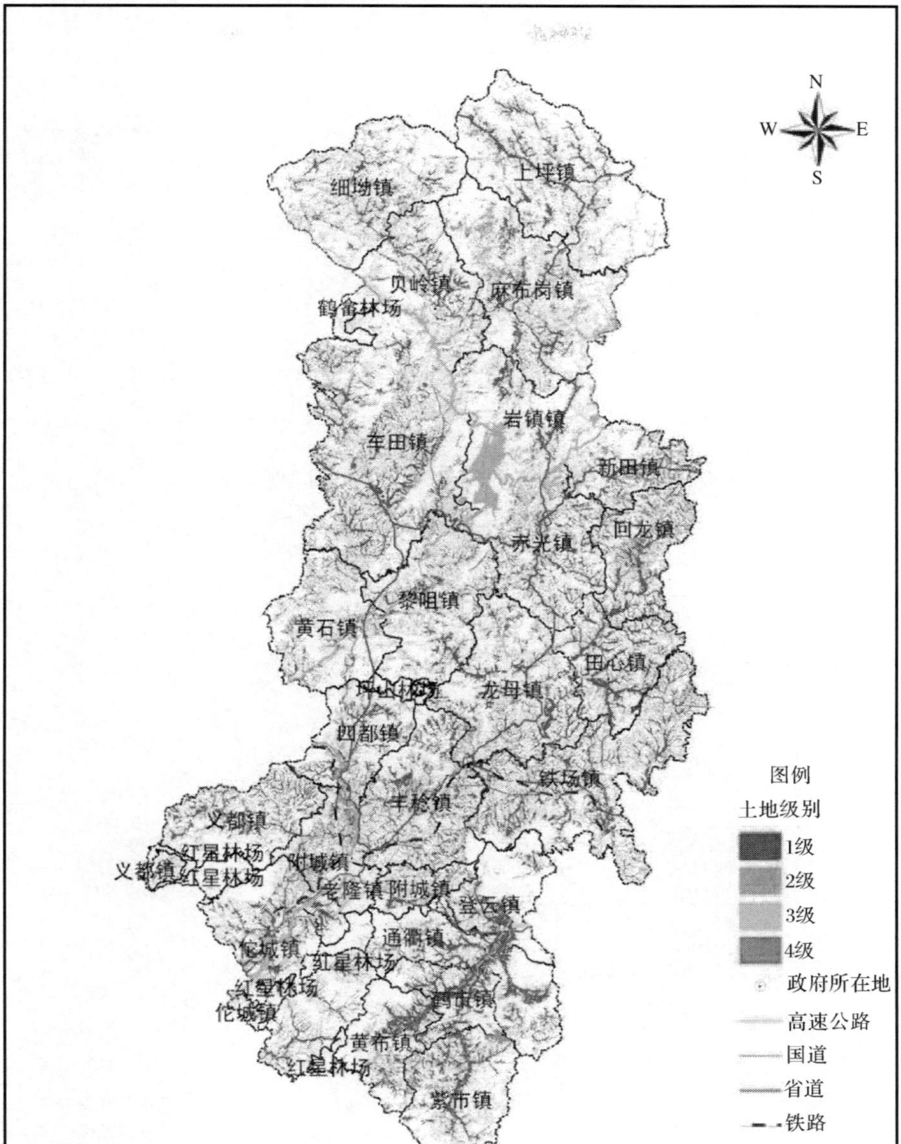

附录 B-8　基于层次分析(AHP)的土地质量级别分布图

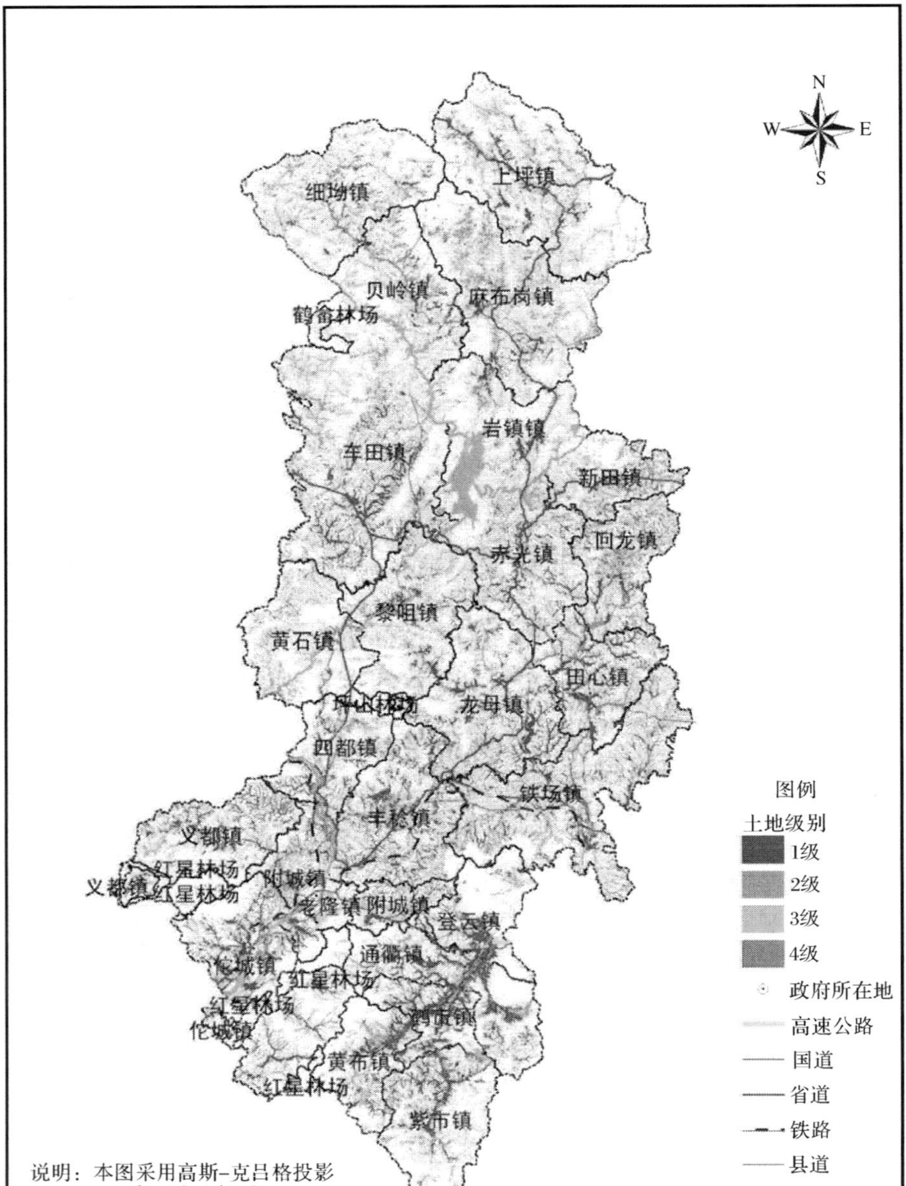

附录 B-9　基于模糊层次分析(FAHP)的土地质量级别分布图

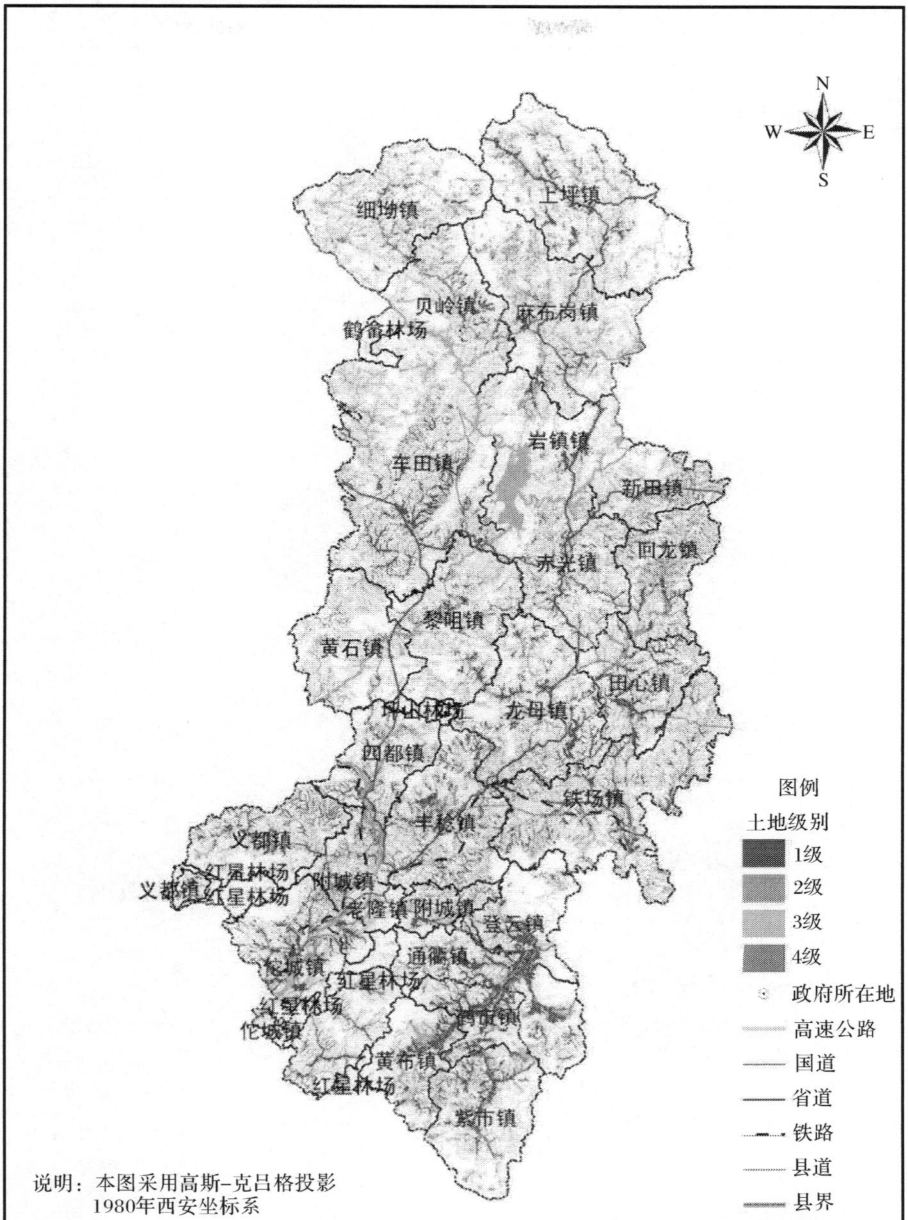

附录 B-10　基于模糊层次分析的模糊聚类分析(FAC-FAHP)的土地质量级别分布图

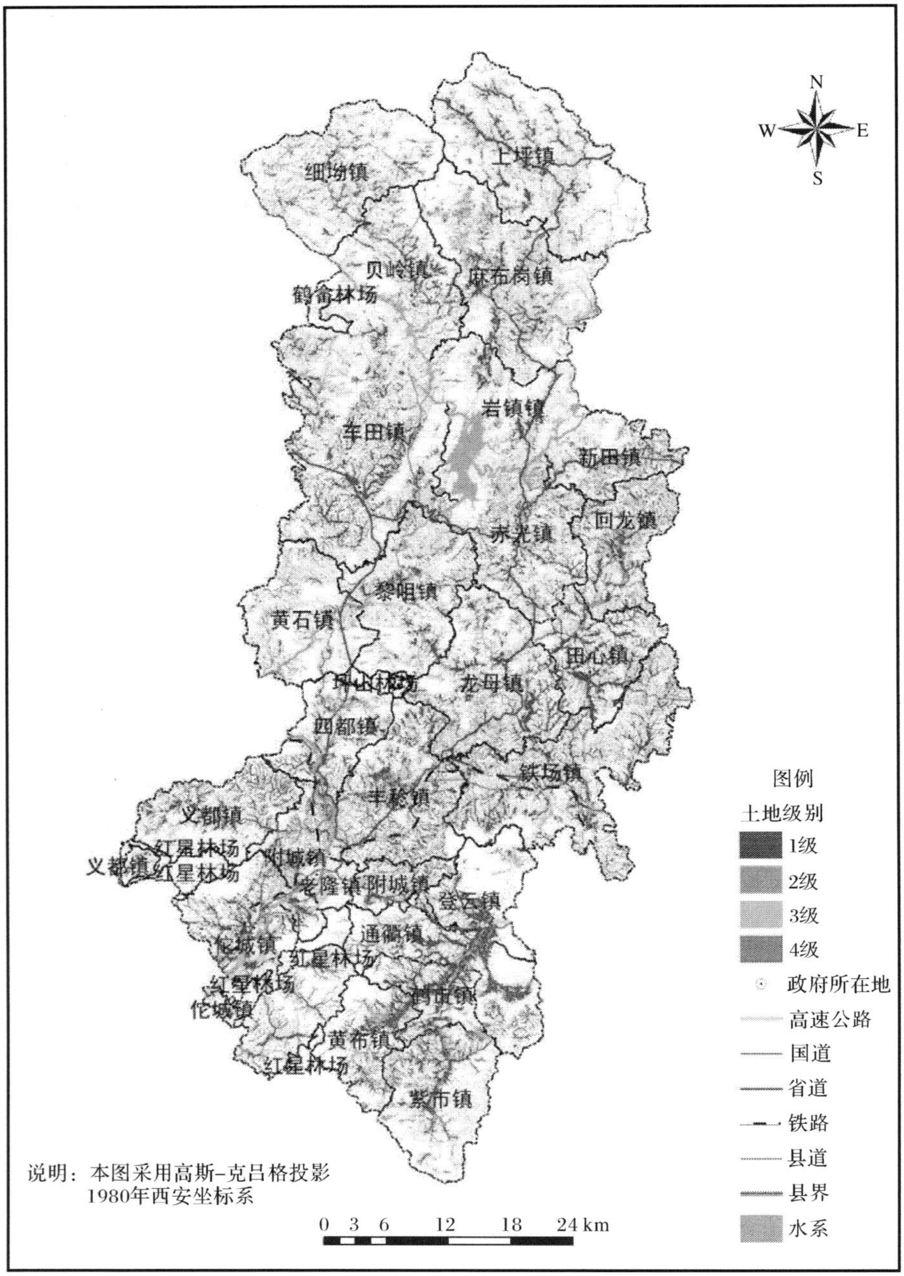

附录 B-11　基于层次分析的模糊综合评判(FCE-AHP)的土地质量级别分布图

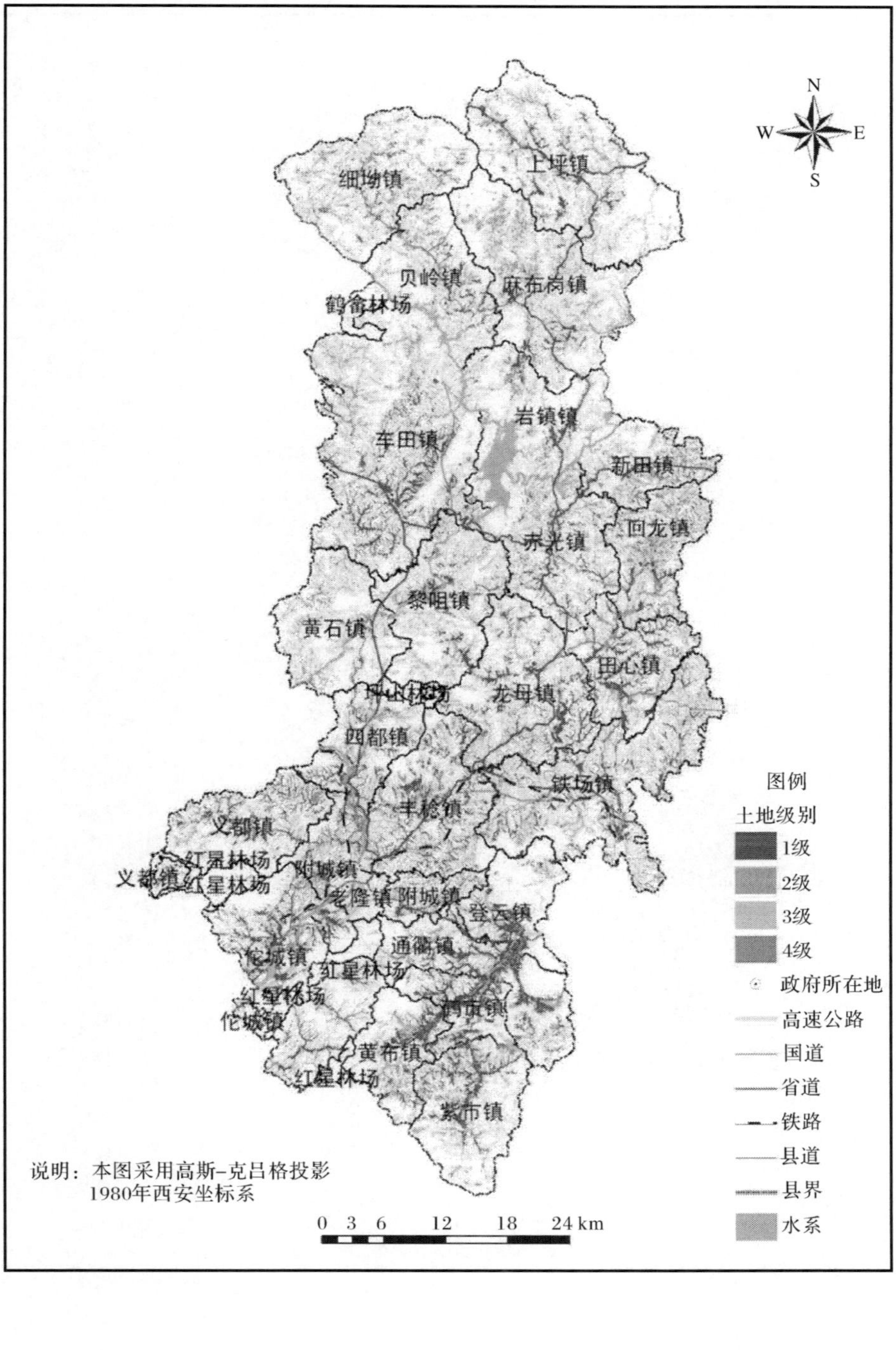

附录 B-12　基于模糊层次分析的模糊综合评判(FCE-FAHP)的土地质量级别分布图

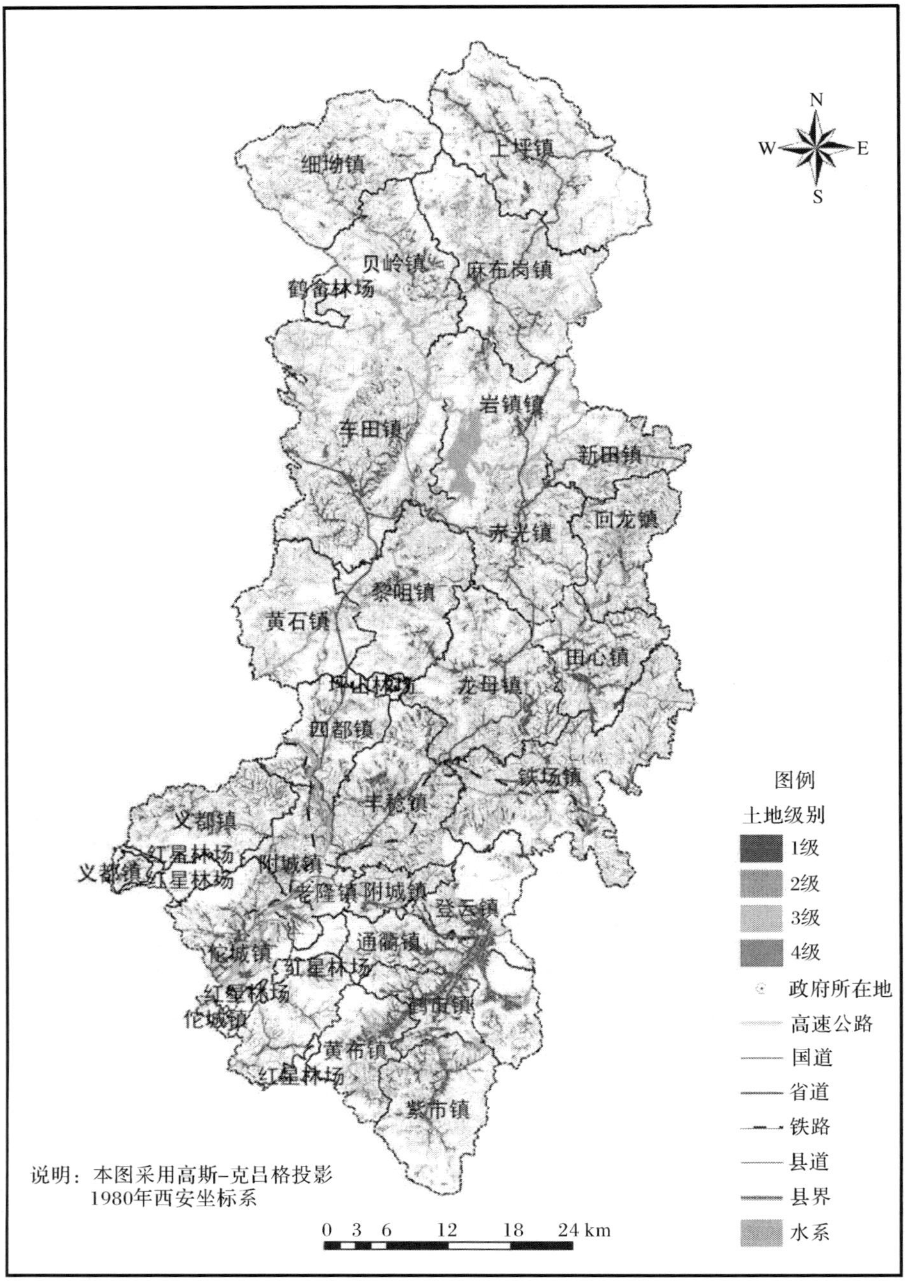

附录 B-13　基于层次分析的灰色关联综合分析(GRA-AHP)的土地质量级别分布图

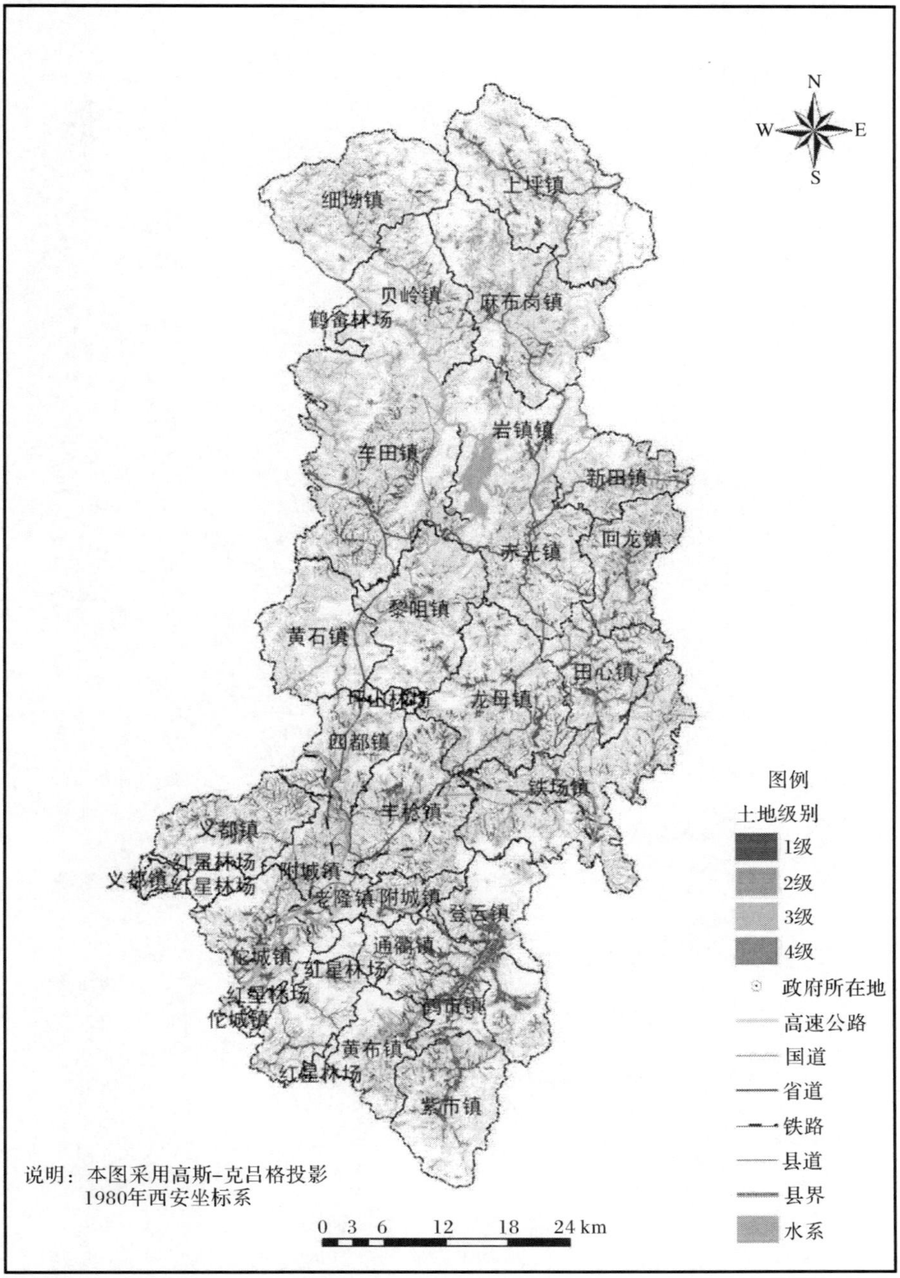

附录 B-14　基于模糊层次分析的灰色关联综合分析(GRA-FAHP)的土地质量级别分布图

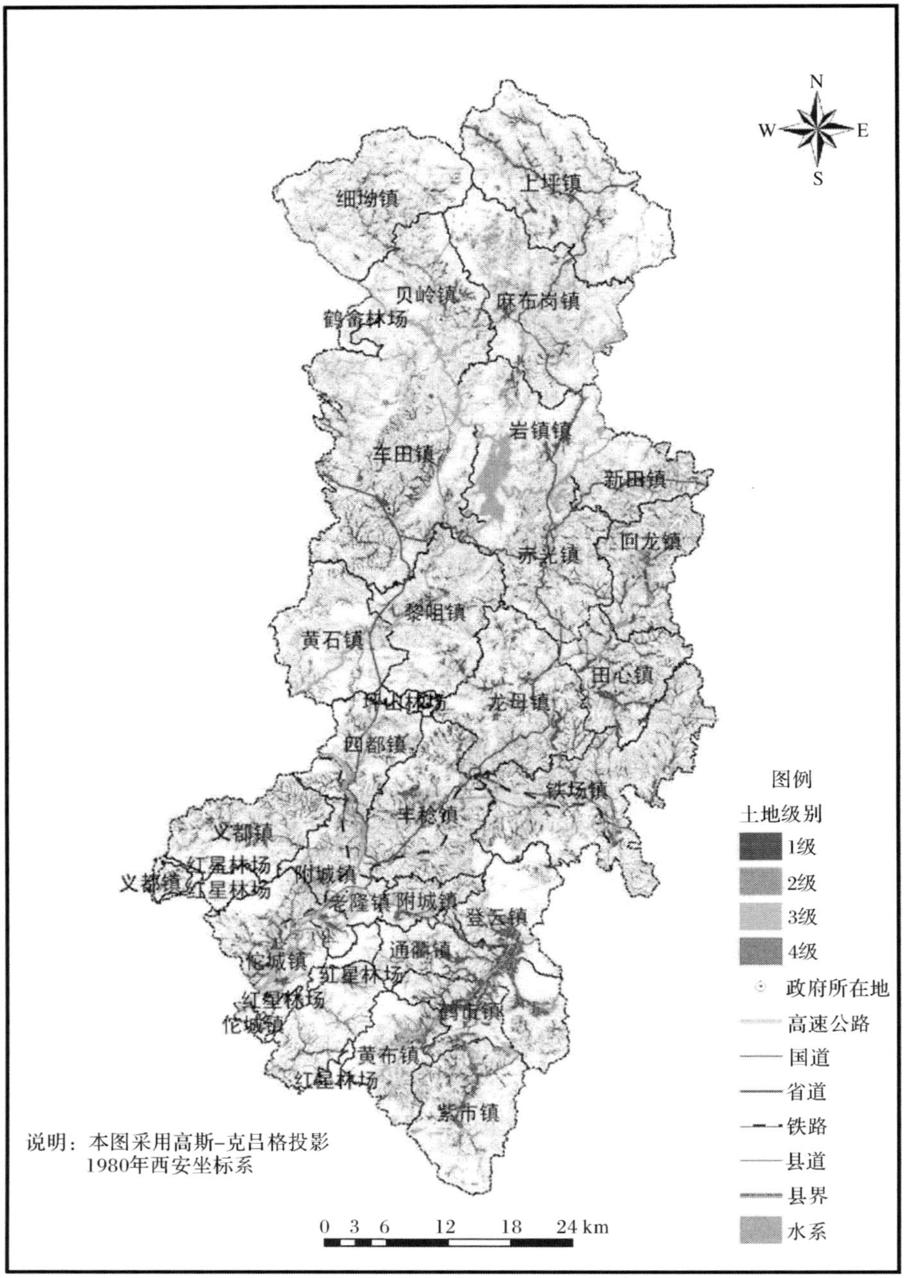

附录 B-15　基于指标综合权值分析(CWA)的土地质量级别分布图

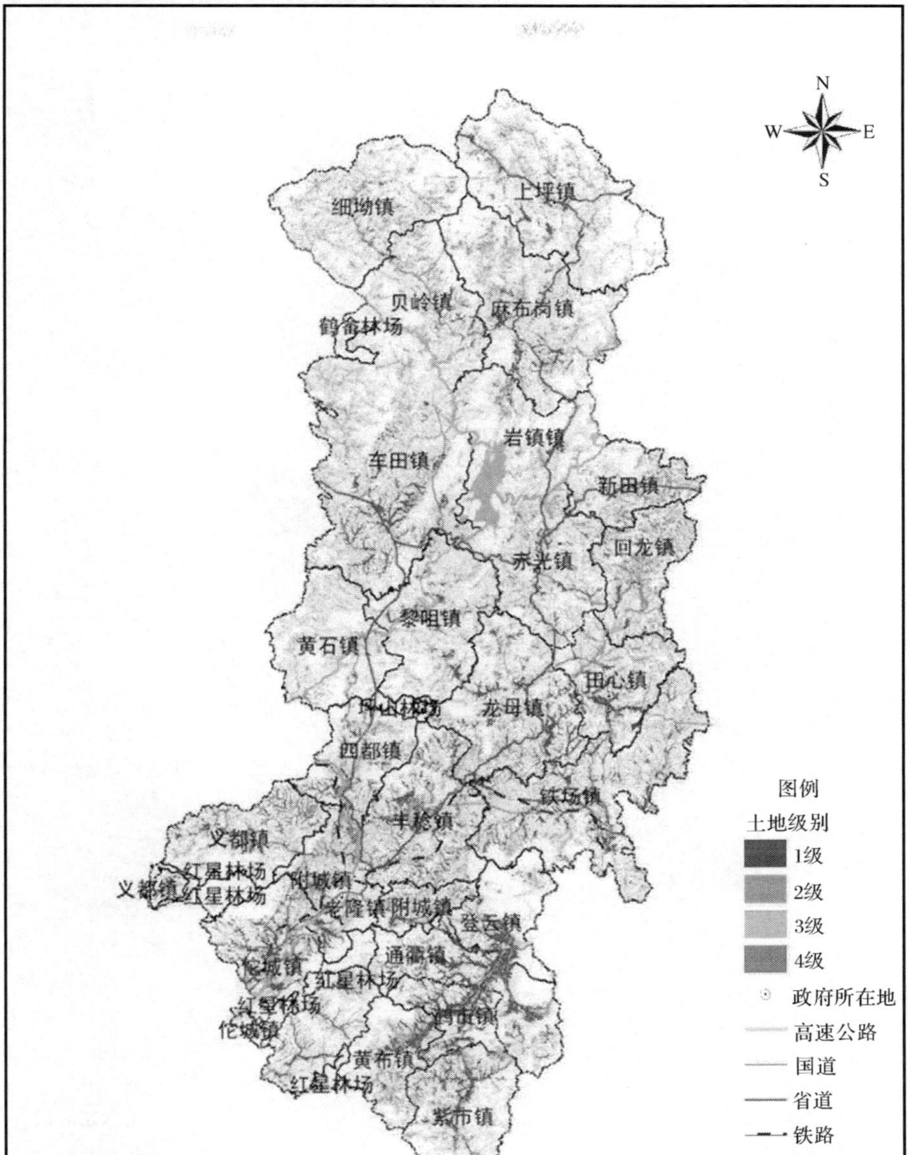

附录 B-16　土地自然质量等别图

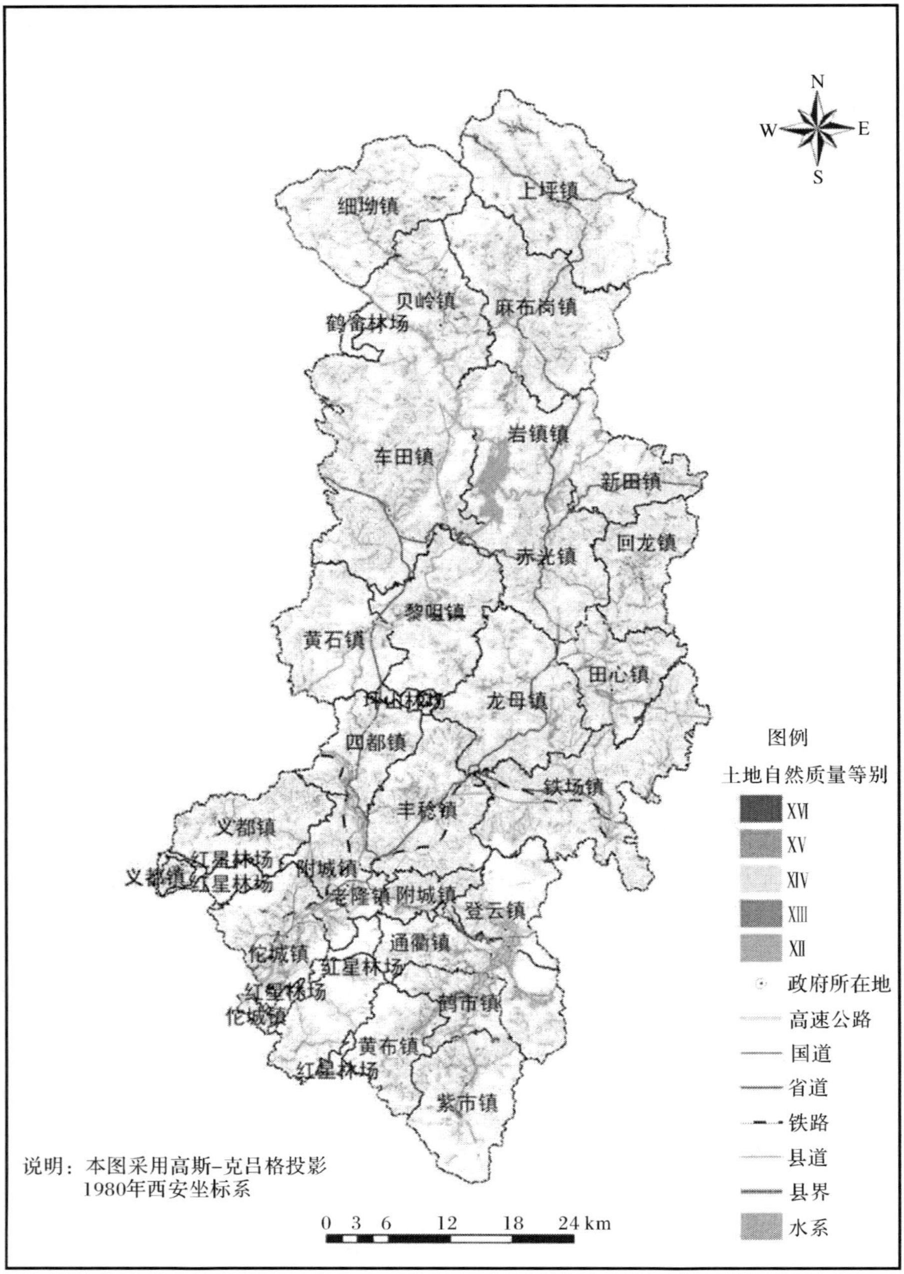

附录 B-17 土地利用等别图

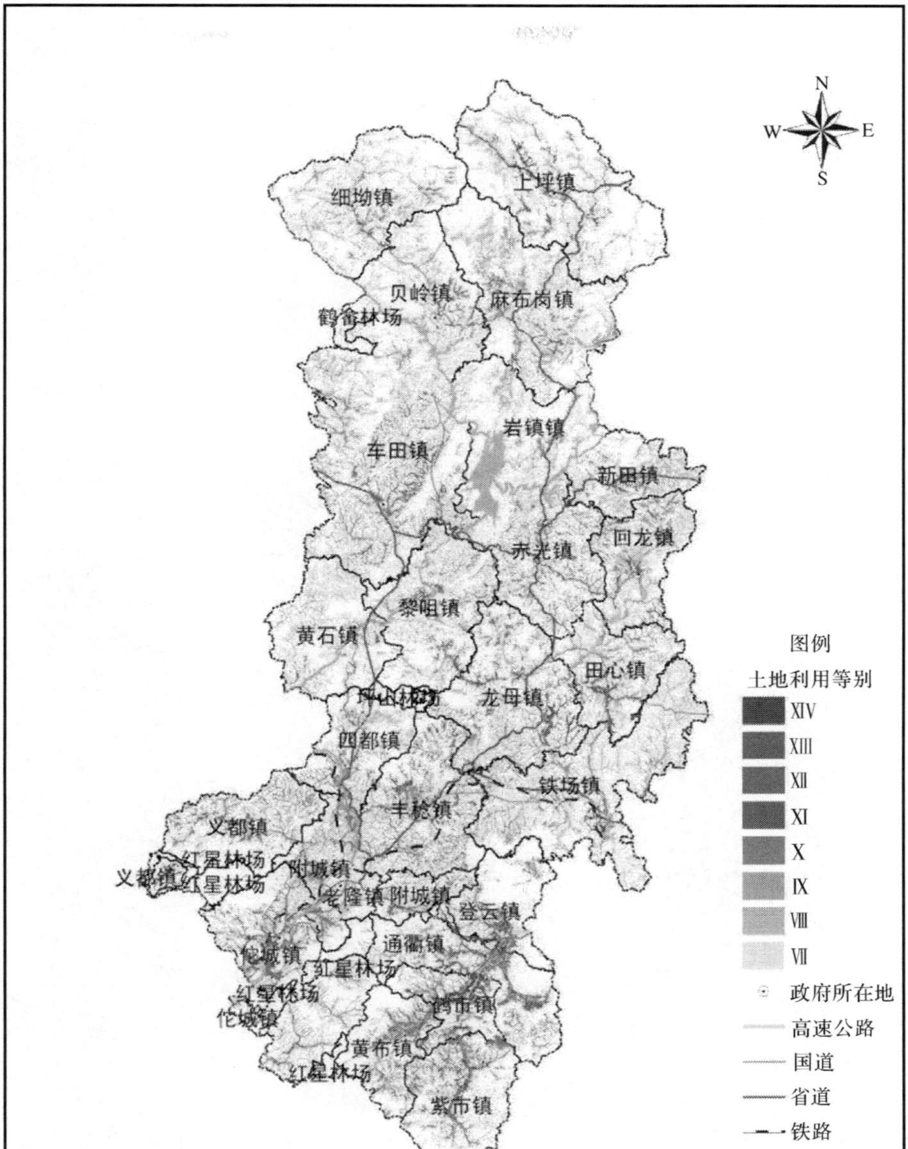

附录 B-18　土地分等等别图

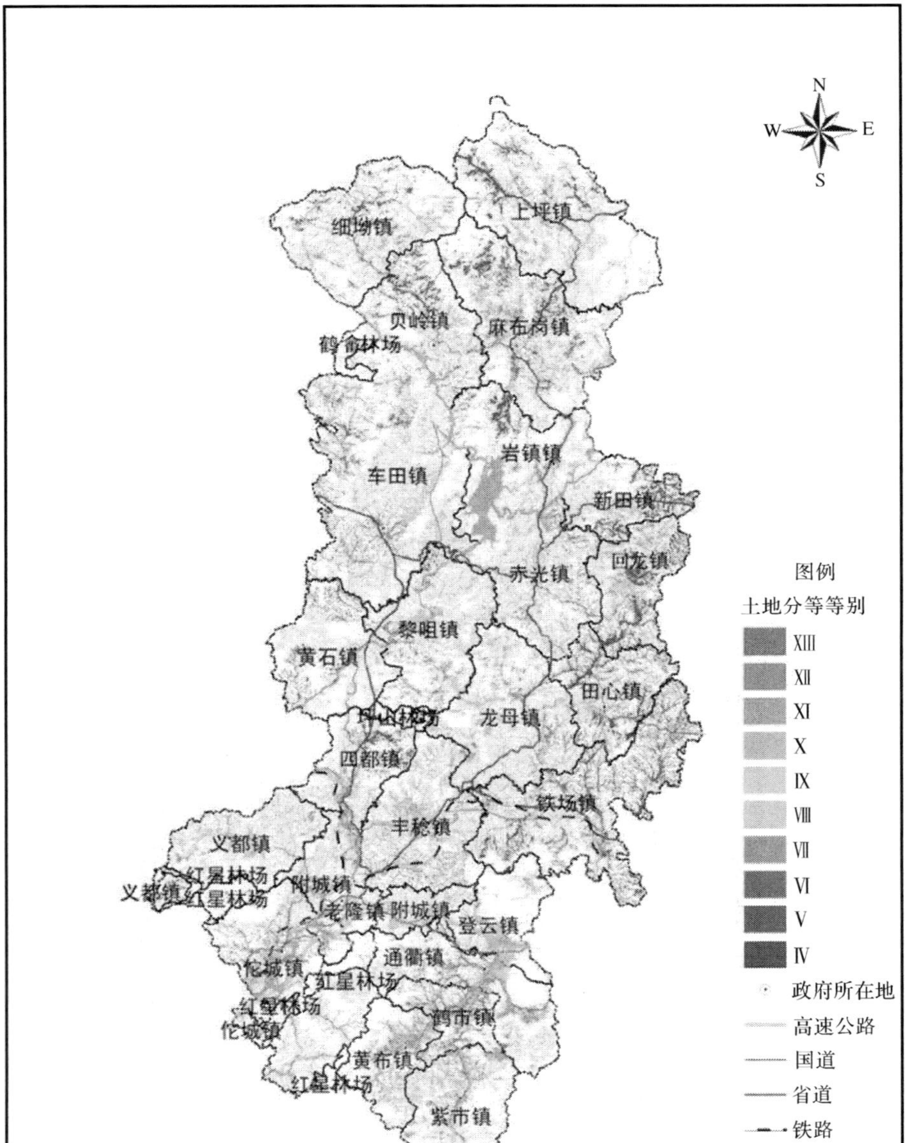

附录 B-19　土地定级级别图

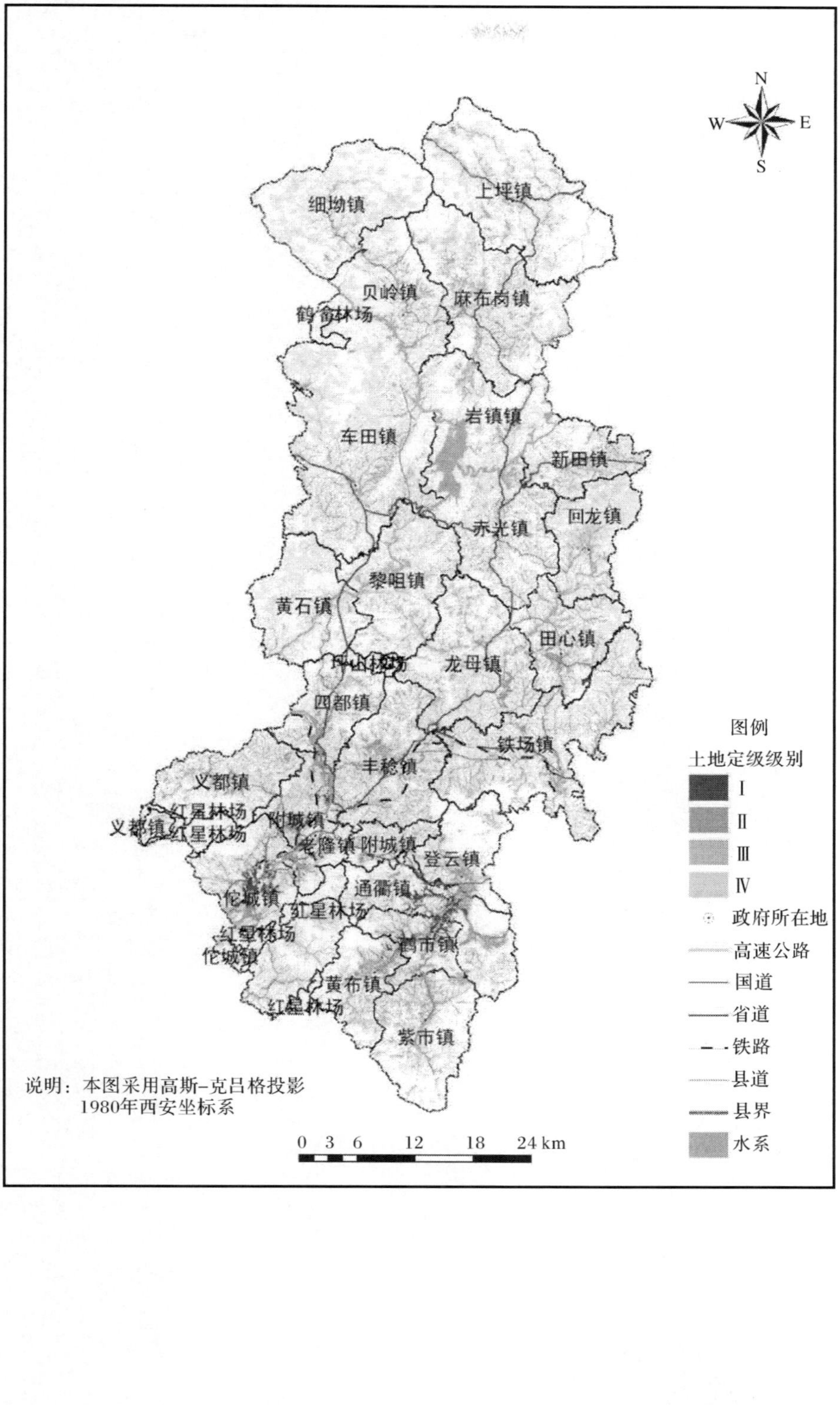